H. Trapmann - G. Liebetrau - W. Rotthaus

Auffälliges Verhalten im Kindesalter

HILDE TRAPMANN · GERHARD LIEBETRAU · WILHELM ROTTHAUS

Auffälliges Verhalten im Kindesalter

Bedeutung · Ursache · Korrektur

 verlag modernes lernen - Dortmund

©1970 verlag modernes lernen Borgmann KG, Dortmund

7. unveränderte Auflage 1990

Gesamtherstellung: Löer Druck, Dortmund

Printed in Germany

Die französische Lizenzausgabe erscheint im Verlag
Éditions Du Centurion, Paris

Inhalt

Vorwort

Dieses Buch ist geschrieben worden, um zu informieren und zu beraten. **Leserkreis**
Es wendet sich an Eltern, Kindergärtnerinnen, Erzieher, Sozialarbeiter,
Lehrer, Ärzte, Psychologen, kurz: an alle, die sich um die Erziehung von
Kindern bemühen. Deshalb haben die Autoren versucht, die hier ge-
gebenen wissenschaftlichen Informationen zwar exakt, aber dennoch
möglichst allgemein-verständlich anzubieten.

Das Buch legt dar, was Verhaltensauffälligkeiten von Kindern bedeuten, **Inhalt**
wodurch sie verursacht sein können und wie sie zu beeinflussen sind.
Es soll dem Leser damit Verständnis für die psychologisch faßbaren
Ursachen kindlicher Verhaltensstörungen nahebringen und — darauf
gründend — erzieherische Einstellungen und praktische Ratschläge für
die pädagogische Beeinflussung solcher Kinder vermitteln.

Dabei ist zu berücksichtigen, daß kaum ein Fall dem anderen gleicht,
weil die bedingenden Ursachen jeweils andersartig und meist sehr
vielschichtig sind.

Organisch bedingte Auffälligkeiten und Kinderkrankheiten, Hirnschä-
den, Schwachsinn, Anfallsleiden oder Mißwuchs werden nicht beschrieben. Es werden auch keine Auffälligkeiten besprochen, die vornehmlich Jugendliche und Heranwachsende betreffen (wie z. B. Ar-
beitsscheu, Rauschzustände oder Selbstmordversuche). Diese sind
einem geplanten zweiten Band vorbehalten.

Das Buch ist in 40 Kapitel gegliedert, in denen die wesentlichsten Ver- **Aufbau**
haltensauffälligkeiten behandelt sind. Die Auswahl der Themen wurde
den Autoren aus ihren Erfahrungen mit den Problemen ratsuchender
Eltern und den Fragen vornehmlich von Lehrern, Erziehern und Juristen
nahegelegt.

Jedes Kapitel ist in drei Hauptabschnitte unterteilt. Im ersten Abschnitt
wird die jeweils zu besprechende Auffälligkeit beschrieben oder am
Beispiel dargestellt.

Der zweite Abschnitt erörtert, welche Bedeutung der Auffälligkeit zukommt und wo ihre möglichen Ursachen liegen.

Der dritte Abschnitt gibt Hinweise darauf, wie der Verhaltensstörung
wirksam begegnet und damit dem Kind geholfen werden kann.

Register	Im Register sind alle wichtigen Begriffe alphabetisch erfaßt, die im vorliegenden Buch besprochen werden. Die dahinterstehenden Zahlen kennzeichnen die Seiten, auf denen diese Begriffe zu finden sind. Fettgedruckte Seitenangaben sagen aus, daß dort das jeweilige Problem speziell behandelt wird.
Literatur-Nachweis	Im Literatur-Verzeichnis sind 272 einschlägige Buchtitel alphabetisch geordnet und fortlaufend numeriert. Unter Bezug auf diese Listennummern werden am Schluß eines jeden Kapitels ausgewählte Hinweise auf weiterführende Literatur gegeben.

Aggressivität

Jens, 11 Jahre alt, hat weder zu Gleichaltrigen noch zu Erwachsenen einen guten Kontakt. Mit seinen Mitschülern streitet er sich ständig herum. Er kann mit anderen Kindern einfach nicht zusammensein, ohne daß es nach kurzer Zeit zu einer Schlägerei kommt. Jens ist nicht in der Lage, sich in eine Gruppe einzupassen und auch einmal nachzugeben. Häufig schlägt er jüngere Kinder oder nimmt ihnen Spielsachen fort und zerstört sie. Seinen Eltern und Lehrern gegenüber benimmt er sich ständig frech und trotzig; er ist kaum noch von ihnen zu beeinflussen.

Ständig gesteigerte Aggressivität

Dietmars Eltern dagegen heben hervor, daß ihr Kind eigentlich immer sehr „lieb" und „brav" sei. Fremden gegenüber wirkt der Junge bei der ersten Begegnung etwas verlegen und schüchtern. Die Eltern, die sich über die „Bravheit" und Zurückhaltung ihres Jungen sehr zufrieden zeigen, sind jedoch dadurch beunruhigt, daß Dietmar von Zeit zu Zeit Jähzornanfälle bekommt, bei denen er Gegenstände, die er gerade in der Hand hält, zerbricht, mit den Füßen wild aufstampft und wütend schreit. Hinterher — so sagen die Eltern — sei er dann zumeist ganz unglücklich über diesen Wutausbruch.

Jähzorn

Auch Andreas ist nach außen hin ein ruhiges Kind. Seine Eltern berichten, er sei zwar manchmal etwas ungehorsam, aber sie würden ihn schon immer „zur Raison bringen". Es beunruhige sie jedoch, daß Andreas — wenn er sich unbeobachtet fühle — seine um mehrere Jahre jüngeren Geschwister schlage. Sobald er sich allerdings beobachtet wisse, verhalte er sich seinen Geschwistern gegenüber freundlich und fürsorglich.

Hinterhältigkeit

Bedeutung und Ursache:

Jeder Erwachsene wird sich wohl an eine Situation erinnern können, in der — aus irgendeinem Anlaß — eine starke Wut in ihm aufstieg, die ihn schließlich zu einer Gereiztheit und einem aggressiven Verhalten veranlaßte, welches er in einer anderen Situation nicht gezeigt hätte. Er tat also etwas, was er eigentlich gar nicht wollte.

Hieran sollte man sich erinnern, wenn man einem Kind gegenübersteht, das sich zu heftigen aggressiven Verhaltensweisen hinreißen läßt. Man sollte dann daran denken, daß es bei einem Kind, welches seine Antriebe noch nicht so gut zu steuern und zu regulieren vermag, in noch viel stärkerem Maße als bei einem Erwachsenen zu solchen ungewollten und unkontrollierten Verhaltensweisen kommen kann. Dabei ist diese Aggressionsäußerung besonders für differenziertere Kinder häufig durchaus kein befriedigendes Erlebnis. Nicht selten sind sie vielmehr tief beunruhigt dadurch, daß diese Aggressionen von ihnen selbst nicht unter Kontrolle gehalten werden können.

Wir werden also einem aggressiven Kind nicht einfach „Böswilligkeit" unterstellen dürfen, sondern müssen überlegen, welche Ursachen seinem Verhalten zugrunde liegen.

Sozial-anthropologische Forschungen

Sozial-anthropologische Forschungen haben mit einer Reihe von Volksstämmen bekannt gemacht, die in ihrem Verhalten ein sehr unterschiedliches Maß an Aggressivität zeigen. Interessanterweise unterscheiden sich auch die Methoden, die von diesen Volksstämmen in der Kindererziehung angewandt werden. Wenn man einmal betrachtet, wodurch sich der Erziehungsstil der aggressivsten Völker auszeichnet, so fallen dabei auf: Ein sehr starker Mangel an liebevoller Zuwendung seitens der Eltern schon gegenüber dem Säugling und eine rein sachlich nüchterne Art, das Kind zu versorgen; zudem eine bemerkenswerte Gleichgültigkeit gegenüber dem weinenden Kind und später ein Übermaß an Ge- und Verboten, denen das Kind auf Schritt und Tritt begegnet. Es scheinen dies also Erziehungsfaktoren zu sein, die die Entwicklung eines aggressiven Verhaltens wesentlich beeinflussen.

Mangel an liebevoller Zuwendung und Anerkennung

Das kleine Kind ist darauf ausgerichtet, seine Wünsche sofort erfüllt zu bekommen. Je älter es wird, um so mehr muß es jedoch lernen zu verzichten, die Wünsche der anderen zu achten und dabei seine eigenen Bedürfnisse zurückzustellen. Dieser Lernprozeß ist mit ständigen Enttäuschungen verbunden, wenn dem Kind nicht von seinen ersten Erziehungspersonen, zumeist also seinen Eltern, sehr viel Liebe entgegengebracht wird und wenn es nicht deren Lob und Anerkennung für seinen Verzicht auf direkte Wunscherfüllungen erfährt. Wenn das Kind jedoch hinreichend gelobt und anerkannt wird, dann wird es bald die Befriedigung über das Lob und die Anerkennung dieser ersten Beziehungspersonen höher einschätzen als jene Befriedigung, die es durch eine sofortige Wunscherfüllung erlangen könnte. Auf diese Weise wächst dann das Kind ungestört in die soziale Ordnung hinein.

Wenn dem Kind nun aber diese Liebe und Anerkennung nicht entgegengebracht wird, wenn es lediglich ständige Enttäuschungen erlebt, ohne dafür zumindest einen Ausgleich zu finden, wird es die Verzichtsforderungen der Erwachsenen bald als willkürlich und sogar böswillig empfinden, und es werden dann in ihm starke aggressive Tendenzen erwachsen. Mitscherlich sagte dazu: „Die tiefste Wurzel der Aggressivität ist die Enttäuschung der Hoffnung, geliebt, verstanden, geachtet zu werden." So liegt die Ursache kindlicher Aggressivität häufig in einem Mangel an Liebe und Zuwendung vor allem in den ersten Lebensjahren.

Aggression ist anzusehen als fehlgeleitete, auf Zerstörung ausgerichtete Aktivität. Und so werden die Grundlagen für aggressives Verhalten auch dadurch geschaffen, daß die natürliche Aktivität, der Bewegungs- und Unternehmensdrang eines Kindes, eingeengt und behindert wird. Dabei ist es gleichgültig, ob diese Einengung und Behinderung kindlicher Aktivität aus einer Überängstlichkeit der Eltern heraus erfolgt oder aus einer immer wieder übertriebenen Forderung nach Gehorsam und Bravheit. In jedem Fall wird die kindliche Spontaneität durch ständige Vorschriften, durch Ge- und Verbote gehemmt. Das Kind wird dadurch gehindert, seine Kräfte und seine Energien zu erproben und ihre Ausrichtung auf erwünschte Ziele zu üben. Stattdessen wird das Kind durch eine solche einengende Erziehung so lange dazu gezwungen, seine dynamischen Impulse zurückzustauen, bis diese schließlich — wie eine überlaufende Talsperre — in unkontrollierbaren Aggressionsausbrüchen nach außen drängen.

Einengung und Behinderung der kindlichen Aktivität

Einen entsprechenden Vorgang, der diese Abläufe verdeutlichen kann, beobachtete man früher als sog. „Polarkrankheit" bei den Besatzungen kleiner Schiffe, die für längere Zeit im Eis eingeschlossen waren. Unter diesen Seeleuten, die für Monate keinerlei Kontakt zur Außenwelt hatten und die untätig auf kleinem Raum ausharren mußten, kam es dann häufig aus ganz geringfügigem Anlaß zu heftigsten Aggressionsausbrüchen. Ähnliches findet man überdies bei Tieren, die lange Zeit in enger Gefangenschaft gehalten worden sind.

„Polarkrankheit"

Jede vorwiegend strafende Erziehung kann eine starke Aggressivität im Kind wecken, auch wenn die angewandte Strafe nicht in Schlägen, sondern vielleicht „nur" im Liebesentzug besteht. Denn jede vorwiegend strafende Erziehung führt notwendigerweise zu immer wiederholten Enttäuschungserlebnissen beim Kinde. Das Kind verliert dadurch sein Geborgenheitsbewußtsein und sein Selbstwertempfinden, es erwachsen in ihm Angst- und Beunruhigungsgefühle, die seine weitere Anpassung erschweren und aus einer Verteidigungshaltung heraus zu heftigen Aggressionen führen können.

Erziehung durch Strafen

Die angeführten Bedingungen rufen nun keineswegs zwangsläufig ein aggressives Verhalten beim Kinde hervor. Hinzu tritt fast durchweg ein sehr wesentlicher Faktor, nämlich, daß das Kind aggressive Verhaltensweisen in seiner nächsten Umgebung erlebt und dadurch erlernt. Schon bei der Forderung seiner Eltern nach Gehorsam erlebt das Kind häufig einen deutlich aggressiven Unterton. Leichte aggressive Tendenzen sind wohl jedem heute Erwachsenen in seiner Kindheit geweckt worden. Und so kann sich wohl kein Erwachsener ganz davon freisprechen, einem Kind einmal im wesentlichen nur deshalb etwas verboten zu haben, weil er — um es allgemein zu sagen — gerade „schlechter Laune" war. Das Kind jedoch spürt die darin liegende Aggression sehr stark. Zwei Folgen ergeben sich daraus: 1. Das Ver-

Das Vorbild der Erwachsenen

halten erweckt in dem Kind Aggression. 2. Das Kind lernt am Beispiel die Aggression. Vereinfacht läßt sich sagen: Aggression löst Gegenaggression aus. Und die Berechtigung solcher Gegenaggressionen erkennen wir ja auch durchaus an, wenn wir z. B. von einem Kind erwarten, daß es sich wehrt, wenn es angegriffen wird. Gegenteilig sind wir mit Recht beunruhigt, wenn das Kind nicht in der Lage ist, sich zu wehren und berechtigte Interessen zu verteidigen. (Siehe auch: Frechheit — Widersetzlichkeit; Gehemmtheit.)

Nun führt ein gelegentlich aggressives Erzieherverhalten allein noch keineswegs zu aggressiven Verhaltensauffälligkeiten beim Kinde. Vielfach sieht sich jedoch ein Kind recht ungehemmt aggressiven Verhaltensweisen der Erwachsenen ausgesetzt, die dieses Verhalten direkter oder indirekter Agressivität (z. B. Einschränkungen, Gebote, Verbote, Einsperren, Schläge etc.) dann auch noch als „Erziehung" zu rechtfertigen versuchen. Zudem lernen Kinder die Aggressivität der Erwachsenen nicht nur als Aggressivität gegen sich selbst, sondern auch gegenüber anderen kennen. Und wie sich der Junge im Verlauf des Heranwachsens mit seinem Vater, das Mädchen mit seiner meist weniger aggressiven Mutter identifiziert, so lernt der Junge heutzutage ein meist aggressiveres Verhalten als das Mädchen. Für beide gilt aber — und das ist hier wesentlich —, daß ihr aggressives Verhalten wesentlich als von den Vorbildern übernommen anzusehen ist.

Zum **Jähzorn** neigen zumeist solche Kinder, die sich üblicherweise sehr gefügig und einordnungsbereit verhalten. Zumeist sind es wiederum Kinder, die sich einer sehr einengenden Erziehung ausgesetzt sehen. Ihre Erziehung kann einengend wirken durch Verwöhnung oder überängstliche Fürsorge, durch ein Kleinhalten des Kindes — einen Mangel an Anregungen — oder durch ein Übermaß an Vorschriften und Reglementierungen. Die Kinder haben sich dabei zumeist nach außen hin diesen einengenden Erziehungsanforderungen gefügt, weil sie beispielsweise auf der Basis einer liebevollen Zuwendung, vielfach zugleich als selbstverständlich oder als religiös verbrämte Forderungen vermittelt werden.

Hier ist es dann so, daß die durch die Einengung geweckten aggressiven Tendenzen zwar sehr lange von dem Kind zurückgehalten werden können, daß sie dann jedoch zu irgendeinem Zeitpunkt — häufig bei einem ganz unwichtigen Anlaß — im Jähzornanfall hervorbrechen.

Zuweilen kann es aber auch durch einen der oben genannten Erziehungseinflüsse zu einer so starken Verdrängung der inneren Dynamik eines Kindes kommen, daß dieses überhaupt nicht mehr in der Lage ist, seine aufgestauten aggressiven Tendenzen direkt zu äußern. Da ein solches Kind seine Aggressionen nicht mehr offen auszuleben vermag, wird es dann zu hinterhältigen Verhaltensweisen greifen müssen. Die

Hinterhältigkeit eines Kindes muß deshalb als eine Aggressionsäußerung verstanden werden, der gleichzeitig ein starkes Aggressionsbedürfnis und eine massive Gehemmtheit zugrunde liegen.

Auch der **Grausamkeit** eines Kindes und der **Tierquälerei** liegen — wenn sie nicht als Folgeerscheinungen einer körperlichen Krankheit, z. B. einer schweren Hirnhautentzündung auftreten — eine gestaute und zurückgedrängte Aggressivität zugrunde. Wenn man den komplizierten psychischen Hintergrund etwas vereinfacht und von solchen Fällen absieht, in denen dem Kind noch gar kein Verständnis für die Schmerzen eines anderen vermittelt wurde, läßt sich sagen, daß es sich dabei fast durchweg um solche Kinder handelt, die ihre aggressiven Impulse gegenüber den Personen, die durch ihr Verhalten die Aggressivität in dem Kinde weckten, nicht ausleben können und sie statt dessen auf Schwächere oder Tiere übertragen. Vielfach erproben sie die Macht des Stärkeren, wie sie sie selbst von seiten der Erwachsenen erlebt haben. Für andere Kinder, die sich vernachlässigt und unbeachtet fühlen, liegt das wesentliche Motiv für ihre grausamen Handlungen darin, endlich überhaupt einmal eine Reaktion bei einem anderen hervorrufen zu können und wenigstens auf diese Weise Beachtung zu finden. Gleichzeitig kann bei solchen Kindern, die sich durch ein vorwiegend strafendes und entziehendes Verhalten ihrer Erwachsenenumwelt enttäuscht sehen, der unbewußte Wunsch eine Rolle spielen, gerade das zu tun, was als verboten und böse gilt.

Was tun?

Um Kindern zu helfen, die sich entweder gewalttätig, jähzornig, hinterhältig oder grausam verhalten, wird man grundsätzlich zweierlei tun müssen:

1. Man muß dem Kind die Möglichkeit geben, seine in ihm aufkommenden und / oder aufgestauten Aggressionen auszuleben und abzureagieren.

2. Man wird die Umweltbedingungen für das Kind so verändern müssen, daß das Kind lernt, seine innere Dynamik im Sinne einer positiven Aktivität einzusetzen. Wir stellten ja fest, daß Aggression fehlgeleitete, „auf Zerstörung, auf Schädigung ausgerichtete Aktivität" (Mitscherlich) ist. Es muß folglich das Ziel aller erzieherischen Bemühungen sein, die Aktivität des Kindes auf erwünschte, positive Ziele auszurichten.

Zunächst einmal wird man den Kindern die Gelegenheit geben müssen, ihren Bewegungsdrang auszuleben. So muß man ihnen die Möglichkeit einräumen, sich draußen wirklich auszutoben und beispielsweise auf Gerüsten, Leitern und Bäumen herumzuklettern. Ebenso wichtig ist es, Förderung der kindlichen Aktivität daß die Kinder sich bei ihren Spielen dreckig machen dürfen, daß sie ungehemmt mit Wasser spritzen, im Sand und Matsch herumwühlen können usw.

Auch im Haus sollte das Kind nach Möglichkeit einen Raum haben, in dem es sich ganz frei ausleben kann, ohne ständig Rücksicht nehmen zu müssen. (Diese in den anderen Räumen zu beachten, wird es dann sehr viel leichter lernen.) Und auch wenn das Kind allmählich dazu angeleitet werden muß, sorgsam mit seinen Spielsachen umzugehen, so wird man ihm doch das Recht zugestehen müssen, auch einmal ein Teil zu zerstören, falls es dies wünscht. Niemand zwingt den Erwachsenen, statt dessen etwas Neues zu kaufen. Im Gegenteil: Das Kind sollte dabei die Folgen seines Tuns durchaus erleben. — (Siehe auch: Trotz — Ungehorsam.)

Verständnis für kindliche Aggressions-äußerungen

Grundsätzlich sollte man dem Kind, das aggressive Verhaltensauffälligkeiten zeigt, zugestehen, daß es seine Aggressionen direkt und ungehemmt gegenüber den Eltern und Erziehern äußern darf. Natürlich kann man das Kind abwehren, wenn es — was bei den meisten Kindern mit aufgestauten Aggressionen anfangs geschehen wird — die neugewonnene Freiheit zunächst mißbraucht; doch sollte es deutlich merken, daß man trotzdem zu ihm hält. Das Erlebnis einer bedingungslosen Zuwendung ist gerade für diese Kinder außerordentlich wichtig.

Positive Ausrichtung der Aktivität

Erst wenn die Kinder ihre aufgestauten Aggressionen haben abreagieren können, wird es möglich sein, sie allmählich zu einem angepaßten und vernünftigen Verhalten zu führen. Dabei wird man darauf achten müssen, ihre Selbständigkeit zu fördern. Gleichzeitig wird man an Stelle einer strafenden Erziehung sich um ein Erzieherverhalten bemühen, das — getragen von dem Respekt vor der Eigenpersönlichkeit des Kindes — diesem dazu verhilft, die Folgen seines eigenen Tuns zu erkennen und zu beachten. (Siehe auch: Unselbständigkeit; Trotz — Ungehorsam.)

Selbstkritik der Eltern und Erzieher

Wir sahen oben, daß das Kind aggressives Verhalten auch am Vorbild der Eltern und Erzieher erlernt. Darum sollte das Kind unbedingt zu spüren bekommen, daß der Erwachsene seinem eigenen aggressiven Verhalten, wenn es einmal dazu kommt, selbstkritisch gegenübersteht. Diese Selbstkritik muß für das Kind merkbar werden. Wenn das gelingt, kann diese Erfahrung dem Kind helfen, seine eigenen Aggressionen beherrschen zu lernen.

Nun gibt es aber auch Kinder, die so stark psychisch gestört sind, daß sie überhaupt nicht mehr in der Lage sind, ihre aufgestauten Aggressionen auszuleben, auch wenn ihnen die Gelegenheit dazu angeboten wird. Dies trifft oft für solche Kinder zu, die zum **Jähzorn** neigen, gilt aber fast durchweg für solche Kinder, die ein **hinterhältiges und grausames Verhalten** zeigen.

Bei diesen Kindem genügt es dann nicht mehr, daß man ihnen Möglichkeiten zum Austoben und Abreagieren ihrer Aggressionen anbietet, sondern man muß sie direkt dazu anhalten und anleiten, von diesen Möglichkeiten Gebrauch zu machen, und ihnen praktisch demonstrieren, wie sie ihre aggressiven Tendenzen ausleben können.

In den meisten dieser Fälle wird es aber zweckmäßig und notwendig sein, die Hilfe eines Psychotherapeuten oder eines Psychologen in Anspruch zu nehmen.

Literatur:

3., 24., 56., 86., 90., 122., 155., 156., 158., 160., 163., 166., 167., 173., 181 201., 233., 237., 254., 259.

Weitere Stichworte:

Frechheit — Widersetzlichkeit   Eifersucht
Trotz — Ungehorsam   Gehemmtheit
                                  Unselbständigkeit

Albernheiten – Geltungsbedürfnis

Michaels Verhalten ist zu einem Problem für seine Eltern und Lehrer geworden. In der Schule ist der Junge nicht nur ständig unaufmerksam – obwohl er sich, wie die Eltern sagen, angesichts seiner schlechten Leistungen wirklich anstrengen sollte –, sondern er stört durch sein albernes Verhalten, durch sein ständiges Dazwischenreden und sein Grimassieren auch die anderen Schüler und hält sie von der Arbeit ab. Der Lehrer erklärte vor einigen Tagen, daß Michael im Interesse seiner Mitschüler in der Klasse eigentlich nicht mehr tragbar sei.

Michael stört in der Klasse durch seine **Albernheiten.** Er spielt für seine Mitschüler sozusagen den „Clown". Man spricht deshalb auch bei einem solchen Verhalten von Clownerie. Albernheiten und Clownerien findet man nicht selten schon bei Kindern von drei oder vier Jahren. Sie machen ständig Faxen, führen sich albern und „kindisch" auf und strapazieren damit die Geduld ihrer Eltern. Meist ist dabei deutlich zu merken, daß sich diese Kinder irgendwie „aufspielen" wollen, daß sie sich in den Mittelpunkt des Interesses rücken wollen.

„Aufspielen" wollen sich auch solche Kinder, die wir üblicherweise schlicht als **„Angeber"** bezeichnen. Sie wollen immer alles besser wissen, sind angeblich die besten Fußballspieler oder besitzen die teuersten Rollschuhe und suchen sich immer wieder durch ihre Großsprecherei interessant zu machen.

Gemeinsam ist allen diesen Kindern, daß in ihrem Verhalten ein – wenn auch verschieden geartetes – unangepaßtes oder übertriebenes **Geltungsbedürfnis** zum Ausdruck kommt. Gemeinsam ist diesen Kindern auch, daß sie sich selbst und anderen durch ihr Verhalten das Leben schwer machen. Darum sollte man überlegen, welche Ursachen ihr Verhalten hat und wie man diesen Kindern helfen könnte.

Bedeutung und Ursache:

Normales Geltungs-bedürfnis

Jeder Mensch hat ein gewisses Geltungsbedürfnis; er hat den Wunsch, von seinen Mitmenschen anerkannt zu werden und „etwas zu gelten". Dies trifft selbstverständlich auch für Kinder zu. Der Wunsch nach Anerkennung ist im weitesten Sinn Grundlage für jede Leistung. Und gerade Kleinkinder erbringen Leistungen zumeist deshalb, weil sie damit die Aufmerksamkeit, das Lob und die Anerkennung ihrer Eltern und Erzieher erringen und darin eine Befriedigung finden.

Bedenken soll das Geltungsbedürfnis eines Kindes also nur dann auslösen, wenn es so unangepaßte oder übertriebene Formen annimmt,
daß das Kind aufgrund seines Verhaltens beispielsweise von Gleichaltrigen aus einer Gruppe ausgestoßen wird und dadurch in soziale
Schwierigkeiten gerät. Erste Anzeichen für ein etwas zu starkes Geltungsbedürfnis beobachtet man nicht selten; so zum Beispiel, wenn ein
Kind „nicht verlieren kann" oder wenn es dazu neigt, seinen Sieg
in einem Spiel unangemessen stark auszukosten und den Verlierern
gegenüber Schadenfreude zu zeigen.

Albernheit (Clownerie), Angeberei und übermäßiges Geltungsbedürfnis
gründen fast durchweg auf einer Selbstunsicherheit. Sie sind Versuche,
diese Selbstunsicherheit nach außen hin zu vertuschen und nicht deutlich werden zu lassen; sie dienen als Verteidigungshaltung gegenüber
tatsächlichen oder auch nur eingebildeten Angriffen auf die eigene
Person. Zugleich stellen sie den Versuch dar, Anerkennung und Bestätigung bei andern zu finden. Problematisch werden diese Verhaltensweisen aber dadurch, daß sie in der Regel genau das Gegenteil von
dem bewirken, was sie eigentlich bezwecken. Sie wecken nämlich in
den seltensten Fällen die erwünschte Anerkennung und Bewunderung.
Vielmehr reagiert die Umwelt zumeist ablehnend, wodurch dann die
Selbstunsicherheit des „Angebers" häufig noch gesteigert und seine
Neigung zu Angebereien und Aufschneidereien verstärkt wird. Die
Wunschvorstellungen, die sich in dem angeberischen Verhalten oder in
der Großsprecherei ausdrücken, sind nämlich so stark, daß ein Kind
diesen nicht widerstehen kann, selbst wenn es die Erfahrung gemacht
hat, daß sein Verhalten ihm Ablehnung und Spott einbringt.

Bei näherer Untersuchung erkennt man, daß dem übersteigerten Geltungsbedürfnis gleichzeitig zwei Ursachenkomplexe zugrunde liegen,
die jeweils unterschiedlich stark ausgeprägt sein können.

Die eine Ursache liegt darin, daß ein solches Kind nicht die Aufmerksamkeit und Beachtung findet, die es braucht, daß es nicht die Liebe
und Zuwendung von seinen Eltern und Erziehern erfährt, derer es
bedarf. Das Kind sagt sich dann unbewußt: „Wenn ich schon nicht
geliebt werde, dann will ich wenigstens bewundert werden." Vielleicht
hat das Kind aber auch Schwierigkeiten, zu Gleichaltrigen einen natürlichen und ungezwungenen Kontakt zu finden.

Nun ist es aber häufig zu beobachten, daß ein Kind unter solchen Voraussetzungen danach trachtet, besonders hervorstechende Leistungen
zu erbringen, um die angestrebte Aufmerksamkeit auf sich zu lenken.
Solche Kinder, die von sich aus nicht genug Zuwendung, Anerkennung
und Kontakt finden, entwickeln dann oft einen besonders starken Leistungsehrgeiz. (Siehe auch: Strebertum — Übertriebener Ehrgeiz.)

Das Nicht-erreichen von Anerkennung durch Leistungen

Bei Kindern, die zur Albernheit und Angeberei neigen, tritt nun als weitere Bedingung hinzu, daß sie durch Leistungen die angestrebte Aufmerksamkeit nicht erreichen zu können glauben. Dies kann einmal daran liegen, daß die Kinder derartige Leistungen nicht erbringen können, zum Beispiel, weil ein Gefühl des Zurückgesetztwerdens eine sehr starke Beunruhigung schafft, die ihr Leistungsverhalten stört. (In solchen Fällen ist das alberne Verhalten des Kindes als eine Ausweichreaktion vor den gestellten Anforderungen zu verstehen.) Es kann aber auch dadurch begründet sein, daß die besonderen Leistungen, die tatsächlich erbracht werden, nicht die angestrebte Aufmerksamkeit und Anerkennung finden. (Siehe auch: Eifersucht.)

Kinder ohne gleichaltrige Spiel-kameraden

Recht häufig beobachtet man Albernheiten und Clownerien bei einem Kind, das fast ausschließlich mit Erwachsenen zusammen ist und kaum mit Gleichaltrigen spielt. Aufgrund des Altersunterschiedes ist dieses Kind höchstens für ganz kurze Zeit in der Lage, sich leistungsmäßig den Erwachsenen anzugleichen, mit ihnen „mitzuhalten" und damit ihre Aufmerksamkeit auf sich zu lenken. Andererseits aber hat es wahrscheinlich die Erfahrung gemacht, daß es durch seine Albernheiten und Faxen die Erwachsenen zum Lachen bringen kann. So wird es dann, um nicht unbeachtet zu bleiben, in zunehmendem Maße versuchen, sich durch Clownerien interessant zu machen.

Mangel an Anregungen

In der Vorschulzeit, im Alter von drei bis sechs Jahren, sind Albernheit und Clownerie bei Kindern besonders häufig zu beobachten. Das liegt oft daran, daß viele Eltern glauben, in diesem Alter brauche man sich nicht mehr so viel um das Kind zu kümmern; es könne jetzt allein spielen und es solle „nur recht lange ein kleines Kind sein", welches „von dem Ernst des Lebens noch nichts zu wissen brauche". Die Eltern zeigen deshalb nicht genug Interesse für die Leistungen des Kindes gerade in dieser Lebensphase, die als eine sehr dynamische und wichtige Lernperiode anzusehen ist. Sie regen die Kinder in dieser Zeit viel zu wenig an, geben ihnen zu wenig Möglichkeiten zu altersgemäßen Leistungen und damit zu altersgemäßen Leistungsbeweisen. In diesen Fällen sehen sich die Kinder sozusagen gezwungen, Albernheiten zu veranstalten, um wenigstens so das Interesse auf sich zu lenken. (Siehe auch: Unselbständigkeit.)

Unreife

Häufig treten Clownerie und Albernheit aber auch erst so recht in Erscheinung, wenn das Kind in der Schule mit Gleichaltrigen zusammenkommt. Das ist dann zumeist ein Zeichen dafür, daß das Kind noch sozial unreif ist, daß es sich schwer den Gleichaltrigen anschließt und von diesen auch nicht voll angenommen wird. Zumeist ist dieses Kind auch den schulischen Anforderungen noch nicht gewachsen und nicht in der Lage, sich durch Leistungen Beachtung zu verschaffen. So greift es dann als Ersatzhandlung zu Faxen und Albernheiten, durch die es wenigstens vorübergehend die Aufmerksamkeit der Mitschüler — und der Lehrer — erregt. Letztlich vergrößert sich damit die Distanz zu den Gleichaltrigen nur noch mehr, da dieses Kind von den Mitschülern bald nur noch als ein Clown angesehen wird, den man nicht ganz für voll nimmt. Auch in den höheren Klassen trifft man zuweilen noch Kinder, die mehr oder weniger geschickt ihr Geltungsstreben durch Clownerie zu befriedigen suchen. (Siehe auch: Unreife; Gehemmtheit.)

Bei älteren Kindern zeigt sich üblicherweise das Geltungs- und Aufmerksamkeitsbedürfnis jedoch mehr in Großsprecherei und Angeberei als in Albernheiten und Clownerien. Häufig reagiert die Umwelt auf den Angeber schon durchaus richtig, indem sie sagt: „Der hat es halt nötig." Denn tatsächlich liegt der Angeberei ein starkes Bedürfnis zugrunde, Leistungen vorzutäuschen, die man zu erbringen nicht in der Lage ist, von denen man aber glaubt, sie erbringen zu müssen, um voll anerkannt zu werden. Meist sind solche Großsprecher in Wirklichkeit außerordentlich selbstunsicher. Sie versuchen fast immer durch ihre Großsprecherei eine Gehemmtheit zu überspielen oder über Kontaktschwierigkeiten hinwegzutäuschen. (Siehe auch: Gehemmtheit.)

Selbstunsicherheit und Gehemmtheit

Auch ein Nichtanerkennen von tatsächlichen Leistungen oder eine Behinderung der vollen Entfaltung eines Kindes kann zu einem Geltungsstreben führen. Derartige Fälle finden wir in unserer Gesellschaft häufig, wenn einem Kind aus unsachlichen Gründen die Entwicklungsmöglichkeit beschnitten oder seine Leistungen mißachtet werden, weil sie nicht den üblichen Vorstellungen von der Rolle entsprechen, die diesem Kind in unserer Gesellschaft angeblich zukommt.

Hemmung der Entwicklungsmöglichkeiten

Hier handelt es sich beispielsweise um Arbeiterkinder oder farbige Kinder, die die höhere Schule besuchen und deren Leistung weder in ihrem häuslichen Milieu (aus Unverständnis) noch in der Klassengemeinschaft (weil nicht sein kann, was nicht sein darf) anerkannt werden und deren Ausbildung vorzeitig abgebrochen wird. Ähnlich ist die Situation auch immer noch bei vielen Mädchen, deren intellektuelle Leistungen nicht anerkannt und nicht gefördert werden. So besuchen z. B. zur Zeit noch sehr viel weniger Mädchen eine höhere Schule als Jungen, da immer noch viele Eltern der Überzeugung sind, die Ausbildung eines Mädchens lohne sich nicht, weil es ja doch heiraten werde und sich dann auf die familiären Pflichten zu beschränken habe. Solche Einstellungen engen ein und hemmen die Entwicklung dieser Kinder.

Zuweilen kann man jedoch auch beobachten, daß Eltern die Leistungsfähigkeit ihres Kindes bei weitem überschätzen und dem Kind eine Vorstellung von seinem Leistungsvermögen vermitteln, die viel zu hoch ist. Ein solches Kind wird dann leicht durch Mißerfolgserlebnisse verunsichert, von denen es — wegen der von den Eltern übernommenen Kritiklosigkeit — überrascht wird. Diese Unsicherheit wird es dann durch Angeberei und Großsprecherei zu überdecken suchen.

Mangel an Selbstkritik

Was tun?

Zuwendung und Aufmerksamkeit

Aus dem Gesagten läßt sich ableiten, daß es wichtig ist, dem Kind eine uneingeschränkte, leistungsunabhängige Zuwendung und Aufmerksamkeit zuteil werden zu lassen. Nur so gewinnt das Kind die notwendige Selbstsicherheit, deren Mangel es durch seine Albernheiten und Angebereien zu überspielen sucht.

Zuweilen wird sich allerdings nicht sofort erkennen lassen, warum das Kind diesen Mangel an Zuwendung empfindet. Man wird also beispielsweise überlegen müssen, ob vielleicht Geschwisterrivalität eine Rolle spielt, ob das Kind überfordert wird oder ob es sich durch eine zu stark reglementierende Erziehung eingeengt fühlt. (Siehe auch: Eifersucht; Unreife; Gehemmtheit.)

Kontakt mit Gleichaltrigen

Gleichzeitig ist es wichtig, dem Kind dabei zu helfen, mit Gleichaltrigen Kontakt zu finden. Allmählich und ohne Zwang sollte man es dazu anleiten, mit anderen Kindern seines Alters zu spielen, und es gleichzeitig zu einer größeren Selbständigkeit führen, damit es sich unter den Spielkameraden zu behaupten lernt. (Siehe auch: Unselbständigkeit.)

Anregungen

Man muß dem Kind Anregungen geben, ihm durch Lob und Anerkennung — allerdings ohne jeden eigenen, persönlichen Ehrgeiz — zu einem Leistungswillen und einem Leistungsvermögen verhelfen und ihm damit eine größere Selbstsicherheit vermitteln. So wird man es beispielsweise dazu anleiten, sich in nicht zu schweren Leistungsspielen zu bewähren. Man kann es zunächst häufiger gewinnen lassen, um sein Selbstgefühl zu steigern. (Das Kind darf dies allerdings nicht merken, sonst fühlt es sich nicht ernst genommen.) Darauf aufbauend wird man dann dem Kind dazu verhelfen können, ein „fairer" Verlierer zu werden.

Grundsätzlich sollten die Eltern und Erzieher sich von allzu engen Vorstellungen darüber frei machen, welche Rolle ein bestimmtes Kind in unserer Gesellschaft einzunehmen hat. Es ist vielmehr von größter Bedeutung, daß jedem Kind alle Chancen gegeben werden, sich voll zu entwickeln und zu entfalten.

Wichtig ist, daß man sich klar macht, daß das Kind immer dann zu einem übertriebenen Geltungsbedürfnis neigt, wenn es selbstunsicher ist. Die Ursachen für diese Selbstunsicherheit können sehr verschiedenartig sein: Grundsätzlich sollte man herauszufinden suchen, warum das Kind ein Gefühl des Nichtangenommenseins hat und warum es glaubt, durch ein natürliches und angepaßtes Verhalten nicht genug Aufmerksamkeit und Anerkennung erringen zu können. (Siehe auch: Gehemmtheit; Eifersucht; Unreife; Unselbständigkeit.)

Schließlich ist von größter Bedeutung, daß die Eltern und Erzieher dem   Selbstkritik
Kind zu einer angemessenen, weder zu geringen noch zu hohen Einschätzung seiner Fähigkeiten verhelfen. Ein Kind muß zwar oft gelobt
werden, weil es durch Lob und Anerkennung zu einem spontanen Leistungswillen geführt wird; das Kind muß aber auch merken, daß es nur
für wirkliche Leistungen, die ihm eine gewisse Anstrengung abverlan-
gen, gelobt wird. Gemeinsam mit den Eltern und Erziehern muß es auch
die Grenzen seiner Leistungsfähigkeit erkennen lernen.

Literatur:

18., 26., 54., 61., 94.

Weitere Stichworte:

Eifersucht   Strebertum — Übertriebener Ehrgeiz
Gehemmtheit   Unselbständigkeit
Unreife

Angst

Angst ist nicht zu verwechseln mit Furcht. Die „Furcht" richtet sich immer auf ganz bestimmte Bedrohungen oder Gefahren. Man hat also „Furcht vor etwas". (Siehe auch: Furchtsamkeit.)

Demgegenüber ist die „Angst" durch starke innere Beunruhigungszustände gekennzeichnet, die sich auf unbestimmte Gefahren beziehen. Angst könnte allgemein als das Erleben des Bedrohtseins durch etwas Unbekanntes und Unheimliches umrissen werden.

Die Angst eines Kindes kann sich auf verschiedene, teilweise ganz gegensätzliche Art und Weise äußern. Manche Kinder werden gehemmt, schüchtern und zurückgezogen, werden allgemein interessenlos und passiv. Sie lassen sich treiben, zeigen keinerlei Aktivität und kein Bestreben, die an sie gestellten Anforderungen zu meistern. Es fehlt ihnen jede Anstrengungsbereitschaft; sie sind lustlos und häufig verstimmt. Ein völliger Stillstand im Entwicklungsprozeß dieser Kinder kann häufig die Folge sein. (Siehe auch: Gehemmtheit; Fremdeln; Faulheit — Mangelnde Anstrengungsbereitschaft.)

Andere Kinder, die unter starken inneren Beunruhigungs- und Angstgefühlen leiden, zeigen vorwiegend aggressive Verhaltensweisen. Sie sind frech, in keiner Weise einordnungsbereit, widersetzlich und stören beispielsweise in der Schulklasse in kaum erträglichem Maße. (Siehe auch: Aggressivität; Frechheit — Widersetzlichkeit.)

Meist allerdings sind beide Verhaltensformen nicht so deutlich ausgeprägt wie hier dargestellt. Viele Kinder, die Angst haben, schwanken immer zwischen der passiven, inaktiven und der aggressiven Reaktionsweise.

Darüber hinaus kann sich Angst in Schlafstörungen äußern; die Kinder schlafen schlecht ein, schreien im Schlaf laut auf oder springen des Nachts verzweifelt aus dem Bett und sind dann nur schwer zu beruhigen. (Siehe auch: Schlafstörungen; Kopfwerfen.)

Bedeutung und Ursache:

Die meisten von uns werden schon einmal von einer heftigen Furcht oder einer tiefen inneren Angst gepackt worden sein. Wir wissen deshalb, wie der Mensch in solchen Situationen reagiert: Entweder wird er wie gelähmt und ist unfähig, überhaupt noch etwas zu tun (etwa entsprechend dem Totstellreflex bei Tieren); oder aber er reagiert kopflos, in einer sinnlosen ungerichteten Aktivität. In beiden Fällen ist er nicht in der Lage, vernünftig und überlegt zu handeln und das in dieser Situation Richtige zu tun. Es ist ihm deshalb zumeist unmöglich, den Anforderungen der Situation gerecht zu werden.

Ebenso geht es den Kindern, die unter einer ständigen inneren Angst leben. Nur kann man bei ihnen zumeist den Grund für ihre Angst nicht direkt erkennen, und darum bleibt ihr Verhalten oft unverständlich. Auch sind sie nicht in der Lage, situationsangepaßt zu reagieren und den Anforderungen, die an sie gestellt werden, gerecht zu werden.

Der Mensch ist bei seiner Geburt ein hilfloses Wesen. Im Gegensatz zu allen Tieren braucht er sehr viele Jahre, bis er auf die Hilfe der Eltern, der Erwachsenen verzichten kann. Der Säugling ist noch vollkommen auf seine Eltern angewiesen. Sie geben ihm nicht nur zu essen und zu trinken, sondern vermitteln ihm vor allem auch durch ihre Liebe das Bewußtsein der Geborgenheit.

Folgen unzureichender Geborgenheit (Hospitalismus)

Wie wesentlich diese, das Bewußtsein der Geborgenheit vermittelnde Liebe der Eltern ist, zeigt eine Beobachtung von René Spitz in einer amerikanischen Klinik. Dort wurden 91 gesunde Säuglinge, die zuvor 3 Monate von ihren Müttern gestillt worden waren, von Schwestern in Gruppen zu 10 und 15 Kindern versorgt. Sie erhielten genug zu trinken, wurden sauber gehalten und hygienisch gut gepflegt. Trotzdem wurden diese Kinder weinerlich; sie aßen schließlich nur noch widerwillig und erkrankten zunehmend häufig. Bis zum Ende des vierten Lebensjahres starben fast drei Viertel dieser Kinder an Unterernährung und darauf gründenden Infektionen. Ihnen fehlte die liebevolle Zuwendung, das Gefühl der Geborgenheit, welches besonders für das Kleinkind im wahrsten Sinne des Wortes lebensnotwendig ist.

Geborgenheit als Grundlage für die Entwicklung zur Selbständigkeit

Auch in seinem weiteren Leben braucht das Kind das sichere Wissen, daß seine Eltern (seine engsten Beziehungspersonen) mit uneingeschränkter und unbedingter Liebe hinter ihm stehen. Nur aus diesem Bewußtsein heraus und mit der Hilfe der Eltern (oder seiner engsten Beziehungspersonen) gelingt es ihm, sich allmählich zu immer größerer Selbständigkeit zu entwicklen und den Anforderungen im immer weiter werdenden Lebensbereich nachzukommen. Dieser Prozeß der Verselbständigung des Kindes verläuft dabei nicht absolut gleichförmig, sondern es werden immer wieder Phasen der Verselbständigung mit Phasen besonders starker Anlehnungsbedürftigkeit wechseln. (Dies sehen wir besonders bei der Ich-Entwicklung des Kindes in der sogenannten Trotzphase: gerade im Anschluß an einen „Trotzkampf", der sich scheinbar gegen die Eltern oder Erzieher richtet, kommt das Kind sehr häufig mit einem besonders starken Zärtlichkeitsbedürfnis auf die Eltern oder Erzieher zu.)

Man sieht, in welch starker Abhängigkeit das Kind von seinen Eltern und Erziehern lebt. Und wenn nun dieses enge Verhältnis in irgendeiner Weise gestört wird, wenn die Eltern und Erzieher dem Kind die notwendige Sicherheit nicht vermitteln, dann sieht sich das Kind auf einmal alleingelassen, und es wird — den Anforderungen der Welt alleine nicht gewachsen — Angst haben.

Mangel an Geborgenheit

Eine solche Angst finden wir besonders häufig bei Kindern, die schon in den ersten Lebensjahren von ihrer Mutter abgelehnt wurden. Aber auch aus jedem anders begründeten Mangel an Geborgenheit entsteht Angst: bei nicht ausreichender liebevoller Zuwendung; wenn das Kind häufig von den Eltern fort muß oder wenn seine Erzieher ständig wechseln, so daß es keine konstante Beziehungsperson hat; bei einem schlechten Verhältnis der Eltern untereinander oder bei einer unstabilen, wechselvollen und inkonsequenten Erziehung, durch die das Kind keine Regeln erkennt und keine Orientierungspunkte findet, so daß es die Reaktionen der Erwachsenen nicht vorauszusehen vermag.

Angst machen

Nicht selten lösen Eltern bei ihren Kindern starke innere Beunruhigungs- und Angstgefühle dadurch aus, daß sie dem Kind Angst machen, um es zu einem gewünschten Verhalten zu veranlassen. Sie drohen beispielsweise dem Jungen oder dem Mädchen mit irgendwelchen für das Kind unübersehbaren und deshalb unheimlichen Folgen seines Tuns. Beispielsweise: „Wenn Du weiter am Daumen lutschst, kommt der Schneider mit der Schere und schneidet ihn ab!" Oder: „Wenn Du nicht lieb bist, dann steckt Dich der Nikolaus in seinen Sack und nimmt Dich mit!" (Das Kind kann ja noch nicht beurteilen, ob solche Drohungen real möglich sind.)

Auch religiöse Inhalte werden dazu mißbraucht, dem Kind Angst zu machen, indem z. B. mit der Hölle, dem Fegefeuer oder schrecklichen Strafen Gottes gedroht wird. Alle zu hohen Anforderungen, die mit moralischen und ethischen Vorstellungen verbunden werden und die das Kind aufgrund seines Entwicklungsstandes nicht erfüllen kann, erwecken in ihm Schuldgefühle und daraus folgend Angst. Auf alle diese Arten stellen die Eltern und Erzieher eine unheimliche, bedrohende Instanz zwischen sich und das Kind; das direkte, enge und vertrauensvolle Verhältnis wird damit gestört, und das Kind sieht sich alleingelassen gegenüber unerfüllbaren Aufgaben. Angst ist die Folge.

Falsche Informationen

Jede falsche Information über die Folgen seines Tuns kann Beunruhigungs- und Angstzustände bei einem Kind auslösen. Eine solche Problematik entwickelt sich z. B. häufig, wenn ein Kind irgendwoher erfährt, daß die Onanie verwerflich („eine Sünde") oder gesundheitsschädlich sei. (Diese falsche Information braucht das Kind gar nicht von den Eltern oder Erziehern selbst erhalten zu haben; es genügt, daß es das irgendwo gehört oder gelesen hat und von seinen Eltern und Erziehern nicht besser unterrichtet worden ist.) Da nun aber fast alle Kinder in der Pubertät onanieren, werden sich aufgrund dieser falschen Information besonders bei einem sensiblen Kind stärkste Schuld- und Angstgefühle ausbilden, die die weitere Entwicklung des Kindes hemmen und Fehlentwicklungen auslösen. (Siehe auch: Sexuelle Verhaltensauffälligkeiten.)

Was tun?

Wir sagten schon, daß die Ursachen für die Angst eines Kindes von den Eltern und Erziehern in der Regel schwer zu erkennen sind. Zumeist werden Sie sich also an eine Erziehungsberatungsstelle, einen Psychologen oder Psychotherapeuten wenden müssen. Dort wird man sich bemühen, die Gründe für die Angst des Kindes, die diesem selbst ja nicht bewußt sind, zu erfahren und mit Ihnen gemeinsam überlegen, wie dem Kind zu helfen ist, damit nicht sein ganzes Leben von dieser Angst überschattet wird.

Fachkundige Hilfe heranziehen

In jedem Fall wird es von größter Bedeutung sein, daß das Kind eine starke Zuwendung und Liebe erfährt und daß wieder das Bewußtsein einer engen Zugehörigkeit zu seinen Eltern und Erziehern in ihm geweckt wird. Das Kind muß die sichere Gewißheit haben, daß es sich auf seine Eltern und Erzieher verlassen kann, daß es also nicht allein ist.

Zuwendung und Liebe

Dabei wird zu berücksichtigen sein, daß ein Kind, welches Angst hat, zunächst viel mehr an Liebe und Zuwendung bedarf, wie andere gleichaltrige Kinder. Ein solches Kind hat fast immer einen starken Nachholbedarf an liebevoller Geborgenheit. Zuweilen wird es Ansprüche an Zärtlichkeit und Geborgenheit stellen wie ein Kleinkind. Aber erst wenn es die Befriedigung dieser kleinkindhaften Wünsche über einen gewissen Zeitraum erfahren hat, wird es allmählich seine Angst verlieren und eine altersgemäße Selbständigkeit entwickeln können.

Kleinkindhafte Bedürfnisse befriedigen

Alle Fachleute sind sich heute einig in der Forderung, daß Eltern und Erzieher einem Kind niemals Angst machen sollten. Angst kann die gesamte Entwicklung verzögern oder zum Stillstand bringen. Eine Erziehung, die das Kind ängstigt, hindert zudem die Ausbildung von Selbständigkeit und Selbstverantwortlichkeit. Eltern und Erzieher sollten deshalb sorgsam darauf achten, ob sie mit dem, was sie sagen, dem Kind möglicherweise Angst machen. Gerade das Kleinkind, welches Vorstellung und Wirklichkeit noch nicht sicher voneinander trennen kann, wird leicht durch Äußerungen beunruhigt, die von den Erwachsenen oft nur „spaßhaft" gemeint waren, von dem Kind jedoch völlig ernst genommen werden. Man sollte deshalb immer ganz besonders sorg-

Klare und eindeutige Informationen

fältig darauf achten, daß alles, was man dem Kind sagt, unbedingt richtig (also auch nicht märchenhaft), klar, eindeutig und seinem Verständnis angepaßt ist, so daß auch keine Mißverständnisse möglich sind.

Literatur:

18., 22., 44., 55., 61., 96., 110., 151., 152., 171., 177., 187., 270.

Weitere Stichworte:

Fremdeln

Furchtsamkeit

Gehemmtheit

Aggressivität

Faulheit — Mangelnde Anstrengungsbereitschaft

Frechheit — Widersetzlichkeit

Kopfwerfen

Schlafstörungen

Bettnässen – Tagnässen – Einkoten

Thomas ist acht Jahre alt. Er ist ein großer, kräftiger Junge. Aber trotz seines Alters macht er fast jede Nacht sein Bett naß. Dabei war er — wie die Eltern voll Stolz berichten — schon mit einem Jahr und zwei Monaten sowohl am Tag als auch in der Nacht bis auf wenige Ausnahmen völlig sauber. Doch seit über einem Jahr macht er nun wieder das Bett naß, obwohl eine ärztliche Untersuchung ergeben hat, daß er körperlich ganz gesund ist. Thomas selbst schämt sich sehr wegen seines Bettnässens, und seine Eltern sind tief empört und sagen: „Wenn er nur wollte und besser aufpassen würde, dann brauchte das nicht zu passieren!" Sie haben — nach ihren Angaben — „alles versucht", aber weder Belohnung noch Vorwürfe und Strafen haben Erfolg gehabt.

Von **Bettnässen** (enuresis nocturna) sprechen wir, wenn ein Kind von drei Jahren und mehr nachts sein Bett noch mehr oder weniger regelmäßig naß macht. Das Bettnässen ist für die Eltern einer der häufigsten Anlässe, fachkundigen Rat einzuholen. Denn es stellt sowohl für das Kind als auch für die Eltern — insbesondere für die Mutter, die viel zusätzliche Arbeit dadurch hat — eine starke Belastung dar. Jungen sind wesentlich häufiger Bettnässer als Mädchen.

Sehr viel seltener tritt das **Einnässen am Tage,** das Tagnässen (enuresis diurna) auf, das im übrigen bei Mädchen etwas häufiger beobachtet wird als bei Jungen. Nicht hierher zu rechnen sind allerdings einzelne Fälle von Einnässen am Tage bei Kindern im Vorschulalter. Denn es kann ohne weiteres gelegentlich geschehen, daß ein Kind dieses Alters sich so sehr in sein Spiel vertieft, daß es nicht rechtzeitig den Weg zur Toilette findet.

Das **Einkoten** (enkropesis) geschieht zumeist am Tage, seltener in der Nacht. Dabei kommt es zu einer Darmentleerung, die von den Kindern nicht rechtzeitig bemerkt wird. Allerdings sprechen wir dann nicht vom Einkoten, wenn ein Kind beispielsweise Durchfall hat und deshalb die Hose beschmutzt.

Bedeutung und Ursache:

Die Eltern eines Bettnässers sind zu Recht beunruhigt. Wenn sie mit ihrem Kind zur Erziehungsberatungsstelle oder in die Praxis eines Psychologen oder Psychotherapeuten kommen, haben sie oft schon einen Arzt aufgesucht, und dieser hat in den allermeisten Fällen festgestellt, daß ein organisches Leiden nicht vorliegt. Bettnässen ist — bis auf wenige Ausnahmefälle — nicht die Folge eines organischen Fehlers, und es ist keinesfalls ein Zeichen für irgendeine „Geschlechtskrankheit" — wie besorgte Eltern zuweilen annehmen.

Unbewußtes Einnässen

Das Bettnässen ist vielmehr ein Symptom, ein Zeichen dafür, daß das Kind seelisch nicht gesund ist. Das Kind näßt nicht etwa deswegen ein, weil es vielleicht unaufmerksam wäre, weil es nicht aufpaßte oder „weil es nicht wollte". Vielmehr geschieht das Bettnässen gegen den bewußten Willen und meist ohne das Wissen des Kindes.

Dazu einige Erklärungen: Die Blase wird von einem Muskel gebildet, der — ebenso wie der Herzmuskel oder die Darmmuskulatur — unwillkürlich arbeitet und vom Willen nicht zu beeinflussen ist; willentlich zu beeinflussen ist nur der Blasenschließmuskel. Ebenso wie nun bei seelischer Erregung das Herz schneller schlägt oder die Darmtätigkeit angeregt wird, spannt sich auch der Blasenmuskel bei seelischer Erregung stärker an, wodurch die Blase kleiner wird. (Wohl jeder hat schon erlebt, daß er häufiger zur Toilette gehen mußte, wenn er aufgeregt, verspannt und nervös war.)

Normalerweise ist der Mensch im Schlaf entspannt; der Blasenmuskel ist dann schlaff, die Blase groß und aufnahmefähig für eine große Flüssigkeitsmenge. Bettnässer leiden nun aber unter einer starken inneren nervösen Spannung. Diese hat zur Folge, daß sich der unwillkürliche Blasenmuskel anspannt und die Blase somit kleiner wird. Gleichzeitig bewirkt die Anspannung und Füllung der Blase beim Bettnässer jedoch nicht einen ausreichenden Weckreiz, wie er üblicherweise auftritt. So kommt es, daß der Bettnässer einnäßt, ohne es selbst rechtzeitig zu bemerken.

Das Kind macht das Bett also nicht naß, weil es unaufmerksam und bequem wäre oder weil es nicht aufpassen wollte. Vielmehr besteht beim Bettnässer eine starke innere nervöse Spannung, die ein Zusammenziehen und damit eine Verkleinerung der Blase zur Folge hat. Darüber hinaus liegt ein weiterer unbewußter psychischer Mechanismus vor, der bewirkt, daß die Anspannung und Füllung der Blase nicht, wie üblich, einen ausreichend starken Weckreiz auslöst.

Symptomverschiebung

Dem widerspricht auch nicht, daß es zuweilen durch harte Strafen oder suggestive Beeinflussung gelingt, das Symptom des Bettnässens zu beseitigen. In solchen Fällen hat nämlich die Angst des Kindes vor Strafen eine solche Verkrampfung des willkürlichen Schließmuskels der Blase bewirkt, daß es zumindest eine Zeitlang gelingt, den Harn tatsächlich zurückzuhalten. Die eigentliche Ursache des Bettnässens, die starke innere nervöse Spannung, ist dadurch aber nicht beseitigt. Sie wird sich ein anderes Ventil suchen müssen. So wundert es dann nicht, daß solche Kinder, denen das Bettnässen durch Strafen oder durch eine suggestive Beeinflussung tatsächlich vollständig abgewöhnt werden konnte — das gelingt aber nur selten —, häufig anderen Auffälligkeiten zeigen, beispielsweise ein Stottern oder Schlafstörungen.

Daß es sich in diesen Fällen (in denen das Bettnässen durch Strafe oder Suggestion zum Verschwinden gebracht werden konnte und daraufhin eine andere Auffälligkeit auftrat) tatsächlich um eine Symptomverschiebung handelt, erkennt man, wenn diese Kinder psychotherapeutisch behandelt werden. Im Verlauf einer solchen Behandlung tritt oft — als Zeichen der allmählich einsetzenden Heilung! — das Symptom des Bettnässens vorübergehend wieder auf.

Das Bettnässen ist also ein Symptom, ein Anzeichen dafür, daß ein Kind seelisch krank ist. Darum sollte das Bettnässen immer Anlaß dazu sein, den Gründen für die seelische Erkrankung nachzugehen, obwohl man aus Erfahrung weiß, daß das Bettnässen in der Pubertät, spätestens jedoch zwischen 18 und 21 Jahren aufhört, auch wenn die psychische Störung nicht behoben wird.

Wir sahen oben, daß die eigentliche Ursache des Bettnässens eine starke innere nervöse Spannung des Kindes ist. Warum drückt sich diese nun gerade in Form des Bettnässens aus? — Eine solche Frage ist schwer zu beantworten. Doch kommt man der Antwort sehr nahe, wenn man überlegt, welche unbewußten Regungen des Kindes in dieser Verhaltensauffälligkeit zum Ausdruck gebracht werden: Alle Erfahrungen mit bettnässenden Kindern haben gezeigt, daß dieses Symptom nichts anderes darstellt als einen Ruf nach der Mutter (dem Vater, dem Erzieher), einen Ruf nach Zuwendung, Pflege und Geborgenheit. Das Kind drückt durch das Bettnässen unbewußt das aus, was es selbst nicht sagen könnte, aber innerlich empfindet: "Schaut, ich bin doch noch so klein; kümmert euch um mich, umsorgt mich, pflegt mich, als wäre ich noch ein Säugling; ich brauche noch so viel Liebe und Zuwendung wie ein Kind, das noch die Windeln naß macht."

Der Ruf des Kindes nach Zuwendung

Dieser Ruf des Kindes nach Zuwendung und Liebe, der sich im Bettnässen ausdrückt, kann nun verschiedene Ursachen haben. Allgemein gesagt liegt ihm fast durchweg eine Störung des Eltern-Kind-Verhältnisses zugrunde. Diese Störung kann einmal mehr äußerlicher Natur sein, beispielsweise wenn ein Kind aus irgendwelchen Gründen eine Zeitlang von den Eltern getrennt leben muß und noch nicht die innere Selbständigkeit entwickelt hat, um dies zu verkraften. Zum anderen kann es durch ein schlechtes inneres Verhältnis zu den Eltern, besonders der Mutter, begründet sein, wodurch das Kind nicht die ruhige und sichere Geborgenheit findet, die es braucht. Beispielsweise kann das Bettnässen seine Ursache darin haben, daß das Kind von seinen Eltern vernachlässigt wird, daß sich die Eltern zuwenig um das Kind kümmern und sie keine Zeit für ihr Mädchen oder ihren Jungen haben.

Gestörtes Eltern-Kind-Verhältnis

Nicht selten ist das Eltern-Kind-Verhältnis aber auch dadurch gestört, daß die Eltern sehr nervös und leicht erregt sind, daß sie dem Kind in einer vorwiegend niedergedrückten und unglücklichen Stimmungslage begegnen oder daß es zu Spannungen und häufigen Auseinandersetzungen zwischen der Mutter und dem Vater des Kindes kommt.

Das Eltern-Kind-Verhältnis kann also durch ganz unterschiedliche Ursachen gestört sein. Dadurch erklärt sich auch, daß in dem einen Fall das Bettnässen auftritt, sobald das Kind von seinen Eltern getrennt wird, und wieder verschwindet, sobald das Kind zurück bei seinen Eltern ist. (In einem solchen Fall, in dem das Kind beispielsweise eine Zeitlang bei Verwandten, im Krankenhaus oder in einem Heim leben muß, handelt es sich also um eine mehr äußerliche Störung des Eltern-Kind-Verhältnisses.) Nun wird aber auch verständlich, daß umgekehrt das Bettnässen zuweilen nur auftritt, wenn das Kind bei seinen Eltern lebt, und verschwindet, sobald es in einer anderen Umgebung ist, wo es mehr Liebe und Zuwendung erfährt.

Geschwister-rivalität

Nicht selten kommt es zum Bettnässen, wenn das Kind sich hinter einem oder mehreren Geschwistern zurückgestellt und diesen gegenüber benachteiligt fühlt. So setzt das Bettnässen beispielsweise sehr häufig dann ein, wenn ein Geschwister geboren wird und das ältere Kind erleben muß, daß sich nun die ganze Liebe und Aufmerksamkeit dem Neugeborenen zuwendet. (Siehe auch: Eifersucht.)

Überforderungen

Ein Kind, welches durch sein Bettnässen unbewußt ausdrückt: „Ich bin doch noch so klein", kann dies auch tun, weil es sich überfordert fühlt, weil es sich den Anforderungen, die seine Eltern, seine Erzieher und die gesamte Umwelt stellen, nicht gewachsen sieht. Darum findet sich das Symptom des Bettnässens besonders häufig bei solchen Kindern, die aus irgendwelchen Gründen noch nicht den geistig-seelischen Entwicklungsstand erreicht haben, der ihrem Alter entsprechen würde. (Siehe auch: Unreife.) So erklärt sich auch, daß das Bettnässen nicht nur als Folge einer lieblosen oder liebearmen Erziehung auftreten kann, sondern daß es ebenfalls als Folge einer stark verwöhnenden, verhätschelnden, das Kind klein und unmündig haltenden Erziehung zu beobachten ist. Solche Kinder, die eine altersgemäße Selbständigkeit nicht erreichen konnten und deshalb den Anforderungen, die die Umwelt außerhalb der Familie an sie stellt, nicht gerecht werden können, drücken dann durch das Bettnässen ihren Wunsch danach aus, noch mal ein ganz kleines Kind zu sein, an das solche Anforderungen nicht gestellt werden.

Störung des Leistungs-verhaltens

Viele Bettnässer-Kinder sind innerlich ängstlich und unsicher. Sie können sich zwar vorübergehend eifrig und leistungsbemüht zeigen, um dann jedoch kurze Zeit später wieder phlegmatisch und entmutigt zu reagieren. Allgemein läßt sich sagen, daß das Bettnässen einhergeht mit einer Störung des Leistungsverhaltens. Auch das „Saubersein" ist für das Kind ja eine Leistung, die der Bettnässer nicht ungestört zu erbringen vermag. Dieser Zusammenhang zwischen dem Bettnässen und einer Störung des Leistungsverhaltens kommt zuweilen sehr deutlich zum Ausdruck, wenn nämlich ein Kind nur während der Schulzeit (wenn Leistungen von ihm verlangt werden!) einnäßt, in der Ferienzeit jedoch trocken bleibt.

Oft wird diese Störung des Leistungsverhaltens schon durch eine Überforderung des Kindes durch die Eltern während der Reinlichkeitserziehung ausgelöst. Leider setzen immer noch viele Eltern ihren besonderen Ehrgeiz darein, ihr Kind möglichst früh sauber zu bekommen. Sie vergessen dabei, daß das durchschnittlich entwickelte Kind vor Ende des zweiten Lebensjahres ohne Zwangsmaßnahmen seitens der Erwachsenen nicht in der Lage ist, den komplizierten Vorgang der sicheren Beherrschung von Darm- und Blasenmuskulatur zu bewältigen. Erst gegen Ende des zweiten Lebensjahres (also in der Zeit vor dem dritten Geburtstag) sind die Nervenbahnen des Kindes üblicherweise so weit entwickelt, daß es, ohne überfordert zu werden, den Reinlichkeitswünschen der Eltern entsprechen kann.

Reinlichkeits-erziehung

Nun hören Eltern allerdings immer wieder von Verwandten und Bekannten, andere Kinder seien viel früher sauber gewesen. Dies wird dann zumeist als ein Zeichen einer guten und erfolgreichen Erziehung gewertet, die — direkt oder indirekt — als vorbildlich hingestellt wird. Doch ohne böse Absicht werden derartige Zeitangaben sehr häufig in der Erinnerung verfälscht. Zudem ist es natürlich möglich, ein Kind tatsächlich verhältnismäßig früh sauber zu bekommen, — allerdings zumeist nur auf Kosten einer gesunden und ungestörten psychischen Entwicklung des betroffenen Kindes. Denn eine zu frühe Beherrschung der Ausscheidungsvorgänge ist nur auf dem Wege einer mehr oder weniger mechanischen Verknüpfung bedingter Reflexe möglich, welche nicht ohne eine Vielzahl von Mißerfolgserlebnissen erreicht werden kann, die das Kind erheblich belasten.

Wenn die Reinlichkeitserziehung beispielsweise durch einen starken Appell an das Schamgefühl des Kindes oder durch Strafen, zu denen auch Unmutsäußerungen und Enttäuschungsreaktionen der Eltern zählen, zu früh betrieben wird, wird das Kind wegen seiner körperlichen Unreife die Eltern und Erzieher oft enttäuschen müssen, obwohl es ihnen doch gern gefallen würde. Es kann dann aufgrund dieser zahlreichen Mißerfolgserlebnisse das sichere Empfinden der Geborgenheit, des In-jedem-Fall-Angenommenseins verlieren. Vielfach entwickelt es Schuldgefühle und ein Minderwertigkeitsbewußtsein und wird schließlich von Ängsten und Zweifeln geplagt, anstatt im Bewußtsein der völligen Vertrautheit mit den Eltern zu leben. So kann durch zu frühe Reinlichkeitsanforderungen das Eltern-Kind-Verhältnis gestört werden und das Kind in eine nervöse Verspannung geraten, die sich dann häufig später im Bettnässen äußert. (Darüber hinaus können in einer solchen zu frühen Reinlichkeitserziehung auch die Wurzeln späterer Aggressionen und anderer Unangepaßtheiten liegen.)

Auch das **Einnässen am Tage** beruht nur selten auf einem organischen Fehler. Die Ursachen des Tagnässens entsprechen vielmehr im wesentlichen den Bedingungen, die als Ursachen des Bettnässens festzustellen sind.

Mangel an Liebe und Verständnis

Allerdings hat das Tagnässen einen — dem Kind ebenfalls völlig unbewußten — aggressiveren Charakter als das Bettnässen. Es handelt sich beim Tagnässen häufig um Kinder, die ihren Tätigkeitsdrang nicht ausreichend ausleben dürfen, die sich eingeengt fühlen und sich einer willkürlich schwankenden Erziehung ausgesetzt sehen. Im Symptom des Tagnässens drückt sich offenbar ihre Bitte an die Eltern und Erzieher aus, ihnen sowohl mehr Liebe und Zuwendung als auch mehr Verständnis für ihre kindgemäßen Bedürfnisse entgegenzubringen.

Unangemessene Verzichtsforderungen

Dieser etwas aggressivere Charakter des Tagnässens kennzeichnet auch das Symptom des **Einkotens**. Das Kind bringt damit nicht nur seine Hilfsbedürftigkeit, sondern auch eine gewisse Abwehr gegenüber dem Verhalten seiner Erzieher zum Ausdruck, die es sonst kaum noch zu äußern vermag. Besonders häufig finden wir das Einkoten bei Kindern, von denen immer wieder Verzichtshandlungen und eine weitgehende Selbstaufgabe gefordert werden bzw. wurden. Solchen Kindern wird es nicht ermöglicht, beispielsweise Gefühle des Ärgers oder des Neides zu äußern. Es handelt sich häufig um (nach außen hin) allzu „brave", allzu gefügige Kinder, die dann kaum noch in der Lage sind, für sich selbst etwas zu fordern und etwas für sich zu behalten. Vielfach spielen in den Familien dieser Kinder Probleme der Geld- und Besitzverhältnisse eine erhebliche Rolle. (Siehe auch: Egoismus.) Auch wird diesen Kindern häufig nicht in altersgemäßer Weise gestattet, über Eigentum zu verfügen. Darüber hinaus sind Kinder, die einkoten, besonders häufig einer

Inkonsequente Erziehung

inkonsequenten, zwischen Verwöhnung und übertriebener Härte schwankenden Erziehung ausgesetzt.

Was tun?

Wenn bei einem Bettnässer — wie in den meisten Fällen zu erwarten ist — eine organische Schädigung ausgeschlossen werden kann, dann muß nicht das Symptom „Bettnässen", sondern die Ursache angegangen werden, um eine echte Heilung zu erreichen.

Als Ursache des Bettnässens erkannten wir eine starke innere nervöse Spannung des Kindes. Diese kann nur abgebaut werden, wenn Sie dem Kind Ihr volles Vertrauen zuwenden und ihm das Gefühl einer sicheren Geborgenheit vermitteln. Entsprechen Sie also als Mutter, Vater oder Erzieher dem Ruf des Kindes nach Zuwendung so gut, wie Sie nur können. Zeigen Sie keine Verärgerung, wenn das Bett naß ist, strafen, drohen oder hänseln Sie das Kind nicht. Jeder Appell an das Gewissen des Kindes oder an sein Schamgefühl ist zu unterlassen; er würde neue Schuldgefühle auslösen, die innere Gespanntheit noch erhöhen und das Bettnässen weiter verstärken.

Das Erlebnis des Geborgenseins

Wenn das Kind Angst vor dem Bettnässen hat, verkrampft es und näßt wieder ein. Darum soll es auch keinesfalls — wie leider immer noch oft empfohlen — nachts geweckt und zur Toilette geschickt werden. Auch Trockendiäten, Durstkuren und ähnliches verstören das Kind nur und lassen seine Angst wieder aufleben. Sagen und zeigen Sie dem Kind, daß das Bettnässen nicht allein seine eigene, sondern eine gemeinsame Angelegenheit von Mutter (Vater, Erzieher) und Kind sei. Setzen Sie sich jeden Abend in Ruhe an das Bett des Kindes und sprechen Sie mit ihm über alles — nur nicht über das Bettnässen.

Vertrauensverhältnis

Stellen Sie dem Kind nicht eine Belohnung in Aussicht für den Zeitpunkt, zu dem es nicht mehr einnäßt, sondern gewähren Sie eine Verwöhnung jetzt gleich — mag das auch ganz unpädagogisch klingen. Das Kind muß spüren, daß es geliebt wird. Aber es muß vor allem merken, daß es vorbehaltlos, um seiner selbst willen geliebt wird und daß es nicht nur wegen seines Bettnässens eine zeitweilig erhöhte Zuwendung erfährt. Kinder spüren sehr deutlich heraus, wie und warum man nett zu ihnen ist. Sollte nun ein Bettnässer merken, daß sich seine Eltern oder Erzieher nur wegen seines Bettnässens vermehrt ihm zuwenden, und sollte er fürchten, daß diese Zuwendung ihm wieder verlorengehen könnte, sobald sein Symptom verschwindet, dann wird sein Bettnässen wahrscheinlich nicht aufhören, sondern sich möglicherweise noch verstärken.

Bedingungslose Liebe

Fördern Sie gleichzeitig in altersgemäßer Weise die Selbständigkeit des Kindes. Regen Sie das Mädchen oder den Jungen zum Spielen, zum Malen, zum Sporttreiben an. Sorgen Sie zugleich dafür, daß das Kind mit Gleichaltrigen zusammenkommt und helfen Sie ihm dabei, sich in die Gemeinschaft Gleichaltriger einzugewöhnen. (Siehe auch: Unselbständigkeit.)

Selbständigkeit

Stellen Sie sich selbst darüber hinaus einige kritische Fragen: Haben Sie nicht genügend Zeit für das Kind? Sind Sie nervös und leicht verstimmt, so daß das Kind (vielleicht für Sie bisher unmerklich) mit darunter leidet? Fühlt sich dieses Kind vielleicht gegenüber einem Geschwister zurückgesetzt? Werden von Eltern und Erziehern, zu

Selbstkritische Fragen

Haus oder in der Schule zu hohe Anforderungen an das Kind gestellt? Haben Sie das Kind durch Vorschriften und Verbote zu sehr eingeengt? Oder haben Sie das Kind zu sehr verwöhnt, klein gehalten und nicht genügend mit Gleichaltrigen zusammengebracht? (Siehe auch: Eifersucht; Unreife; Unselbständigkeit; Trotz – Ungehorsam.)

Die dargestellten Verhaltensratschläge gelten in vollem Umfang auch für den Umgang mit Kindern, die **am Tage einnässen** und für solche, die **einkoten.**

Geben Sie zudem besonders dem **Tagnässer** Gelegenheit, seine Selbständigkeit und Eigenständigkeit zu entwickeln. Fördern Sie den Unternehmungsgeist dieses Kindes und räumen Sie ihm die Möglichkeit ein, sich richtig auszutoben. Gleichzeitig braucht es in besonderem Maße das Empfinden der Sicherheit, das ihm aus einer gleichbleibenden und anhaltend verständnisvollen Erziehung erwächst.

Stärkung des Selbstbehauptungswillens

Den Kindern, die **einkoten,** muß zudem die Möglichkeit gegeben werden, etwas zu besitzen, zu behalten und ganz allein darüber zu entscheiden. Diese Kinder müssen vielfach lernen, ihre berechtigten Interessen zu verteidigen und auf den eigenen Rechten zu bestehen. Sie müssen lernen, nicht immer nur gefügig zu sein, sondern auch die eigenen Wünsche durchzusetzen. Den älteren unter diesen Kindern sollte man auf jeden Fall Taschengeld geben (spätestens ab 6 Jahren), über das sie ganz allein und persönlich zu entscheiden haben. Achten Sie weiter darauf, daß das Kind eine eindeutige und konsequente Erziehung erfährt, daß es nicht von dem einen Erzieher allzusehr verwöhnt wird, während es von dem anderen allzuviel Strenge erfährt.

Spiele

Lassen Sie das Kind möglichst viel im Sand spielen, ungehemmt mit Wasser planschen, im Dreck und Matsch herumwühlen, mit Farben malen oder mit Ton modellieren.

Kaufen Sie dem Kind Fingerfarben! Geben Sie ihm einen oder mehrere große Bogen Tapete oder Packpapier und führen Sie ihm selber vor (denn das Kind ist meist gehemmt und kann das spontan schon nicht mehr), wie man mit den Fingern in die Farbe greift und diese auf die Tapete oder auf den Papierbogen schmiert. Leiten Sie es dabei keineswegs zu „Kunstwerken" an, sondern zu einem ganz spontanen, ungehemmten Herumschmieren. Wenn das Schmierbedürfnis dann abgeklungen ist, wird das Kind schließlich selbst Formen und Farbkombinationen erproben und schöpferisch frei gestalten.

Ratgeber

Wenn ein Kind noch im vierten Lebensjahr einnäßt oder einkotet, ohne zuvor schon einmal sauber gewesen zu sein, ist eine fachärztliche Untersuchung dringend angezeigt. Wenn organische Fehler ausgeschlossen werden können und die oben angeführten Ratschläge keinen Erfolg bringen, sollte unbedingt eine Erziehungsberatungsstelle, ein Psychologe oder Psychotherapeut aufgesucht werden.

Literatur:

18., 28., 53., 55., 70., 96., 110., 114., 125., 128., 152., 155., 158., 159., 162., 172., 187., 193., 202., 209., 227., 233., 234., 237., 263., 271.

Weitere Stichworte:

Eifersucht   Aggressivität
Unreife   Unselbständigkeit

Daumenlutschen

„Müssen wir uns beunruhigen, weil unsere vierjährige Tochter noch manchmal am Daumen lutscht?" — „Wie soll man sich dem siebenjährigen Bernd gegenüber verhalten, der in der Schule ständig wegen seines Daumenlutschens gehänselt wird"?

Auch wenn es sich in diesem Kapitel „nur" um das Daumenlutschen bzw. Fingersaugen handelt, sind diese Fragen doch wichtig genug, um ausführlich besprochen zu werden. Dies gilt um so mehr, weil das Daumenlutschen des älteren Kindes — wie jede Verhaltens-Auffälligkeit — darauf hinweist, daß seelische Probleme das Kind belasten.

Bedeutung und Ursache:

Wenn ein Kind von drei, vier Jahren abends vor dem Einschlafen am Daumen lutscht, braucht Sie das keineswegs zu beunruhigen. Das Daumenlutschen vor dem Einschlafen, manchmal auch für kurze Zeit am Tage, ist in diesem Alter als ein ganz normales Verhalten anzusehen. Auch etwas ältere Kinder ziehen sich noch manchmal, wenn sie müde sind, in eine Ecke zurück und lutschen für einen kurzen Augenblick am Daumen. Und selbst wenn ein Kind von sechs bis sieben Jahren abends beim Einschlafen gelegentlich noch am Daumen lutscht, sollte man das keineswegs überbewerten. (Zuweilen fangen Kinder, die sich das Daumenlutschen schon abgewöhnt hatten, während einer Krankheit oder bei einer starken seelischen Belastung wieder damit an. Doch meist sind das nur kurzfristige und vorübergehende Erscheinungen.)

Wenn Sie jedoch beobachten, daß ein Kind beispielsweise in der Schule am Daumen lutscht, wird Sie das mit Recht beunruhigen. Das gilt schon deswegen, weil dieses Kind sicherlich von seinen Mitschülern ausgelacht wird und keinen guten Kontakt zu ihnen findet, weil es leicht als Außenseiter dasteht und schon deshalb wahrscheinlich keine guten Schulleistungen erbringt.

Schon wenn ein Kind von vier Jahren noch häufig während des Tages am Daumen lutscht, sollte man nachdenklich werden und sich überlegen, warum es das wohl tut. Anstatt zu spielen, sitzt solch ein Kind zuweilen unbeweglich in der Ecke, schaut ins Leere und bewegt dabei oft den Oberkörper rhythmisch vor und zurück. (Siehe auch: Kopfwerfen.)

Früher wurde häufig gesagt, das Daumenlutschen beeinträchtige die Stellung der bleibenden Zähne. Man glaubte, es werde dadurch der vordere Teil des Oberkiefers und damit die obere Zahnreihe nach vorn gedrängt, die unteren Zähne aber würden nach hinten gedrückt. Heute sind sich jedoch die Zahnärzte weitgehend darüber einig, daß das Daumenlutschen keinen Einfluß auf die Stellung der bleibenden Zähne hat, die etwa im Alter von sechs Jahren kommen. Wenn also das Daumenlutschen aufhört, bevor das Kind sechs Jahre alt ist und die neuen Zähne bekommt — kurzzeitige Ausnahmen sind ohne Bedeutung —, dann braucht eine schlechte Stellung der bleibenden Zähne als Folge des Daumenlutschens nicht befürchtet zu werden.

Einfluß auf die Zahnstellung

Das Daumenlutschen ist für das Kind angenehm und beruhigend. Es entspricht dem Saugen des Säuglings bei der Nahrungsaufnahme. Wenn ein älteres Kind noch häufig am Daumen lutscht, dann bedeutet das, daß dieses Kind irgend etwas entbehrt, daß ihm irgend etwas fehlt, für das es sich mit dem Daumenlutschen einen Ersatz schafft. Dieses Kind sucht Trost bei sich selbst; es geht deshalb, wenn es am Daumen lutscht, aus dem Kontakt zu anderen heraus und zieht sich auf sich selbst zurück. Aus diesem Grund sind solche Kinder dann kaum oder nur schwer ansprechbar.

Zeichen für ein Mangelerlebnis

Daumenlutscher leiden häufig unter einem Mangel an echter Zuwendung und Liebe. Vielfach sind sie besonders in den ersten Lebensjahren allzu nüchtern und sachlich behandelt worden. Statt liebevoller Fürsorge haben sie in ihrer Erziehung Strenge, Härte und ständige Ermahnungen, aber auch Gleichgültigkeit und Ablehnung erfahren.

Mangel an Zuwendung und Geborgenheit

Kinder, die ein übermäßiges Bedürfnis haben, am Daumen zu lutschen, sind häufig zu viel allein; sie haben keine Gesellschaft und sind vor allem zu wenig mit Gleichaltrigen zusammen. Vielfach haben sie nicht genügend Anregungen erfahren; sie besitzen nicht genug Spielzeug oder dürfen nicht unbekümmert damit umgehen. Oft wird ihnen durch ständige Verbote, Ermahnungen und Vorhaltungen verwehrt, ihrem natürlichen Bewegungsdrang und Forschungseifer zu folgen und ausreichend Erfahrungen zu sammeln. So wundert es dann nicht, daß solche Kinder häufig viel zu unselbständig sind. Sie fühlen sich den altersgemäßen Forderungen noch nicht gewachsen und suchen sich auf eine kindlichere Entwicklungsstufe zurückzuversetzen, — was sich dann darin ausdrückt, daß sie wie ein Kleinkind ständig am Daumen lutschen. Gleichzeitig sind solche Daumenlutscher oft furchtsam und gehemmt und zeigen nur wenig Selbstvertrauen. (Siehe auch: Unreife; Unselbständigkeit; Furchtsamkeit; Gehemmtheit.)

Mangel an Anregungen

Einengung

Das starke und auffallend lange anhaltende Bedürfnis, am Daumen zu lutschen, ist — wie gesagt — ein Hinweis auf eine gestörte geistig-seelische Entwicklung. Es findet sich deshalb häufig zusammen mit noch anderen Verhaltensauffälligkeiten. Manche Kinder sind gleichzeitig

Andere Verhaltensauffälligkeiten?

Nägelkauer oder Bettnässer, andere sind — wie schon gesagt — furchtsam, gehemmt und schüchtern. Die meisten von ihnen werden wahrscheinlich nicht eine altersgemäße Selbständigkeit entwickelt haben. Bei einigen ist das Daumenlutschen auch Ausdruck tiefer innerer Angst- und Beunruhigungsgefühle. Wenn man die möglichen Ursachen anderer Verhaltensauffälligkeiten in seine Überlegungen miteinbezieht, kann man häufig herausfinden, welcher der angeführten Gründe für das Daumenlutschen des einzelnen Kindes besonders bedeutsam ist. (Siehe auch: Bettnässen — Tagnässen — Einkoten; Angst.)

Was tun?

Wenn beispielsweise ein vierjähriges Kind am Abend und vielleicht für kurze Zeit noch am Tage an seinem Daumen lutscht, brauchen Sie nicht beunruhigt zu sein. Sie können allerdings dem Kinde gelegentlich sagen, jetzt schmecke der Daumen zwar noch gut; bald aber werde es auch groß sein, und dann brauche es — wie die Erwachsenen — nicht mehr zu lutschen. Damit gewöhnt sich das Kind an die Vorstellung, das Daumenlutschen allmählich ganz aufzugeben.

Keine
Vorhaltungen

Mit häufigen Ermahnungen oder Verboten jedoch werden Sie nichts ausrichten. Ein Festbinden der Hände oder ein Bestreichen des Daumens mit Senf oder bitteren Essenzen — wie das immer mal wieder praktiziert wird — ist ebenso wie das Verspotten und Hänseln des Kindes ein völlig sinnloses und verständnisloses Verhalten. Es vereinsamt das Kind nur noch mehr, macht es unglücklich und hilft doch nicht. Das Kind würde im Gegenteil nur noch mehr dazu veranlaßt, im Daumenlutschen Trost vor der unfreundlichen Umwelt zu suchen.

Zuwendung
und
Zärtlichkeit

Bedenken Sie immer, daß das Daumenlutschen des älteren Kindes als ein Anzeichen für eine seelische Störung angesehen werden muß. Bringen Sie dem Daumenlutscher-Kind so viel Liebe, Zuwendung und Zärtlichkeit entgegen wie möglich. Diese Kinder brauchen das Geborgenheitserlebnis noch in viel stärkerem Maße als andere Kinder gleichen Alters. Nur wenn Sie diesem verstärkten Liebebedürfnis des Kindes entgegenkommen, kann es allmählich zu einem altersgemäßen geistig-seelischen Entwicklungsstand kommen und eine seinem Alter angemessene Selbständigkeit entwickeln.

Anregungen

Lassen Sie das Kind möglichst wenig allein. Leiten Sie es zudem allmählich dazu an, mit Gleichaltrigen zu spielen. Vermitteln Sie ihm in kindgemäßer Weise und ohne es zu überfordern Anregungen. Spielen Sie mit ihm; geben Sie ihm Spielzeug, wenn es davon zu wenig hat, und lassen Sie es völlig frei und unbekümmert damit umgehen. Bestärken Sie das Kind in seinem natürlichen Drang, die Dinge anzufassen, auszuprobieren und so Erfahrungen zu sammeln. Kurz gesagt: Sorgen Sie dafür, daß es eine seinem Alter angemessene Selbständigkeit entwickelt. (Siehe: Unselbständigkeit.)

Literatur:

18., 29., 37., 55., 88., 133., 147., 152., 187., 191., 194., 219., 221., 230., 243.

Weitere Stichworte:

Unreife   Angst
Unselbständigkeit   Bettnässen - Tagnässen - Einkoten
                                  Furchtsamkeit
                                  Gehemmtheit
                                  Kopfwerfen

Egoismus

Heidi beklagt sich bei ihrer Mutter darüber, daß im Kindergarten niemand mit ihr spielen will. Die Kindergärtnerin beobachtet, daß Heidi oft in Streitigkeiten mit anderen Kindern verwickelt ist. So verlangt sie deren Süßigkeiten, ist aber nie bereit, auch von ihren abzugeben. Stellen sich die Kinder geordnet vor der Tür auf, so will sie immer die erste sein. Auf den Platz neben der Kindergärtnerin erhebt sie resolut ihren Daueranspruch. Sie erwartet, daß niemand vor ihr an den Spielschrank geht, um sich etwas auszuwählen, und hält es für ihr gutes Recht, anderen ihr Spielzeug streitig zu machen, sobald sie das eigene leid ist. Bei Gemeinschaftsspielen will sie immer die schönste Rolle haben und möglichst bestimmen, was überhaupt unternommen werden soll. Wenn ihre Mitspieler trotzdem eigene Wege gehen — und das tun sie meist —, gibt es Streit.

Egoistische Kinder beanspruchen im Zusammenleben mit anderen immer alle Vorteile für sich. Sie haben eine verkehrte Einstellung und Stellungnahme zu sich selbst und zu den Mitmenschen. (Siehe auch: Geltungsbedürfnis.)

Bedeutung und Ursache

Der Wille, seine Bedürfnisse zu befriedigen, Ansprüche zu erheben und durchzusetzen, ist ebenso berechtigt wie der Wunsch, anerkannt zu sein und Geltung zu genießen. Erst wenn es so weit kommt, daß ein Kind nur noch seine eigenen Ansprüche gelten läßt und diese derart übersteigert und rücksichtslos durchsetzt, daß z. B. andere Kinder davon in Mitleidenschaft gezogen werden, wird man von Egoismus sprechen dürfen.

Bedenklich sind egoistische Strebungen deshalb, weil sie das Kind daran hindern, Freunde zu gewinnen und in Kindergruppen, z. B. beim Spielen, aufgenommen und angenommen zu werden. Keine Gemeinschaft wird auf Dauer die übersteigerten Ansprüche eines seiner Mitglieder hinnehmen oder gar erfüllen. Deshalb wird es zu Schwierigkeiten im Umgang mit einzelnen und bei der Eingliederung in Gruppen und Gesellschaft kommen.

Unreife

Kleinkinder treten allen Personen und Dingen mit der Frage entgegen: „Was bedeutet das für mich?" Ein Kleinkind kann immer nur von sich ausgehen. Es erlebt nur seine eigenen Bedürfnisse und vermag noch nicht die Bedürfnisse und Ansprüche anderer Menschen zu erkennen und zu verstehen. Eine Wunscherfüllung aufschieben oder gar aufgeben zu können, ist erst das Ergebnis komplizierter Lernprozesse.

Ein Egoist verhält sich im Grunde genommen wie ein Kleinkind, weil er — zumindest hinsichtlich seiner Selbsteinschätzung und seiner Ansprüche an andere — noch nicht über die kleinkindhafte Entwicklungsstufe hinausgekommen ist. Er kann nicht verzichten, nicht warten und zurücktreten, weil er dies nicht gelernt hat! So ist es ganz verständlich, daß egoistisches Verhalten bei älteren Kindern besonders dann beobachtet wird, wenn diese Kinder aus irgendwelchen Gründen noch nicht einen altersgemäßen Entwicklungsstand erreicht haben. (Siehe auch: Unreife.)

Nachgiebigkeit und Verwöhnung

Es gibt Eltern, die ihrem Kind jeden Wunsch erfüllen und jeden Willen lassen. Auf diese Weise wird dem Kind ein falsches Weltbild vermittelt. Es erlebt sich selbst als Mittelpunkt und glaubt, alle anderen müßten immer seinen Vorstellungen folgen und seinen Wünschen entsprechen. Es ist nicht verwunderlich, wenn ein solches Kind die anderen nur wie Objekte oder Hindernisse auf dem Weg zur Erfüllung seiner Wünsche ansieht. Was es tut, tut es ausschließlich für sich. Es hat nicht erfahren, daß einem aus dem Verzicht zugunsten anderer Menschen Anerkennung, Wohlwollen, Zuneigung und Liebe zuwachsen, die mehr bedeuten als der aufgegebene Anspruch.

Stellung in der Familie

Wie man mit Menschen umgeht, was man von ihnen zu erwarten und was man ihnen zu gewähren hat, lernt man zunächst in der Familie. Sind Geschwister da, muß man zwangsläufig teilen und gelegentlich zurücktreten. War ein Kind als ältestes der Geschwister mehrere Jahre bis zur Ankunft des nächsten Kindes allein, so kann es schon eine egoistische Tendenz ausgebildet haben. Besonders häufig jedoch werden Einzelkinder und Nesthäkchen verwöhnt und unselbständig gehalten und somit leicht zu einer egoistischen Grundhaltung erzogen. (Siehe auch: Unreife; Unselbständigkeit.)

Krankheiten

Wohl im Leben aller Kinder gibt es Situationen, in denen sie besondere Vorzüge genießen, zum Beispiel wenn sie kank sind. Da erfreuen sie sich besonderer Zuwendung und Rücksichtnahme. Sie befinden sich in einer verwöhnenden Ausnahmesituation, die von den Eltern und Erziehern zuweilen allzulange ausgedehnt wird. Wenn die Kinder dann ihrerseits versuchen, sich die Annehmlichkeiten auch weiter zu erhalten, und eine gewisse Wehleidigkeit entwickeln, kann dies leicht Ausgangspunkt für eine dauernde Verwöhnung des Kindes werden. Überbesorgte Eltern und Erzieher gehen oft nicht einmal ungern auf dieses „Spiel" ein. So haben sie das Kind ganz für sich und halten es in ihrer Abhängigkeit.

**Sonder-
stellungen**

Vorzugsregelungen genießen oft auch solche Kinder, die ob besonderer Leistungen von Eltern und Erziehern immer wieder erfahren, daß sie nicht mit gewöhnlichen Maßstäben zu messen sind. Sie werden aus falschem Stolz in eine musische, wissenschaftliche oder sportliche Sonderstellung gedrängt und mit dem unkindlichen Bewußtsein belastet, einer verpflichtenden Berufung leben zu müssen. Dadurch können die Ansprüche des Kindes an seine Umwelt so hochgetrieben und verbreitet werden, daß es sich zu einem ausgesprochenen Egoisten entwickelt.

**Unzu-
reichende
Fürsorge und
Pflege**

Durch die oben genannten Einflüsse werden den Kindern überhöhte Ansprüche an die Umwelt anerzogen. Es gibt aber auch Kinder, die eine egoistische Grundhaltung entwickeln, weil sie keine ausreichende Fürsorge und Pflege erhalten. Solche „verwahrlosten" Kinder, die von ihren Eltern nicht ausreichend versorgt werden, gewinnen aufgrund ihrer negativen Erfahrungen die Überzeugung, daß jeder nur für sich selbst zu sorgen habe und daß jeder sich selbst der Nächste ist. Sie haben kaum erlebt, daß ein anderer etwas für sie tat, und sehen deshalb auch keine Veranlassung, selbst etwas für andere zu tun.

**Mangel an
Zuwendung
und
Verständnis**

Auch die Kinder, die zwar äußerlich ausreichend versorgt werden, aber nicht gleichzeitig hinreichend Zuwendung, Liebe und Verständnis erfahren, entwickeln eine egoistische Grundhaltung. Bei ihnen kommt es zu einer Störung des Gefühlslebens. Sie erhalten nicht die notwendigen Impulse, um Mitgefühl und Mitleid, Verständigungs- und Hilfsbereitschaft auszubilden. Solche Kinder lernen nicht, daß man im sozialen Bereich auch die Belange der anderen anerkennen und annehmen muß, – ja vielfach gelingt es ihnen noch nicht einmal, dieselben überhaupt wahrzunehmen und zu erkennen.

**Vorbild der
Eltern und
Erzieher**

Grundsätzlich ist das Vorbild der Eltern und Erzieher, welches die Kinder stets vor Augen haben, von größter Bedeutung. Es verwundert niemanden, daß egoistische Eltern auch egoistische Kinder haben, – nicht weil sich hier dieselbe Erbmasse auswirkt, sondern weil die Kinder die ihnen vorgelebte Daseinstechnik übernehmen. Aus denselben Gründen – also aufgrund einer Nachahmung des elterlichen Verhaltens – kann es auch geschehen, daß Kinder zwar innerhalb der Familie oder Gruppe Mitgefühl, Hilfsbereitschaft und Toleranz zeigen, sich gegenüber allen Außenstehenden jedoch stark egoistisch verhalten.

Was tun?

Eine wesentliche Aufgabe bei der Erziehung eines jeden Kindes besteht darin, allmählich sein Verständnis für die Belange anderer zu wecken. Das Kind muß lernen, die eigenen Bedürfnisse und Wünsche zurückzustellen und die Ansprüche der anderen nicht nur zu erkennen, sondern auch ihre Berechtigung anzuerkennen und anzunehmen. Dies gilt in besonderem Maße für die Beeinflussung eines Kindes, welches bereits egoistische Tendenzen zeigt.

Die wichtigste Voraussetzung dafür ist, daß das Kind eine ausreichende Fürsorge und Pflege erhält. Das Kind, dessen eigene Bedürfnisse grob vernachlässigt werden, wird kaum lernen können, die Bedürfnisse der anderen anzuerkennen.

Fürsorge und Pflege

Gleichzeitig muß das Kind jedoch auch Zuwendung, Liebe und Verständnis erfahren, um seine eigene Fähigkeit, zu lieben und mitzufühlen, entwickeln zu können. Das kleine Kind verzichtet auf direkte Wunscherfüllungen zunächst nur aus Liebe zu seinen Erziehern. Wenn diese Liebe aber nicht an das Kind herangetragen und seine Liebesfähigkeit nicht geweckt wird, ist es zu solchen Verzichtshandlungen kaum in der Lage. Es lernt nicht, mit anderen mitzufühlen und Rücksichtnahme zu üben. Nur das Kind, welches eine ausreichende Zuwendung erlebt, macht die Erfahrung, daß der Kontakt zu dem anderen und das harmonische Miteinander (zunächst innerhalb der Familie und dann in immer größeren Gruppen) sehr viel wesentlicher, erfreulicher und befriedigender ist als das Durchsetzen jedes persönlichen Wunsches. Das Kind lernt, wie lohnend es ist, für den anderen etwas zu tun und damit dessen Anerkennung und Achtung zu gewinnen.

Zuwendung und Verständnis

Die Einstellung, die das Kind anderen gegenüber gewinnt, erlernt es wesentlich am Beispiel der Eltern und Erzieher. Dabei ist nicht nur wichtig, wie es selbst von den Eltern und Erziehern behandelt wird, sondern auch, wie diese sich gegenüber anderen verhalten. So sollte das Kind erleben, wie die ihm am nächsten stehenden Erwachsenen wechselseitig aufeinander eingehen, wie sie untereinander teilen und sich gegenseitig unterstützen. Auch sollten die Kinder am Vorbild der Erzieher erfahren, daß man Befriedigung darin findet, anderen zu helfen.

Beispiel der Eltern und Erzieher

Die egoistische Grundeinstellung eines Kindes wird man nicht durch Moralpredigten und Vorhaltungen, durch Forderungen und Gebote korrigieren können. Viel wichtiger ist es, dem Kind positive Erlebnisse zu vermitteln. Natürlich muß man einem Kleinkind Zusammenhänge erläutern und erklären, damit es allmählich lernt, die Folgen seines Tuns zu durchschauen und die Zusammenhänge sozialen Verhaltens zu erkennen. Vor allem aber muß das Kind immer wieder erleben, daß es sich lohnt, Rücksicht auf andere zu nehmen und beispielsweise mit ihnen zu teilen, weil man dadurch Anerkennung, Achtung, Liebe und Zuwendung gewinnt.

Positive Erlebnisse

Eltern und Erzieher tun ihren Kindern keinen Gefallen, wenn sie ihnen ständig Ausnahmeregelungen zubilligen, wenn sie sie allzu sehr verwöhnen und zu geringe Forderungen an sie stellen. Das Kind gewinnt

Keine dauernden Ausnahmeregelungen

dadurch eine falsche Vorstellung von dem, was es von seiner Umwelt erwarten kann und darf. Das Kind entwickelt dann überhöhte Ansprüche, die es bald in Konflikte mit anderen bringen werden. Solche Konflikte können zwar in manchen Fällen die falschen Vorstellungen zurechtrücken und die egoistische Grundhaltung korrigieren, häufig aber bringen sie das Kind allmählich — wie oben dargestellt — in eine Außenseiterposition, unter der es möglicherweise ein Leben lang leidet.

Literatur:

2., 8., 18., 24., 46., 96., 98., 145., 162., 214.

Weitere Stichworte:

Unreife   Albernheiten — Geltungsbedürfnis
Unselbständigkeit

Eifersucht

Die 11jährige Petra macht ihren Eltern in letzter Zeit Sorge. Ihre Leistungen in der Schule haben erheblich nachgelassen, und zu Hause gibt es zunehmend Ärger wegen ihres aufsässigen Verhaltens. Mit den Geschwistern verträgt sich Petra überhaupt nicht mehr, und ihren Eltern gegenüber ist sie immer häufiger bockig und frech. Zuweilen bekommt sie Anfälle von Jähzorn, zu anderen Zeiten wirkt sie deprimiert, ja verzweifelt.

In der psychologischen Untersuchung und Beratung stellt sich als Ursache für das Verhalten Petras eine heftige Eifersucht auf ihre um zwei Jahre jüngere Schwester heraus, die durch ihre sportlichen Erfolge in der letzten Zeit das besondere Interesse der sehr sportbegeisterten Eltern auf sich gelenkt hat.

Die Eifersucht eines Kindes kann sich in sehr unterschiedlichen Reaktionen äußern. Grundsätzlich weckt sie in dem Kind Affekte gegen den tatsächlich oder vermeintlich Vorgezogenen. Vom pädagogisch-psychologischen Standpunkt aus ist es dann noch am günstigsten, wenn das Kind diese Affekte in direkten Angriffen gegen den Rivalen, also in offenem Streit auslebt.

Häufig sind die Kinder jedoch nicht in der Lage, ihre Affekte direkt abzureagieren, sondern greifen zu indirekten Äußerungsformen. Solche Kinder werden hinterhältig, allgemein bockig, aufsässig und frech oder ziehen sich ganz zurück, werden passiv, mutlos, leicht verstimmbar. Oft zeigen sie zudem Symptome wie Daumenlutschen, Nägelkauen, Einnässen, Albernheit, Geltungsbedürfnis, Lügen u. a.

Bedeutung und Ursache:

Eifersucht entsteht aus dem Gefühl, gegenüber anderen benachteiligt und zurückgesetzt zu werden. Eifersucht finden wir häufig unter Geschwistern oder in Heimgruppen. Sie kann das Leben der ganzen Familie oder der gesamten Gruppe beeinträchtigen; sie hindert aber auch das eifersüchtige Kind selbst an einer gesunden Weiterentwicklung und beeinflußt möglicherweise, wenn dem Kind nicht geholfen wird, sein gesamtes weiteres Leben.

Die Ursachen der Eifersucht eines Kindes sind sehr vielschichtig. Vielfach liegen sie in einer ganz eindeutigen Bevorzugung eines Geschwisters durch die Eltern. Solche Eltern ziehen das eine Kind vor und verhätscheln es, dem anderen gegenüber aber sind sie streng und for-

Bevorzugung eines Geschwisters

dernd. Sie bewundern das eine Kind, weil es so hübsch und so intelligent sei, und sind gleichgültig gegenüber dem anderen, welches angeblich nicht so begabt, nicht so reizend, nicht so unwiderstehlich ist. Zuweilen geschieht es, daß ein Kind besondere Leistungen beispielsweise auf schulischem oder sportlichem Gebiet erbringt und damit ganz die Aufmerksamkeit, Anerkennung und Bewunderung nicht nur der Eltern, sondern auch der weiteren Umwelt (Freunde, Bekannte) erringt. Wenn die Eltern in einer solchen Situation nicht für einen Ausgleich sorgen, damit auch die anderen Geschwister genügend Aufmerksamkeit finden, kann leicht Eifersucht entstehen.

Ungleichheit der Pflichten

Auch eine Ungleichheit der Pflichten, die die Eltern den Kindern auftragen, kann Ursache für Eifersuchtsregungen sein. So finden wir es beispielsweise in Deutschland immer noch häufig, daß unter Geschwistern, die gleichermaßen durch Schule oder Berufsausbildung belastet sind, Mädchen häufiger im Haushalt zur Mitarbeit herangezogen werden als Jungen. Auch geschieht es, daß dem einen Kind sehr viel weniger Aufgaben übertragen werden, weil es seine Zeit beispielsweise ganz seiner musischen Begabung widmen soll. Eifersuchtsgefühle unter Geschwistern sind die Folge, auch wenn diese vielfach nach außen nicht gezeigt werden.

Unerwünschte Kinder

Ein Kind, das sehnlichst erwünscht war, wird häufig eine viel intensivere Zuwendung, vor allem in den ersten wichtigen und entscheidenden Lebensjahren erfahren als ein Kind, welches zu einem Zeitpunkt kam, an dem die Eltern sich noch als zu jung und zu sehr mit den eigenen Problemen beschäftigt oder aber als zu alt empfanden. Unehelich geborene Kinder müssen häufig zeitlebens unter einer Ablehnung leiden, vor allem, weil die soziale Umwelt es der Mutter so schwer macht, das Kind zu bejahen. Aber auch darin, daß ein Kind nicht wie erwünscht ein Mädchen oder ein Junge ist, kann eine — den Eltern oft nicht bewußte — Ablehnung begründet sein, welche spätere Eifersuchtsreaktionen des Kindes gegenüber nachfolgenden Geschwistern hervorruft.

Geburt eines Geschwisters

Ein besonderes Problem ergibt sich für das bisher einzige Kind, wenn die Mutter ein Baby erwartet. Man spricht hier von einer „Entthronungssituation". Das bis dahin einzige, nicht nur von den Eltern, sondern auch von der Verwandtschaft geliebte und bewunderte Kind muß auf einmal erfahren, wie sich ein Großteil der Zuwendung, die bisher allein ihm galt, nun auf einmal dem kleinen Geschwister zuwendet. Die Mutter ist durch die Sorge um das Jüngste stark in Anspruch genommen und das Ältere muß jetzt häufig zurückstehen. Nur durch ein verständnisvolles Vorbereiten und Eingehen auf das ältere Kind können die Eltern vermeiden, daß bei ihm offene oder versteckte Eifersuchtsgefühle geweckt werden, die möglicherweise eine folgenschwere Fehlentwicklung einleiten.

Noch mehr Aufmerksamkeit und überlegtes Handeln erfordert die Situation, wenn beispielsweise ein Kind, welches bis dahin bei Verwandten oder in einem Heim aufgewachsen ist, in die Familie zurückgeholt wird. In solchen Fällen bedarf es besonderer Anstrengung, um zu erreichen, daß dieses Kind von allen Familienmitgliedern angenommen wird, ohne daß Eifersuchtsgefühle bei ihm oder aber bei den anderen entstehen.

Zurück in die Familie

Sicherlich ist es für die Eltern oft nicht leicht, allen Kindern in gleicher Weise gerecht zu werden. Um die Ursachen für die Eifersucht eines Kindes richtig verstehen zu können, muß man sich auch die Besonderheiten klarmachen, welche allein schon durch die Stellung eines Kindes in der Geschwisterreihe gegeben sind.

Das älteste Kind

Für das älteste Kind ist die oben dargestellte „Entthronungssituation" die erste Schwierigkeit, bei der es der Hilfe seiner Eltern bedarf. Im weiteren Verlauf wird es dann häufig erleben, daß man in bezug auf seinen Kontakt zu dem jüngeren Geschwister an seine Vernunft, seine Nachgiebigkeit und Duldsamkeit appelliert. Dies ist im Grunde genommen auch richtig, kann aber bei zu großer Nachgiebigkeit der Eltern gegenüber dem Jüngeren zur Verbitterung des Ältesten führen. Forderungen, die diesem abverlangt werden, zum Beispiel das Aufräumen der Spielsachen, werden an das Jüngere nicht gestellt. Oft soll das Älteste sogar ohne weiteres dulden, daß das Jüngere die gerade aufgeräumten Spielsachen wieder durcheinanderwirft.

In solchen Situationen wird ein Kind leicht zu der Überzeugung kommen, die Eltern würden weniger Zuwendung und Liebe zu ihm empfinden als zu dem jüngeren Geschwisterkind. Eifersucht wird in ihm aufsteigen. Dies gilt besonders dann, wenn die Eltern kein Verständnis zeigen für sein Empfinden und wenn sie den berechtigten Ärger über diese tatsächlich unterschiedliche Behandlung stets nur rügen und mit Vorwürfen beantworten.

Bei dem jüngsten Kind haben viele Eltern die Tendenz, es möglichst lange klein zu halten, es als „Nesthäkchen" zu verwöhnen. Es besteht damit die Gefahr, daß es nicht zu einer altersgemäßen Selbständigkeit findet und daß es dann besonders im Augenblick der Einschulung Schwierigkeiten hat. Mit diesen Schwierigkeiten aber ändert sich häufig die Einstellung der Eltern. Nun werden auf einmal die Älteren als Vorbild dargestellt und deren bessere Leistungen hervorgehoben. Das Jüngste dagegen wird nun als „Dummerchen" abgetan. Nachdem es bisher künstlich klein gehalten und allzusehr verwöhnt worden war, wird es nun wegen seiner Mißerfolge gehänselt und auf die Leistungen der Älteren verwiesen. Leicht wird es mit Eifersucht reagieren.

Das jüngste Kind

Das mittlere Kind sieht sich oft einer doppelten Problematik ausgesetzt. Seinem älteren Geschwister naturgemäß unterlegen, kann es nicht die spezifische Rolle des Ältesten, des Erfahrensten in der Geschwi-

Das mittlere Kind

sterreihe übernehmen. Andererseits wird von ihm aber auch Rücksicht und Nachsicht gegenüber dem Jüngsten gefordert. Besonders schwierig ist die Situation, wenn das jüngere Geschwister in recht kurzem zeitlichem Abstand folgt; denn dann ist die Phase, in der dem mittleren Kind die stärkste Zuwendung der Eltern gilt, zumeist sehr kurz. Es können sich damit leicht Gefühle des Zukurzgekommenseins und des Zurückgesetztseins bei ihm ausbilden.

Kranke Kinder

Chronische Krankheiten bei Kindern (z. B. Zuckerkrankheit) oder bleibende Folgeerscheinungen von Krankheiten (z. B. nach Kinderlähmung) fordern in besonderem Maße ein verständnisvolles und angemessenes Verhalten der Eltern und Erzieher. Es kann leicht geschehen, daß solche Kinder allzu sehr verwöhnt werden und daß man ihnen zuviel nachgibt, wodurch die Eifersucht der anderen Geschwister auf sie gerichtet wird. (Zugleich erschwert man den Kindern durch eine übermäßige Verwöhnung die Bewältigung ihrer Aufgaben.) Andererseits kann es aber auch sein, daß die Eltern selbst nicht genug Verständnis für dieses Kind zeigen und auch kein Verständnis bei den Geschwistern und Spielkameraden wecken, so daß dieses Kind nun sehr starke Eifersuchtsgefühle gegenüber jedem gesunden Kind entwickelt.

Wiederheirat der Mutter oder des Vaters

In einer schwierigen Situation steht in unserer Gesellschaft das uneheliche Kind (wie oben erwähnt) und auch das Kind aus einer geschiedenen Ehe. Wenn so ein Kind beispielsweise mehrere Jahre ausschließlich mit der Mutter zusammengelebt hat, so daß sich ein besonders enger Kontakt ergab, dann kann es Schwierigkeiten in dem Augenblick geben, wo die Mutter wieder heiratet und ein Stiefvater ins Haus kommt, der nun ebenfalls Ansprüche an die Zuwendung der Mutter stellt. Nur durch eine sehr behutsame Hinführung des Kindes auf dieses Ereignis kann das Entstehen von Eifersucht vermieden werden.

Eifersucht gegenüber den Mitschülern

Kinder, die bei nur einem Elternteil aufwachsen, zeigen zuweilen eine starke Zuneigung zur Lehrerin bzw. zum Lehrer und gleichzeitig heftige Eifersuchtsreaktionen gegenüber den Mitschülern. Die Ursache liegt zumeist darin, daß die emotionalen Grundbedürfnisse dieser Kinder von den Eltern bzw. dem einen Elternteil nicht ausreichend befriedigt worden sind, so daß es sich zum Ersatz an die Lehrerin oder den Lehrer hält und gleichzeitig die Mitschüler als Konkurrenten um die Gunst der Lehrerin oder des Lehrers empfindet.

Grundhaltung der Eltern

Schließlich beobachten wir auch Eifersucht bei Kindern gegenüber einem Spielkameraden, der beispielsweise schöneres Spielzeug hat, besser angezogen ist und in einem größeren Haus wohnt. Wenn jedoch diese Eifersuchtsgefühle nicht nur episodenhaft sind, dann wird man annehmen müssen, daß vor allem auch eine eifersüchtige Grundhaltung der Eltern mit dahinter steht.

Was tun?

Die Eifersucht von Kindern wird sich in der Regel in Streitereien äußern. Nun sind gelegentliche Streitereien noch keineswegs allzu ernst zu nehmen. Jedes Kind muß lernen, sich durchzusetzen; und es muß ebenfalls lernen und feststellen, wo dem eigenen Wollen durch die Interessen der anderen Grenzen gesetzt sind.

Streit unter Kindern

Je kleiner die Kinder sind, um so häufiger werden sie sich noch streiten; denn das kleine Kind muß ein echtes Miteinander im Spiel erst lernen. Auch wenn Geschwister altersmäßig relativ eng beieinanderliegen, wird es häufiger zu Streitereien kommen, während sich Kinder mit größeren Altersunterschieden öfter voneinander trennen, um mit anderen, gleichaltrigen Kindern zu spielen. Auch ist nichts dagegen zu sagen, wenn kleinere Auseinandersetzungen im Streit ausgefochten werden. Offen ausgelebte Aggressionen sind — wie wir schon sagten — immer noch besser als versteckte und unausgelebte.

Die Eltern und Erzieher werden jedoch in kindliche Streitereien eingreifen müssen, wenn diese überhandnehmen, und vor allem dann, wenn ein Kind bei solchen Streitereien immer wieder unterliegt. Häufig wird es nötig sein zu überlegen, wie man jedem Kind seinen eigenen Platz zur Verfügung stellen kann, den es allein für sich und seine Sachen beanspruchen darf. Gerade ein älteres Kind wird man häufig vor der naiven Willkür des jüngeren bewahren müssen. Oft wird es auch zweckmäßig sein, die einzelnen Kinder zu Spielen mit anderen, gleichaltrigen Kindern anzuregen.

Mit Strafen oder Vorwürfen auf kindliche Eifersucht zu reagieren, ist jedoch nicht nur sinnlos, sondern gefährlich. Auf diese Weise kann man zwar erreichen, daß ein Kind seine Eifersucht nicht mehr direkt äußert, sondern verdrängt. Aber es steht dann zu befürchten, daß ein solches Kind hinterhältig gegenüber anderen Kindern wird. Zugleich wird es häufig bockig und frech gegenüber den Eltern und Erziehern, die seine ganz natürlichen Reaktionen (aus der Eifersucht, für die es im Grunde ja nichts kann) verbieten und damit vielfach eine schwerwiegende Fehlentwicklung einleiten. Immer ist zu bedenken, daß sich das eifersüchtige Kind durch Vorwürfe und Vorhaltungen in seiner Eifersucht bestätigt sieht. Es fühlt sich unverstanden und erklärt sich diesen Mangel an Verständnis seiner Eltern und Erzieher dadurch, daß es ihnen eine ablehnende Grundhaltung unterstellt.

Keine Strafen Keine Vorwürfe

Vielmehr wird man sich überlegen müssen, warum ein Kind eifersüchtig ist und was dagegen von seiten der Eltern und Erzieher zu tun ist. Zunächst wird man sich bemühen müssen, jedem Kind in gleichem Maße uneingeschränkte Liebe zukommen zu lassen und auch dem weniger freundlichen, weniger hübschen, weniger begabten und weniger lieben Kind ebensoviel Zuwendung entgegenzubringen wie den

Gleiche Zuwendung und Beachtung

anderen. (Häufig ist dieses Kind ja auch gerade deswegen weniger freundlich und weniger erfolgreich, weil es weniger geliebt wird!) Natürlich gibt es immer wieder Situationen, in denen das eine Kind mehr gelobt und anerkannt und beachtet wird als das andere. Doch muß dann zu einem anderen Zeitpunkt auch einmal ganz bewußt das andere herausgestellt werden.

Ausgleich schaffen

Besondere Beachtung braucht das Kind, dessen Geschwister durch irgendwelche besonderen Leistungen z. B. in Schule und Sport immer wieder in den Mittelpunkt rückt und auch von Verwandten und Bekannten immer besonders beachtet und bewundert wird. Ein solches Kind gerät leicht in den Schatten des erfolgreichen Geschwisters. Die Eltern müssen deshalb dafür Sorge tragen, daß auch dieses Kind Gelegenheiten findet, in denen es anerkannt und bewundert wird.

Gleiche Pflichten

Daß allen Kindern, Mädchen wie Jungen, das gleiche Maß an Pflichten abverlangt wird, sollte eigentlich eine Selbstverständlichkeit sein. Nie sollte man vergessen, daß das Kind, dem mehr Leistungen und Pflichten abverlangt werden, leicht das Gefühl hat, dies geschehe nur, weil es weniger geliebt werde und weil es in den Augen der Eltern und Erzieher weniger wert sei.

Selbstkritische Überlegungen

Die Eltern eines eifersüchtigen Kindes, die sich einer Benachteiligung dieses Kindes nicht bewußt sind, sollten überlegen, ob sie das Kind vielleicht unbewußt ablehnen, z. B. weil es „nur ein Junge" oder „nur ein Mädchen" ist. Kinder spüren so etwas außerordentlich schnell und reagieren auf solche Empfindungen sehr stark.

Geburt eines Geschwisters

Auf die Geburt eines Geschwisters muß besonders das bis dahin einzige Kind, bei mehreren Geschwistern besonders das jüngste sorgfältig vorbereitet werden. Am besten ist es, wenn das Kind schon die Schwangerschaft der Mutter und die Vorfreude der Eltern auf das Baby intensiv miterlebt. Gleichzeitig bietet sich damit die Möglichkeit, das Kind in ganz natürlicher und harmonischer Weise über diese Dinge zu informieren. Natürlich dürfen die Eltern über der Fürsorge für das Baby die größeren Kinder nicht vergessen. Gerade jetzt müssen sie den älteren viel Liebe und Vertrauen zeigen. Die älteren Kinder sollten in die Fürsorge für das kleine miteinbezogen werden. Ihnen sollten kleine Verantwortlichkeiten übertragen werden, ohne daß sie jedoch das Gefühl bekommen, es drehe sich in der Familie alles nur noch um das Kleinste.

Keine plötzlichen Veränderungen

Ähnlich ist die Situation, wenn ein Kind zum Beispiel von Verwandten oder aus einem Heim zurück in die Familie zu den anderen Geschwistern geholt wird. Vor allem die Geschwister müssen sorgfältig auf diesen Augenblick vorbereitet werden. Nie darf eine solche Veränderung plötzlich und überraschend geschehen. Vielmehr brauchen die Kinder Zeit, sich auf die veränderten Situationen einzustellen.

Eine ebenso sorgfältige Vorbereitung ist notwendig, wenn ein Elternteil, bei dem das Kind aufwuchs, wieder heiratet. Das Kind bekommt dann eine Stiefmutter oder einen Stiefvater, mit dem es den bisherigen intensiven Kontakt zur Mutter oder zum Vater teilen soll. Um Eifersuchtsreaktionen des Kindes zu vermeiden, ist deshalb nicht nur die sorgfältige Einstimmung durch die Mutter oder den Vater von großer Bedeutung. Gleichzeitig wird es darauf ankommen, daß sich die Stiefmutter oder der Stiefvater mit sehr viel Verständnis, liebevoll, doch ohne Verwöhnung dem Kind zuwenden, damit es in ihnen nicht den Rivalen, sondern den Freund und Partner erlebt.

Wiederheirat der Mutter oder des Vaters

Anhaltende Verwöhnung, die die Eifersucht der anderen Kinder weckt, ist auch bei einem kranken Kind zu vermeiden. Liebe und Konsequenz sind auch hier die wichtigsten Kennzeichen guter Erziehung. Gleichzeitig wird man sich bemühen, dem Kind die nötigen Hilfen zu geben, daß es trotz seiner Krankheit die gestellten Aufgaben bewältigen kann.

Kranke Kinder

Die besonderen Probleme, die sich aus der Stellung eines Kindes in der Geschwisterreihe ergeben, sind in der Regel nicht allzu schwer aufzufangen, sobald sich die Eltern dieser Probleme erst bewußt sind.

Das älteste Kind

Dem ältesten Kind wird man kleine Pflichten zuteilen, die es gemeinsam mit der Mutter oder dem Vater erledigt. Dadurch, daß es Verantwortung übernimmt und damit auch schon gewisse Rechte hat, kann man ihm helfen, die Rolle des „Großen" zu akzeptieren und zu tragen, ohne ein Gefühl des Zurückgesetztseins zu bekommen.

Das jüngste Kind wird man möglichst nicht nur mit den Geschwistern spielen lassen, weil es hier ständig das Erlebnis haben muß, daß es alles noch nicht so gut kann wie die älteren Geschwister. Vielmehr ist es wichtig, daß dieses Kind im Spiel mit Gleichaltrigen in die Lage kommt, seine Fähigkeiten zu beweisen und auch einmal der Beste zu sein. Auf eine angemessene Selbständigkeitsentwicklung zu achten, ist gerade bei dem jüngsten Kind sehr wichtig.

Das jüngste Kind

Das mittlere Kind braucht, besonders wenn der Altersunterschied zu dem nächsten sehr gering ist, häufig eine besonders liebevolle Beachtung. Spiele außerhalb des Geschwisterkreises mit Gleichaltrigen sind auch bei ihm sehr wichtig. Gleichzeitig wird man es so führen, daß es das Gefühl gewinnt, zu den älteren, den „Großen" gezählt zu werden.

Das mittlere Kind

Literatur:

24., 55., 70., 83., 114., 156., 187., 196., 233., 237., 241., 243., 247., 257.

Eßstörungen

Stellen Sie sich einmal folgende Situationen vor: Eine Frau zerrt ihren Hund zum Futternapf und schlägt ihn, weil er nicht fressen will. — Ein Wärter im Zoo greift zum Stock, weil das ihm anvertraute Tier an einem heißen Sommermittag das angebotene Futter stehenläßt. Sie werden mit Recht ein solches Verhalten unangepaßt und verständnislos finden Und doch: Wie viele Eltern reagieren immer wieder mit Schelten oder gar Strafen, wenn ihr Kind einmal nicht essen will!

Immer häufiger klagen die Kinderärzte heute darüber, daß unter den Kindern, die ihnen in der Sprechstunde vorgestellt werden, die Zahl derer, die Übergewicht haben, ständig zunimmt. — Andererseits aber hört man immer wieder viele Eltern darüber klagen, daß ihr Kind „ein schlechter Esser" sei.

Die meisten Eltern sind sehr rasch beunruhigt, wenn ihr Kind ihrer Meinung nach nicht ausreichend ißt. Dabei ist die Zahl der **„schlechten Esser"**, die wirklich Untergewicht haben und in ihrer Leistungsfähigkeit beeinträchtigt sind, gar nicht groß. Viel häufiger beobachten wir **Kinder mit Übergewicht,** die unter ihrer Überernährung zu leiden haben. Sie werden von den Mitschülern gehänselt, werden „Dicke" bzw. „Dicker" genannt und lassen auch fast immer in ihren schulischen Leistungen erheblich nach.

Was ist nun der Grund dafür, daß ein Kind ein „schlechter Esser" ist, daß es beim Essen trödelt und lustlos auf seinem Teller herumstochert? Und woran liegt es, wenn ein Kind zu dick ist? Liegt es wirklich, wie von den Eltern so oft behauptet wird, „an den Drüsen"?

Bedeutung und Ursache:

Starr
festgelegte
Nahrungs-
mengen

In der Regel liegt das Hauptproblem bei den „schlechten Essern" darin, daß die Eltern zu starre Vorstellungen darüber haben, wann, was und wieviel ein Kind essen müsse. Sie sind nicht bereit zu akzeptieren, daß der natürliche Appetit des Kindes dieses Problem ganz von selbst regelt.

Ein solches starres Verhalten der Eltern muß vielfach schon der Säugling erleben. So ist es unsinnig, den Neugeborenen nach einem völlig starren Zeitplan zu stillen, anstatt ihn zu versorgen, sobald er Hunger hat und darauf zu warten, daß sich mit fünf, sechs Wochen ganz von selbst eine bestimmte Ordnung ergibt, die dann den Bedürfnissen des Kindes entspricht. Ebenso unvernünftig ist es, die Essensmenge des Säuglings nach dem Lehrbuch festzulegen, anstatt sie durch den jeweiligen Hunger des Kindes bestimmen zu lassen. Schließlich verlangen wir ja auch von uns selber nicht, daß wir bei jeder Mahlzeit eine genau abgewogene Menge zu uns nehmen! Auch ein Säugling ist eine Persönlichkeit mit individuellen Bedürfnissen (die je nach Wetterlage und körperlichem Wohlbefinden schwanken können).

Auch das ältere Kind wird allzuoft mit den starren Vorstellungen der Erwachsenen konfrontiert, die — besser als das Kind — zu wissen glauben, wieviel es essen müsse. Aber schon diese Einstellung, daß es essen **muß** (statt daß es essen **darf**), zerstört bei dem Kind ein gesundes, natürliches Verhältnis zur Nahrungsaufnahme. Es lernt damit, daß das Essen nicht etwas Schönes, Angenehmes und Genußvolles ist, sondern daß es vielmehr einen höchst lästigen Vorgang zum Zwecke der Kalorienaufnahme darstellt. Wenn das Kind aber durch das Verhalten der Eltern erst einmal diese Einstellung eingenommen hat, dann ist die Grundlage dafür gegeben, daß es ein „schlechter Esser" wird.

Zwang zum Essen

Nicht nur darüber, wieviel ein Kind essen müsse, haben die Erwachsenen oft feste — und zumeist auch noch übertriebene — Vorstellungen. Auch wann und was das Kind zu essen habe, glauben sie festlegen zu müssen. Dabei ist es ganz natürlich, daß es bei der einen Mahlzeit keinen Appetit hat, daß es bei der einen Mahlzeit nichts oder kaum etwas ißt und daß es dann beim nächsten Mal mit größtem Appetit die doppelte Menge zu sich nimmt. Ebenso normal ist es, daß ein Kind eine Speise nicht mag. Auch wir Erwachsenen haben ja unsere Vorlieben, wieviel mehr dann noch ein Kind, das viel impulsiver lebt. Sobald nun aber ein Kind ständig zum Essen ermahnt wird, sobald es gezwungen wird, eine Speise zu essen, die es nicht mag oder vor der es sich sogar ekelt, sobald es dazu kommt, daß jede Mahlzeit mit einer Verstimmung oder einem Streit zwischen ihm und den Eltern endet, wird es die Lust am Essen verlieren; es wird beim Essen trödeln und widerwillig auf seinem Teller herumstochern: es wird ein „schlechter Esser".

Ständige Ermahnungen

Dabei zeigt die Erfahrung, daß die meisten „schlechten Esser" ganz gesunde Kinder sind, die ihrem Alter entsprechend wachsen und an Gewicht zunehmen. Wenn solche Kinder einmal für eine gewisse Zeit weniger essen und auch nicht mehr zunehmen oder sogar vorübergehend abnehmen, schadet das nichts. Kinder, deren gesundes Verhältnis zum Essen nicht durch ein überbesorgtes Verhalten der Eltern gestört wird, holen bald wieder auf.

Überbesorgtheit der Eltern

Dies gilt insbesondere auch für Zeiten, in denen das Kind krank ist. Solange es Fieber hat, wird es in der Regel wenig oder gar nichts essen und nur etwas zu trinken verlangen. Dies ist ein instinktiv richtiges Verhalten; denn der kindliche Körper, der durch den Abwehrkampf gegen die Infektionskeime schon stark belastet ist, sollte nicht noch

Kranke Kinder

zusätzlich durch Verdauungsarbeit in Anspruch genommen werden. Das Kind hat genügend Kraftreserven, und es wird mit Sicherheit eher wieder zu Kräften kommen, wenn es **nicht** zur Einnahme einer „kräftigen Krankenkost" gezwungen wird. Die gute Absicht der Erwachsenen verschlägt dabei ins Gegenteil.

In sehr vielen Fällen sind also die sog. „schlechten Esser" gar keine. Ihre Eltern haben nur allzu übertriebene Vorstellungen von dem, was und wieviel ein Kind essen müsse. Durch allzu viele Ermahnungen und Vorschriften ist diesen Kindern die Lust zum Essen genommen worden.

Mangel an Zuwendung

Nun gibt es aber auch — allerdings viel seltener — **Kinder, die tatsächlich sehr wenig essen und deren Gewicht auch geringer ist, als es wünschenswert wäre.** Diese Kinder sind sozusagen in einen „Essensstreik" getreten. Der Grund für dieses Verhalten liegt häufig darin, daß das Kind sich nicht genügend von den Eltern beachtet fühlt und daß es unbewußt auf diese Weise versucht, ihre Aufmerksamkeit und ihre Zuwendung zu erringen. Vielleicht widmen ihm die Eltern nicht genügend Zeit, so daß es sich nicht geborgen fühlt, oder es glaubt sich gegenüber einem Geschwister zurückgesetzt. Zuweilen kann dieser Wunsch nach Zuwendung so weit gehen, daß noch ein Schulkind darauf besteht, von den Eltern gefüttert zu werden.

Bevormundung des Kindes

Ein solcher „Essensstreik" kann allerdings auch darauf beruhen, daß ein Kind sich durch die Ratschläge, Ermahnungen und Forderungen der Eltern zu sehr bevormundet fühlt. Häufig erlebt es diese Bevormundung und Einengung seiner Eigenpersönlichkeit besonders stark bei den Mahlzeiten. Die Essensmengen werden starr festgesetzt und das Kind ständig ermahnt, doch ja „lieb" zu sein und „brav" alles aufzuessen. So ergreift das Kind dann — wiederum ganz unbewußt — gerade diese Gelegenheit, um gegen die Einengung seiner Selbständigkeit zu protestieren. (Siehe auch: Unselbständigkeit.)

Ältere Kinder essen zuweilen sehr wenig, weil sie einem Schlankheits-Ideal (Twiggy) nachstreben. In den meisten Fällen ist dies als harmlos anzusehen und geht um so eher vorüber, je weniger Vorhaltungen gemacht werden. Solange die Kinder dabei beispielsweise ungestört Sport treiben können oder keine außergewöhnlichen Ermüdungserscheinungen zeigen, besteht kein Grund zur Sorge.

Eine andere Form des „Essensstreiks" tritt zuweilen in der Pubertät, vorwiegend bei Mädchen auf. Man spricht von der **„pubertären Magersucht" (anorexia nervosa)**, welche in den schwersten Fällen lebensbedrohende Formen annehmen kann. Solche Jugendlichen ekeln sich dann so stark vor dem Essen, daß sie schließlich kaum noch etwas zu sich nehmen können. Meist handelt es sich um Kinder mit einer tiefen Lebensangst, die auf Grund ihrer persönlichen Erfahrungen in der

Familie und einer zumeist stark einengenden Erziehung nicht in der Lage sind, die auf sie zukommende (aufgrund ihrer Erfahrungen unerwünscht erscheinende) Rolle des Erwachsenen anzunehmen.

Übermäßiges Essen kann verschiedene Ursachen haben. Wohl jedes Kind hat einmal eine Zeit, in der es wahren Heißhunger hat. Auch das gleicht sich in der Regel wieder von selbst aus und bedarf keiner besonderen Beachtung. Wenn allerdings Ihr Kind über einen längeren Zeitraum hinweg einen wahren Heißhunger vor allem auf Süßigkeiten hat, sollten Sie sich zu einer kritischen Aufmerksamkeit veranlaßt sehen, auch wenn es dabei nicht zu dick wird. Ein solcher anhaltender Heißhunger vor allem auf Süßigkeiten ist häufig Ausdruck dafür, daß dem Kind etwas fehlt. Dies unmäßige Essen von Süßigkeiten stellt eine Ersatzhandlung dar; das Kind sucht sich durch übermäßigen Genuß von Süßigkeiten dafür zu entschädigen, daß ihm eine ausreichende Liebe und Zuwendung seitens der Eltern fehlt.

Mangel an Geborgenheit

Übermäßiges Essen und ein daraus folgendes Übergewicht finden wir bei solchen Kindern, deren natürliche Bewegungslust und Impulsivität durch eine einengende, jede spontane Aktivität im Keime erstickende Erziehung zerstört worden ist. Diese Kinder sind, da ihnen keine freie Entwicklung ermöglicht wurde, antriebslahm geworden, sie haben im Extremfall weder Interesse für Sport noch für geistige Dinge — nur noch für das Essen.

Unterdrückung der spontanen Aktivität

Grundsätzlich läßt sich aufgrund vielfältiger Erfahrungen sagen, daß **starkes Übergewicht** in den allermeisten Fällen durch zu vieles Essen bedingt ist. Die beliebte Angabe, das Kind habe es an „den Drüsen", stimmt höchstens in einem von hundert Fällen. Ein bekannter Arzt pflegte zu sagen: „Es sind nicht die Stoffwechseldrüsen, sondern die Geschmacksdrüsen!" Allerdings können die Stoffwechseldrüsen durch übermäßiges Essen auf die Dauer geschädigt werden, so daß es infolge des vielen Essens möglicherweise tatsächlich zu einer Drüsenstörung kommt.

Übermäßiges Essen

Auch der Hinweis darauf, daß eine erbliche Veranlagung zur Fettsucht bestehe, wenn die Eltern auch starkes Übergewicht haben, trifft zumindest nur die halbe Wahrheit. Natürlich mag es gute und schlechte „Futterverwerter" geben. Aber in der Regel spielt dabei die Hauptrolle, daß solche Kinder von ihren Eltern die Gewohnheit gelernt und übernommen haben, allzuviel zu essen.

Verantwortungsbewußte Eltern sollten dem nicht gleichgültig gegenüberstehen, wenn ihr Kind starkes Übergewicht hat; denn das Kind muß erheblich unter seiner Dickleibigkeit leiden. Einmal sind gesundheitliche Störungen unausbleiblich, zum andern wird das Kind mit Sicherheit in der Schule gehänselt. Es könnte dann zudem mit seiner kör-

Behinderung der geistigen Leistungsfähigkeit

perlichen Schwerfälligkeit auch in geistiger Hinsicht schwerfällig und unbeweglich werden. So wird immer wieder beobachtet, daß solche Kinder auch in ihren schulischen Leistungen nachlassen.

Was tun?

Wenden wir uns zunächst den „schlechten Essern" zu, die ein ausreichendes Gewicht haben, die sich aber nur widerwillig an den Essenstisch setzen und sich nicht auf das Essen freuen, die also die Lust am Essen verloren haben. Diese Kinder sind nicht eigentlich „schlechte Esser", sie sind jedoch „lustlose Esser".

Allgemeine Verhaltensregeln

Für die Eltern solcher Kinder gelten folgende Regeln, die eigentlich in allen Familien beachtet werden sollten:

1. Ein Kind muß nicht essen, es darf essen!
Diese einfache Regel sollten Sie in keinem Augenblick vergessen. (Denken Sie an die Kriegs- und Nachkriegszeit: Damals gab es keine „schlechten Esser"!) Kinder werden fast durchweg erst durch die vielen Ermahnungen und das ständige Zureden der Erwachsenen zu schlechten Essern gemacht. Wenn ein Kind am Mittag nicht essen will, dann braucht es auch nicht zu essen. Sie gehen ohne jeden Kommentar darüber hinweg. Sie können nur ganz sachlich und ohne drohenden Unterton darauf hinweisen, daß es erst zum Abendbrot wieder etwas gibt — und müssen natürlich konsequent sein! Wenn das Kind nach zwei Stunden Hunger hat, sagen Sie ihm nur, daß es nun leider nichts zu essen bekommen könne und bis zum Abend warten müsse. Achten Sie zugleich darauf, daß die Großmutter oder die Tante oder sonst jemand nicht doch zwischendurch das Kind versorgen.

2. Ein Kind ißt von dem, was auf den Tisch kommt, oder es ißt nicht davon — das ist seine Sache.
Zwingen Sie niemals das Kind dazu, irgendeine Speise zu essen. Wenn es irgend etwas nicht mag, braucht es davon nicht zu essen. Allerdings wird auch nichts extra gekocht. Entziehen Sie ihm auch nicht den Nachtisch, weil es die Kartoffeln nicht gegessen hat. Verzichten Sie auf sämtliche Strafen! Allerdings brauchen Sie dem Kind auch nicht die doppelte Menge vom Nachtisch zu geben.

3. Lassen Sie das Kind ganz allein die Menge bestimmen, die es essen will.
Das Kind sollte möglichst frühzeitig lernen, sich selbst das Essen auf den Teller zu legen. So können Sie es auch bald daran gewöhnen, daß es sich nicht mehr auf den Teller häuft, als es essen will und kann. Allerdings sollten Sie dem Kind zumindest bis zur Schulzeit zugestehen, daß es sich dabei ab und zu noch irren kann.

56

4. Wenn das Kind mit gutem Appetit gegessen hat, ist das kein Grund, es zu loben!
Viel essen ist kein Verdienst und soll auch nicht gelobt werden; wenig essen ist kein Fehler und soll auch nicht getadelt werden.

5. Sorgen Sie dafür, daß die Mahlzeiten an Ihrem Tisch in einer fröhlichen und gelockerten Stimmung verlaufen!
Wenn die andern mißmutig beim Essen sitzen, vergeht einem sensiblen Menschen der Appetit. Machen Sie „Ferien" bei Ihren Mahlzeiten, vergessen Sie allen möglichen Ärger. Auf keinen Fall darf während der Mahlzeiten über unangenehme Schulerlebnisse, schlechte Zensuren oder Klassenarbeiten gesprochen oder über irgendwelche Verfehlungen der Kinder diskutiert werden. Sorgen Sie für ein aufgelockertes, harmonisches Gespräch.

6. Sie können von dem Kind erwarten, daß es mit dem Essen fertig ist, wenn alle ihre Mahlzeit in Ruhe beendet haben.
Falls das Kind beim Essen trödelt und noch lustlos auf seinem Teller herumstochert, wenn alle fertig sind, sollten Sie ihm seinen Teller fortnehmen mit den Worten: „Ich sehe, daß du keinen Hunger mehr hast. Heute mittag (heute abend, morgen) gibt es ja auch wieder eine Mahlzeit."

7. Es ist gesund, wenn kranke Kinder zwei bis drei Tage fasten.
Kranke Kinder sind appetitlos. Lassen Sie sie sorglos einige Tage fasten und drängen Sie ihnen keine „kräftige Krankenkost" auf. Sobald es den Kindern besser geht, meldet sich der Appetit von selbst wieder.

Wenn Sie diese Regeln beachten, dann wird das Kind bald ein guter Esser sein. Natürlich brauchen Sie dazu etwas Zeit und viel Konsequenz, wenn das Kind schon seit längerer Zeit eine lustlose und ablehnende Einstellung dem Essen gegenüber hat. Doch werden Sie in den meisten Fällen innerhalb von Tagen oder höchstens wenigen Wochen Erfolg haben.

Nur in ganz wenigen Fällen wird das Kind seinen „Essensstreik" hartnäckig fortsetzen. Überlegen Sie dann, ob das Kind vielleicht unbewußt dagegen protestiert, daß es von Ihnen zu wenig beachtet wird und zu wenig Liebe und Zuwendung erfährt. Wenden Sie sich dem Kind dann stärker zu, spielen Sie mit ihm und sprechen Sie mit ihm über seine Sorgen und Probleme. Halten Sie sich gleichzeitig beim Essen ganz konsequent an die oben aufgeführten Regeln.

Zuwendung

Überlegen Sie auch, ob Sie das Kind zu stark einengen, so daß es mit seinem „Essensstreik" dagegen protestiert. Halten Sie sich auch dann an die genannten Regeln und versuchen Sie zugleich, dem Kind auf allen Gebieten mehr Selbständigkeit einzuräumen. (Siehe auch: Unselbständigkeit.)

Anregungen

Nur in wenigen Fällen — z. B. bei der pubertären Magersucht — werden Sie fremde Hilfe in Anspruch nehmen müssen.

Geborgenheit

Übermäßiges Essen braucht Sie nur dann zu beunruhigen, wenn das Kind zu dick wird oder wenn es einen auffälligen Hang zu Süßigkeiten zeigt. Im letzten Fall sollten Sie überlegen, ob das Kind in der Familie oder Gruppe die nötige Geborgenheit und Liebe findet, die es braucht. Schelten und Verbieten ist nutzlos. Wenn Sie dem Kind die nötige Liebe und Wärme geben, wird es seinen Drang nach Süßigkeiten verlieren.

Gemeinsame Aufgabe für Erzieher und Kind

Ein **Übergewicht** Ihres Kindes sollte Sie aber in jedem Fall zum Handeln veranlassen. Dabei sollten Sie von der Erfahrung ausgehen, daß 99 von 100 solcher Kinder durch übermäßiges Essen zu dick sind. Dem widerspricht nicht, daß bei solchen Kindern kurze Phasen, in denen weniger gegessen wird, häufig noch keinen Erfolg bringen. Für alle Menschen mit Übergewicht ist es am schwierigsten, den Prozeß des Abnehmens überhaupt erst einmal in Gang zu bringen. Die ersten Pfunde, die „abgefastet" werden, sind die mühevollsten.

Kindern, die noch im Wachsen begriffen sind, fällt das Abnehmen viel leichter als Erwachsenen. Häufig empfiehlt es sich, dabei ärztliche Hilfe in Anspruch zu nehmen. Doch der Arzt kann nur Wege zeigen und Ratschläge geben; den Willen und die Entschlossenheit dazu müssen Eltern und Kind selbst und gemeinsam aufbringen. Denken Sie an die alte Volksweisheit: „Fresser werden nicht geboren, sie werden erzogen." Helfen Sie dem Kind, sein Übergewicht zu verlieren. Es wird Ihnen später dafür dankbar sein.

Literatur:

18., 29., 55., 67., 70., 99., 114., 176., 187., 204., 231., 233., 234.

Weitere Stichworte:

Faulheit — Mangelnde Anstrengungsbereitschaft
Unselbständigkeit

Faulheit –
Mangelnde Anstrengungsbereitschaft

*Die Eltern der zwölfjährigen Michaela waren zur Erziehungsberatungs-
stelle gekommen. Sie gaben an, ihre Tochter habe in letzter Zeit
Schwierigkeiten in der Schule, weil sie faul sei und sich gar nicht mehr
anstrenge. Die Lehrerin habe ihnen gesagt, daß das Mädchen vor allem
gegen Ende der Unterrichtsstunde nicht bei der Sache sei; wenn man
sie aufrufe, wisse sie oft nicht, worüber gerade gesprochen werde. Auch
zu Hause — so berichteten die Eltern weiter — gebe es in letzter Zeit
immer wieder Streit wegen Michaelas Faulheit. Während die beiden
anderen Geschwister, Peter und Martina, bereitwillig im Haushalt helfen
würden, sei Michaela einfach zu faul dazu. Sie lege sich dann hin und
sage, sie sei zu müde.*

*Michaela wurde einem Arzt vorgestellt. Dieser fand: Michaela war nicht
faul, sie war körperlich krank!*

*Auch die Eltern des achtjährigen Bernd klagten darüber, daß ihr Junge
in der Schule nicht mehr mitkomme, weil er zu faul sei. Sie würden zwar
jeden Abend die Arbeitshefte des Jungen streng kontrollieren, doch
Bernd gebe ihnen einfach nicht alles an, was er an Hausaufgaben zu
erledigen habe. Auch für irgendwelche praktischen Aufgaben sei der
Junge nicht zu interessieren. Sie hätten mit aller Strenge versucht,
Bernd zum Arbeiten zu bewegen, und ihm immer wieder klargemacht,
daß er so im Leben nichts werden könne. Der Junge aber reagiere gar
nicht auf ihre Vorhaltungen.*

*Tatsächlich machte Bernd einen trägen, müden und interesselosen
Eindruck. Er war zu dick, redete bedächtig und war überhaupt in allem
sehr langsam.*

*Wesentlich anders war die Situation bei Jens. Zwar klagten auch seine
Eltern über die Faulheit des Jungen. Doch stellte sich sehr bald heraus,
daß Jens keineswegs wie Bernd allgemein träge und interesselos war.
Jens war zwar in der Schule gleichgültig und wenig anstrengungsbe-
reit; im Gespräch jedoch machte er einen aufgeweckten Eindruck. Die
Nachmittage verbrachte er am liebsten auf dem Sportplatz, trainierte
dort mit großer Begeisterung und Ausdauer und hatte auch schon
mehrere Jugendmeisterschaften gewonnen.*

Alle drei Kinder wurden in der Erziehungsberatungsstelle wegen ihrer
Faulheit vorgestellt. Doch zeigte sich sehr bald, daß die Arten ihrer
Faulheit jeweils ganz unterschiedlich waren:

Michaela war nicht faul, sondern krank. Sie ermüdete in der Schule sehr rasch und legte sich auch zu Hause häufiger hin, weil sie erschöpft war.

Bernd war allgemein träge und lustlos. Es gab praktisch nichts, wofür er Interesse hatte und wofür er sich anzustrengen bereit war.

Demgegenüber war Jens nur in einem Bereich faul und interesselos — nämlich in der Schule. Auf anderen Gebieten, zum Beispiel im Sport, zeigte er eine große und ausdauernde Anstrengungsbereitschaft. Jens konnte also keineswegs allgemein als faul bezeichnet werden.

Bedeutung und Ursache:

Wenn ein Kind auf irgendeinem Gebiet keine Anstrengungsbereitschaft zeigt und nicht die Leistungen erbringt, zu denen es unserer Ansicht nach fähig ist, dann neigen wir Erwachsenen dazu, dem Kind seine Faulheit vorzuwerfen. Es werden dann Vorwürfe und Vorhaltungen gemacht und Zwangsmaßnahmen ersonnen, um das Kind zur Arbeit zu bewegen. Doch das Wichtigste wird darüber vergessen: zu fragen, warum das Kind faul ist.

Um die Ursachen der Faulheit eines Kindes herauszufinden, muß man zunächst klären: 1. ob das Kind ungewöhnlich oft müde und abgespannt ist, ob es 2. allgemein oder 3. nur auf einem einzelnen Gebiet (vielleicht in der Schule, in einzelnen Fächern oder bei Aufgaben im Haus) gleichgültig, lustlos und interesselos ist.

Körperliche Erkrankung

Stark vereinfachend kann man sagen: Wenn Sie feststellen, daß ein Kind — ohne daß besondere Anstrengungen vorausgegangen sind — sich im Lauf des Tages wiederholt hinlegt, um sich auszuruhen, dann ist es krank. Auch wenn ein Kind häufig über Müdigkeit klagt und wenn Sie bemerken, daß es sich auch beim Spiel schnell erschöpft, dann sollten Sie an die Möglichkeit einer körperlichen Erkrankung denken. Wenn falsche Ernährung oder ständige Überanstrengung nicht die Ursache sind, dann können beispielsweise Affektionen der Lungendrüsen, Wurmkrankheiten, Rachitis, Zuckerkrankheit oder Folgeerscheinungen einer Encephalitis vorliegen. Solchen Kindern tut man sehr unrecht, wenn man einfach sagt, sie seien faul.

Allgemeine Trägheit und Lustlosigkeit

Aber auch solche Kinder, die — ohne krank zu sein — allgemein träge und lustlos sind, sollte man nicht abwertend als faul bezeichnen, sondern sich vielmehr überlegen, wodurch der Mangel an Anstrengungsbereitschaft bedingt sein könnte.

Jedes gesunde Kind entwickelt einen natürlichen Tätigkeitsdrang. Es geht aufgeschlossen und aufmerksam an die Dinge heran und will das erfahren und lernen, womit die Erwachsenen umgehen und was diese schon können. Doch wird es bei seinen eigenen Versuchen erleben, daß vieles gar nicht leicht ist und ihm manches auf Anhieb nicht gelingt. Es wird also immer wieder auch Mißerfolgserlebnisse haben. Wenn nun aber die Eltern, Erzieher und Lehrer seine Versuche anerkennen, ihm weiter helfen und jede neue Leistung bzw. jeden Schritt auf eine neue Leistung hin bestätigen und sich darüber freuen, dann wird es freudig und begeistert lernen, immer aufs neue an die Dinge herangehen und eine Anstrengungsbereitschaft entwickeln.

Kritik, Ungeduld und mangelndes Verständnis

Wenn nun aber die Erwachsenen das Kind nicht loben und seine Versuche nicht anerkennen, sondern seine Bemühungen ständig kritisieren, wenn sie unzufrieden sind und darüber klagen, daß es immer noch nicht klappt, dann wird das Kind die Lust daran bald verlieren und seinen Tätigkeitsdrang sowie seine Anstrengungsbereitschaft einbüßen. Auch ein Geringschätzen der Leistungen, die das Kind im Spiel erbringt, hat derartige Folgen. Schließlich ist das Spiel die „Arbeit" des Kindes, in der es immer neue Erfahrungen sammelt und lernt.

Das Kind, besonders das Kleinkind, lernt noch für seine Eltern, für seine Erzieher oder Lehrer. Es ist bereit, sich anzustrengen, wenn es merkt, daß diese seine Leistungen bemerken und anerkennen. Wenn ein Kind sich nun aber von diesen Beziehungspersonen nicht angenommen fühlt und wenn es glaubt, daß es auch mit den intensivsten Bemühungen ihre Aufmerksamkeit nicht erringen kann, so entfällt diese Motivation für seine Anstrengungsbereitschaft, und es wird interesse- und lustlos werden.

Gefühl des Nichtangenommenseins

Ältere Kinder arbeiten schon in stärkerem Maße auf ein Ziel hin. Für sie ist es von entscheidender Bedeutung, ob sie über eine Zielvorstellung verfügen oder nicht. Das von seinen Eltern und Erziehern eindeutig auf eine Zielvorstellung ausgerichtete Kind wird viel eher zu Anstrengungen bereit sein als dasjenige, welches nicht recht weiß, warum es sich überhaupt anstrengen soll.

Fehlen einer Zielvorstellung

In engem Zusammenhang hiermit ist auch zu sehen, welche Bedeutung für die Anstrengungsbereitschaft eines Kindes das Zutrauen der Eltern und Erzieher in seine Leistungsfähigkeit hat. Wenn ein Kind beispielsweise immer wieder als besonders intelligent herausgestellt wird oder wenn man von ihm als selbstverständlich annimmt, daß es zu guten oder sehr guten Leistungen in der Lage ist, so wird es sich sehr viel mehr anstrengen, um gute Leistungen zu erreichen, als ein möglicherweise ebenso gut begabtes Kind, dem ständig die Vorstellung vermittelt wird, daß es „dumm" sei. Das erste Kind wird einen Mißerfolg als Ausnah-

Mangelndes Zutrauen in die Leistungsfähigkeit des Kindes

mefall empfinden und dadurch in der Regel zu vermehrter Anstrengung veranlaßt werden, während das zweite Kind einen Mißerfolg als Bestätigung der geringen Einschätzung seiner Leistungsfähigkeit ansieht und dadurch dann immer lustloser und gleichgültiger wird.

Ständige Kontrollen

Es hängt also ganz entscheidend von dem Verhalten der Eltern und Erzieher ab, ob ein Kind Lernfreude und Anstrengungsbereitschaft entwickelt oder nicht. So ist es beispielsweise von größter Bedeutung, daß dem Kind ein ausreichender Freiheitsraum in der Gestaltung und Planung seiner Arbeit eingeräumt wird, daß es die eigene Initiative entfalten kann und nicht ständig auf allzu starre Vorstellungen der Erwachsenen stößt. Wenn beispielsweise das Verhalten des Kindes bei einer stark autoritären Erziehung ständig durch Ge- und Verbote reglementiert wird, wenn es ständig Kontrollen ausgesetzt ist und immer nur handeln muß, aber nie handeln darf, dann wird es zumeist jede spontane Leistungsfreude verlieren und lustlos und träge werden.

Überbesorgtheit

Die eigene Initiative wird aber auch bei den Kindern behindert, deren Eltern und Erzieher aus Ängstlichkeit oder Ungeduld alle Aktionen des Kindes überwachen, die ihm nicht genügend Anregungen geben und es immer wieder aus Überbesorgtheit davon abhalten, unbekümmert an die Dinge heranzugehen und selbständig Erfahrungen zu sammeln.

Überforderung

Auch eine ständige Überforderung kann sich lähmend auf die Anstrengungsbereitschaft auswirken. Das Kind wird sich für seine Aufgaben nur einsetzen können, solange es zumindest Teilerfolge erreicht. Wenn ihm aber stets zu hohe Leistungen abverlangt werden, dann überwiegen die Mißerfolgserlebnisse schließlich so stark, daß es alle Bereitschaft zur Bewältigung dieser Aufgaben verliert. Ein allzu großer Ehrgeiz der Eltern und Erzieher, der zu immer erneuten Überforderungen führt, kann deshalb häufig zu einer Störung des kindlichen Leistungsverhaltens führen.

Wenn Kinder nur auf einzelnen Gebieten lustlos und interesselos sind, auf anderen — zum Beispiel im musischen Bereich, im Sport oder bei handwerklich praktischen Arbeiten — eine große Anstrengungsbereitschaft zeigen, wird besonders deutlich, daß es ungerechtfertigt ist, den Kindern generell Faulheit vorzuwerfen. Vielmehr ist zu überlgen, warum sie sich auf dem einen Gebiet anstrengen, auf dem anderen jedoch nicht.

Unangemessene Forderungen

Zunächst ist jedoch zu fragen, ob das Kind wirklich interesse- und lustlos ist oder ob unangemessene Forderungen gestellt werden. Beispielsweise ist es für ein Kind außerordentlich wichtig, daß es sich in ein Spiel, in eine Tätigkeit vertiefen und darin für eine längere Zeit aufgehen kann. (Siehe auch: Konzentrationsmangel.) Wenn nun aber die Erwachsenen das Kind ständig in seiner Tätigkeit unterbrechen, indem sie kleine Wünsche äußern und Aufgaben stellen, dann wird das Kind dies immer häufiger zurückweisen. Ein solches Verhalten ist dann keineswegs ein Zeichen von Faulheit, sondern vielmehr ein positives Anzeichen dafür, daß dieses Kind sein Recht auf eine ungestörte Zeit zum Lesen, Spielen oder Arbeiten zu bewahren sucht. Auch wenn man glaubt, ein Kind sei zum Beispiel in Bezug auf die Schule allzu faul, sollte man sich zunächst überlegen, ob man nicht zu viel Arbeitseinsatz von ihm erwartet.

Falls ein Kind nun aber tatsächlich auf einem bestimmten Gebiet — entweder in der Schule überhaupt oder in einzelnen Unterrichtsfächern, bei häuslichen Arbeiten, auf sportlichem oder musischem Gebiet — eine auffallend geringe Anstrengungsbereitschaft zeigt, wird man zunächst prüfen müssen, wie weit die oben angeführten Ursachen eben in diesem bestimmten Bereich wirksam geworden sind.

Trägheit und Lustlosigkeit auf bestimmten Gebieten

So kann es zum Beispiel sein, daß bestimmte Leistungen eines Kindes von den Eltern und Erziehern nie anerkannt und gewürdigt, vielleicht sogar betont geringgeschätzt worden sind und daß das Kind deshalb die Lust verloren hat, sich dafür anzustrengen. Umgekehrt kann es sein, daß Eltern und Erzieher allzu starken Wert beispielsweise auf gute Schulleistungen legen, daß sie das Kind überfordern und durch ständige Kontrollen einengen, daß sie niemals zufrieden sind mit seinen Leistungen und ihm fortwährend Vorhaltungen machen. Nicht selten wird das Kind auch durch ständige Ermahnungen der Erwachsenen in eine oppositionelle Haltung gedrängt, aus der heraus es sich gerade auf dem Gebiet nicht anstrengt, auf das diese ganz besonderen Wert legen.

Jeder Erzieher weiß, daß ein Kind — besonders das jüngere und das in seiner Entwicklung verzögerte — häufig zu großen Anstrengungen bereit ist, wenn es ein besonders gutes Verhältnis zu einem Lehrer findet, und daß umgekehrt das Interesse für ein Unterrichtsfach erlahmen kann, wenn es sich von einem Lehrer nicht angenommen fühlt. Ebenso ist nicht selten zu beobachten, daß Kinder aufgrund einer starken Zielvorstellung, zum Beispiel einer Ausrichtung auf einen musischen Beruf, kein Interesse für beispielsweise naturwissenschaftliche Fächer entwickeln. Darüber hinaus ist auch das Zutrauen der Eltern und Erzieher in die Leistungsfähigkeit des Kindes von größter Bedeutung. Solchen musisch begabten Kindern wird beispielsweise durch die Erwachsenen nahegelegt, daß sie für die Lösung mathematischer Probleme unbegabt seien, wodurch dann von vornherein jedes Bemühen um dieses Fach gelähmt wird. Ähnlich sind die schlechten Leistungen einiger Kinder gerade im Rechnen dadurch zu erklären, daß die Eltern ihnen beispielsweise sagen: „Rechnen kannst du nicht, das habe ich auch nie gekonnt".

Vorbild der Eltern und Erzieher

Schließlich ist es aber auch von großer Bedeutung, ob die Kinder gelernt haben, auch unangenehme und langweilige Aufgaben auf sich zu nehmen und Pflichten und Forderungen zu erkennen und anzuerkennen. (Siehe auch: Frechheit — Widersetzlichkeit.) In diesem Zusammenhang wäre zu fragen, welche Einstellung die Eltern und Erzieher ihrer eigenen Arbeit gegenüber haben. Wenn diese vielleicht selbst häufig über ihre Arbeit schimpfen und stöhnen, sie nur widerwillig auf sich nehmen oder ihr sogar ausweichen, kann man kaum erwarten, daß die Kinder eine andere Einstellung ihren Aufgaben gegenüber finden.

Was tun?

Sowohl die Formen als auch die Ursachen der Faulheit sind sehr vielgestaltig. Nie aber sollte man sich mit der Feststellung zufriedengeben: „Das Mädchen oder der Junge ist faul". Vielmehr sollte man untersuchen, wie sich diese Faulheit äußert, um dann zu überlegen, welche Ursachen ihr zugrunde liegen.

Ärztliche Untersuchung

Wenn beobachtet wird, daß ein Kind in der Schule ständig müde ist oder aber schon nach kurzen Belastungen rasch ermüdet, sollte durch einen Arzt festgestellt werden, ob dem nicht eine körperliche Erkrankung zugrunde liegt. Es wäre aber auch zu überprüfen, ob das Kind abends rechtzeitig ins Bett geht (und nicht bis zum Ende des Programms fernsieht).

Verhaltensvorschläge

Im übrigen sollten Eltern und Erzieher folgende Verhaltensvorschläge beachten, unter denen — je nach der bei dem einzelnen Kind überwiegenden Ursache seiner Faulheit — der eine wesentlicher ist und bei den Korrekturbemühungen intensiver beachtet werden muß als der andere:

● Bemühen Sie sich darum, die Leistungen des Kindes, die es in der Schule oder im Spiel erbringt, anzuerkennen, ohne jedoch in ein kritikloses Loben zu verfallen. Bestätigen Sie jeden Schritt des Kindes auf eine gute Leistung hin und freuen Sie sich mit ihm über jeden wirklichen Fortschritt. Denken Sie als Erzieher immer daran, daß besonders das kleine Kind für Sie lernt.

● Vermitteln Sie dem Kind eine Zielvorstellung, welche seinen Fähigkeiten und seinen Möglichkeiten entspricht. Machen Sie ihm ohne moralisierenden Unterton deutlich, aus welchem Grunde es sich überhaupt anstrengen soll. Stellen Sie dem Kind eventuell auch eine erstrebenswerte Belohnung in Aussicht oder schaffen Sie Wettbewerbssituationen, die das Kind zu Leistungen anreizen.

● Zeigen Sie dem Kind, daß Sie Zutrauen in seine Leistungsfähigkeit und Leistungsbereitschaft haben. Vermitteln Sie ihm niemals leichtfertig die Vorstellung, daß es dumm oder für irgendeine Aufgabe nicht so begabt sei.

● Zerstören Sie nicht Lernfreude und Eigen-Initiative des Kindes, indem Sie es zu stark kontrollieren und einengen. Räumen Sie ihm größere Selbständigkeit ein und verzichten Sie auf Vorschriften, Ermahnungen und die allzu zahlreichen, gut gemeinten Ratschläge.

● Überprüfen Sie sich selbst darauf, ob Sie nicht allzu ehrgeizige Pläne mit dem Kind haben. Lassen Sie es eventuell von einem Psychologen daraufhin untersuchen, ob es vielleicht zu früh eingeschult wurde und ob es in begabungsmäßiger Hinsicht den Anforderungen der Schule, die es besucht, gewachsen ist. Überprüfen Sie aber auch, ob das Kind in außerschulischen Bereichen, vielleicht durch Aufgaben innerhalb der Familie, überfordert wird.

In manchen Fällen werden Sie aber auch eine Erziehungsberatungsstelle, einen Psychologen oder Psychotherapeuten aufsuchen müssen, damit die möglicherweise sehr tief liegenden Ursachen für die Lustlosigkeit und Trägheit des Kindes festgestellt und Möglichkeiten gefunden werden, wie man dem Kind helfen kann. (Siehe auch: Angst.)

Von großer Bedeutung wird es sein, daß die gestörte Anstrengungsbereitschaft eines Kindes in geschickter Weise wieder aufgebaut und verstärkt wird. Wenn ein Kind auch nur auf einem Gebiet noch eine Leistungsbereitschaft und Leistungsfreude zeigt, dann wird man es zu einer allgemeinen Anstrengungsbereitschaft führen können, indem man zunächst vor allem das fördert und anerkennt, was es gern tut, und dort eine positive Arbeitshaltung einübt. Durch das gezeigte Interesse, das Lob und die Anerkennung des Erwachsenen wird dieses Kind mehr Selbstvertrauen gewinnen und der Erzieher die Zuneigung des Kindes finden. Das gestärkte Selbstvertrauen, die geförderte Anstrengungsbereitschaft und das verbesserte Arbeitsverhalten wird es dem Kind mit Hilfe dieses Erziehers ermöglichen, auch auf anderen Gebieten bessere Leistungen zu erbringen und so eine allgemeine Anstrengungsbereitschaft zu entwickeln.

Aufbau eines Leistungswillens

Bei einem allgemein interesselosen und trägen Kind wird man denselben Weg gehen müssen, nur daß hier zunächst das Gebiet zu suchen ist, wo es am ehesten Leistungen und damit Erfolgserlebnisse erreichen wird, die dem Erzieher Gelegenheiten zu Lob und Anerkennung bieten. Dabei muß sich der Erwachsene klarmachen, daß ein derartiger Prozeß nicht von heute auf morgen zum Erfolg führt. Ebenso wie die Fehlentwicklung auf die Faulheit hin sich langsam vollzog, so braucht es auch viel Geduld, um das Kind wieder zu einer allgemeinen Anstrengungsbereitschaft zu führen.

Grundsätzlich ist zu sagen: Die Leistungsfreude eines Kindes wird durch Vorwürfe, Gebot, Zwang oder Strafen immer nur gemindert. Das Reden über die Faulheit eines Kindes in Anwesenheit desselben verstärkt diese nur. Ist das Kind erst einmal als „faul" abgestempelt, dann sieht es in der Regel keine Veranlassung, sich anders zu verhalten, als von ihm gesagt wird.

Die Leistungsbereitschaft wird gefördert, indem Lust und Freude an der Leistung durch Lob und Anerkennung geschaffen wird, indem man sich mit dem Kind über jede Leistung freut und Interesse an den Fortschritten des Kindes hat. Das Kind wird zu Anstrengungen bereit sein, wenn Eltern und Erzieher ihm ihr Zutrauen in seine Leistungsfähigkeit und Leistungswilligkeit zeigen und ihm gleichzeitig Zielvorstellungen vermitteln, auf die hinzuarbeiten dem Kinde Freude macht.

Literatur:

15., 17., 40., 43., 61., 95., 96., 148., 179., 209., 237., 263.

Weitere Stichworte:

Angst
Frechheit — Widersetzlichkeit
Gehemmtheit
Konzentrationsmangel

Frechheit – Widersetzlichkeit

Wenn man sich in einem größeren Kreis von Eltern und Erziehern darüber unterhält, wann ein kindliches Verhalten als „frech" zu bezeichnen ist, dann ergeben sich zumeist ganz erhebliche Unterschiede in der Beurteilung. Ein stark autoritär ausgerichteter Erzieher, der von dem Kind ein hohes Maß an Unterordnung verlangt, beurteilt ein kindliches Verhalten viel eher als „frech" als ein verständnisvoller Erzieher, der dem Kind grundsätzlich das Recht zu einer Kritik an den Erwachsenen zubilligt. Doch besteht zumeist Einigkeit darüber, daß dem kindlichen Verhalten — mehr oder weniger weit gesteckte — Grenzen gesetzt werden müssen und daß ein bewußtes Mißachten und Überschreiten dieser Grenzen durch das Kind als Widersetzlichkeit oder Frechheit zu bezeichnen ist.

Ohne die Grenzen, die dem Kind gezogen werden müssen, allgemeingültig festlegen zu können, läßt sich sagen, daß Frechheit und Widersetzlichkeit ein bewußtes Überschreiten bestimmter Verhaltensanforderungen beinhaltet, ohne die ein gemeinschaftliches Zusammenleben nicht möglich ist. Sie richtet sich zumeist mehr oder weniger direkt gegen den Erzieher oder einen Erwachsenen, der mit diesen Verhaltensanforderungen in Zusammenhang gebracht wird (z. B. Lehrer, Polizisten etc.). Dabei kann sich die Frechheit und Widersetzlichkeit sowohl in Worten als auch in Handlungen, z. B. gezieltem Unfug, äußern.

Um keine Mißverständnisse aufkommen zu lassen, muß gesagt werden, daß hier unter Frechheit nicht ein berechtigtes Ablehnen und Mißachten von allzu einengenden und beengenden Schranken gemeint ist. Kinder, die ständig durch ein Übermaß an Vorschriften und Vorhaltungen, an Ge- und Verboten bedrängt werden, müssen gegen diese Einschränkungen aufbegehren, um ihre Entwicklungsmöglichkeiten wahrnehmen zu können. Es ist in derartigen Fällen als günstiges Zeichen anzusehen, wenn solche Kinder zu einem frechen und aufsässigen Verhalten überhaupt noch in der Lage sind, d. h. wenn solche Kinder noch nicht so stark gehemmt und verunsichert worden sind, daß sie gar nicht mehr widersetzlich reagieren können. (Siehe auch: Aggressivität; Gehemmtheit.)

Im folgenden soll über eine verfestigte freche und widersetzliche Grundhaltung gesprochen werden, die dem Kind die allgemeine Einordnung in die Gesellschaft entscheidend erschwert bzw. unmöglich macht und die damit die Entwicklungschancen dieses Kindes stark gefährdet.

Bedeutung und Ursache:

Wenn man Frechheit in diesem Sinne versteht, so läßt sich ganz allgemein und grundsätzlich sagen: Frechheit beruht darauf, daß dem Kind die notwendigen, grundsätzlichen und allgemeingültigen Verhaltensrichtlinien nicht klar und einsichtig vermittelt wurden, so daß das Kind diese nicht annehmen und bejahen konnte. Die Folge ist, daß das Kind die gestellten Forderungen nun verneint und sich widersetzt.

Vernachlässigung

Eine solche Situation finden wir z. B. dort, wo sich die Eltern praktisch überhaupt nicht um die Kinder kümmern, wo die Eltern ihre eigenen Wege gehen und den Kindern sozusagen nur noch ein „Schlafrecht" einräumen. Solche vernachlässigten Kinder lernen in den ersten Lebensjahren fast gar keine allgemeingültigen Verhaltensregeln kennen. Wenn sie jedoch in die Schule kommen, werden notwendigerweise eine Fülle von Verhaltensforderungen an diese Kinder gestellt, auf die sie in keiner Weise vorbereitet sind. Dem Lehrer wird es angesichts der vielen anderen Aufgaben nur in seltenen Fällen möglich sein, solchen Kindern diese Verhaltensforderungen so geduldig nahezubringen, daß sie sie annehmen und bejahen können. Vielmehr werden sie recht plötzlich und abrupt mit ihnen konfrontiert, so daß sie sich verständlicherweise dagegen auflehnen und widersetzen. Ihre Widersetzlichkeit richtet sich dann besonders gegen die Person, die das Einhalten dieser Regeln zu beaufsichtigen hat.

Autoritäre Forderungen

Die Verhaltensanforderungen müssen dem Kind verständlich und einsichtig gemacht werden. Zudem muß das Kind selbst am Vorbild der Eltern und Erzieher deren Allgemeingültigkeit erkennen. Wenn die Einhaltung bestimmter Regeln dem Kind lediglich kommentarlos abgefordert wird und das Kind zudem noch beobachtet, daß die Eltern selbst sich nicht daran halten, dann ist keinerlei Grund erkennbar, warum das Kind dieselben beachten soll. Es erlebt dann diese Regeln lediglich als eine willkürliche Schikane seiner Eltern und Erzieher und wird eine Protesthaltung ihnen gegenüber annehmen, die ein freches Verhalten zur Folge hat.

Inkonsequenz

Damit ein Kind die Grenzen seines Tuns anzuerkennen und anzunehmen lernt, ist es notwendig, daß diese Grenzen von den Eltern und Erziehern auch eindeutig festgelegt sind. Nun geschieht es aber immer wieder, daß der eine Erzieher dem Kind gegenüber außerordentlich großzügig und verwöhnend handelt, während der andere — wie er dann häufig meint: zum Ausgleich — ganz besonders streng ist. Der eine setzt dem kindlichen Tun sehr weite Schranken oder überhaupt keine, während der andere es in sehr enge Grenzen faßt. Die Folge ist, daß das Kind völlig verwirrt wird und daß es, wenn es einmal streng angefaßt wird, dies als bloße Böswilligkeit deutet, gegen die es sich dann mit einem frechen und widersetzlichen Handeln auflehnt.

Ganz ähnlich, wie diesen Kindern, die im Elternhaus eine völlig inkonsequente Erziehung erfahren, ergeht es solchen, die von ihren Eltern in starkem Maße verwöhnt werden, die zu Hause tun und lassen dürfen, was sie wollen. Spätestens in der Schule wird man von ihnen Anpassung und Rücksichtnahme verlangen müssen und damit Verhaltensanforderungen stellen, die sie im Elternhaus nicht oder kaum kennengelernt haben. Meist sind sie dann nicht in der Lage anzuerkennen, daß sie nun plötzlich nicht mehr eine völlige Freiheit und eine bevorzugte Sonderstellung genießen können, und werden demjenigen, der ihnen notwendigerweise diese Einschränkungen auferlegt, mit Ablehnung und Frechheit begegnen.

Verwöhnung (laissez faire)

Die Anpassung eines Kindes an die grundlegenden Verhaltensnormen und die Anerkennung von Verhaltensvorschriften kann aber auch nur erfolgen, wenn das Kind von seiten seiner Eltern oder Erzieher eine ausreichende Zuwendung erfährt. Kinder tun das, was die Eltern wünschen, aus Liebe und Zuneigung zu den Eltern. Wenn ein Kind jedoch in unzureichendem Maße Liebe, Lob und Anerkennung findet oder z. B. eine wesentlich geringere Zuwendung erfährt als seine Geschwister, dann wird es keinen Grund, keinen Anlaß sehen, die Wünsche der Eltern zu befolgen. Die Ablehnung, die solche Kinder gegenüber den Eltern, die sich ihrer nicht voll angenommen haben, empfinden, wird dann leicht auch auf andere Erwachsene übertragen. Die Erwachsenenwelt stellt sich diesen Kindern als feindlich dar, so daß solche Kinder mit Widersetzlichkeit und Frechheit reagieren.

Mangel an Liebe und Zuwendung

Als feindlich müssen aber auch solche Eltern und Erzieher von einem Kind erlebt werden, die ein Übermaß an Forderungen stellen. Dies kann einmal geschehen, wenn die Eltern in völlig unkindgemäßer Form und ohne Rücksicht auf die altersgemäßen Möglichkeiten den Tageslauf des Kindes zu reglementieren suchen; es kann aber auch geschehen, wenn in Elternhaus und Schule nicht bemerkt wird, daß das Kind einen altersgemäßen Entwicklungsstand noch nicht erlangt hat und deshalb die Anforderungen, die gestellt werden, in keiner Weise zu erreichen vermag. Auch in solchen Fällen wird ein Kind die Verständnislosigkeit der Eltern und Erzieher seiner persönlichen Situation gegenüber erleben, es wird in eine oppositionelle Haltung geraten und aus ihr heraus vielfach mit Frechheit reagieren. (Siehe auch: Aggressivität; Trotz — Ungehorsam.)

Überforderungen

Was tun?

Eine erfolgreiche Erziehung wird immer folgenden Grundsatz beachten: Die notwendigen Verhaltensrichtlinien müssen eindeutig und klar vermittelt und zugleich einsichtig und verständlich gemacht werden.

Konsequenz

Es ist zweifellos außerordentlich wichtig, daß dem Kind ein ausreichendes Maß an Freiheiten gewährt wird, damit es sich voll entfalten kann. Gleichzeitig ist es aber ebenso wichtig, daß das Kind von Anfang an eindeutig die Grenzen seiner Freiheit kennenlernt. Diese Grenzen geben dem Kind — wie auch dem Erwachsenen — seinen Halt und die notwendige Orientierung. Dazu aber ist es notwendig, daß diese Grenzen fest abgesteckt sind und daß sie nicht von heute auf morgen und von Erzieher zu Erzieher schwanken. Zumindest innerhalb der Familie, innerhalb des Heims, müssen eindeutige Vorstellungen darüber bestehen. Denn es ist für ein Kind unerträglich, wenn der eine Erzieher dies und der andere das sagt.

Vermittlung von Einsicht

Darüber hinaus muß dem Kind aber auch von Anfang an verständlich und einsichtig gemacht werden, warum es notwendig ist, daß solche Grenzen beachtet werden. Das Verbot, dessen Begründung auseinandergesetzt und erläutert wird, wird das Kind respektieren. Zugleich lernt es dann grundsätzlich den Sinn von Verhaltensregeln und erfährt allmählich, daß in jedem gemeinschaftlichen Lebensbereich ein Beachten gewisser Ordnungsvorschriften unerläßlich ist. Ein solches Kind wird dann beispielsweise auch viel schneller begreifen, daß im Straßenverkehr das Einhalten gewisser Regeln für alle unerläßlich ist, und deshalb schon früh ein angepaßtes Verhalten auf der Straße zeigen.

Vorbild

Am sinnigsten wird man dem Kind Verhaltensregeln deutlich und verständlich machen können, wenn man ihm vor Augen führt, daß Mutter und Vater sich ja ebenfalls nach diesen und vielen ähnlichen Richtlinien verhalten. Gegenteilig wird ein Kind kaum die Berechtigung solcher Vorschriften anerkennen, wenn es beobachtet, daß die Eltern sich selbst nicht danach richten.

Verständnis für die Bedürfnisse des Kindes

Wenn Sie selbst konsequent von sich verlangen, daß z. B. jedes von Ihnen ausgesprochene Verbot erklärt, erläutert und einsichtig gemacht wird, dann werden sie ganz von selbst den Fehler vermeiden, dem Kind allzu enge Grenzen zu setzen und es durch ein Übermaß an Ge- und Verboten einzuengen und in seiner Entwicklung zu behindern. (Übrigens sollte man mit solchen Erklärungen schon möglichst früh beginnen. Häufig wird das Kind die Erläuterungen zwar noch nicht verstehen. Es bemerkt jedoch die Tendenz; es spürt, daß ein Verbot, eine Forderung einen Sinn hat.)

Zuwendung und Liebe

Selbstverständlich ist jedes noch so geschickte Erzieherverhalten erfolglos, wenn dem Kind nicht gleichzeitig eine ausreichende Liebe, Zuwendung und Fürsorge von seinen Eltern und Erziehern zukommt. Wie schon gesagt: Besonders das kleine Kind handelt seinen Eltern zuliebe. Wenn aber eine wirklich tiefgehende Beziehung zwischen Eltern und Kind nicht zustandegekommen ist, dann fehlt dem Kind jedes Motiv, sich an die gegebenen Verhaltensrichtlinien zu halten.

Literatur:
3., 52., 84., 86., 89., 90., 95., 146., 160., 171., 173., 174., 192.

Weitere Stichworte:

Aggressivität
Trotz — Ungehorsam

Fremdeln

Die vierjährige Claudia geht mit ihrer Mutter in die Stadt. Unterwegs begegnen sie einem der Mutter bekannten Ehepaar. Claudia wird aufgefordert, „Guten Tag" zu sagen und die Hand zu geben. Doch sie wendet sich ab, faßt in die Kleidung ihrer Mutter und ist nicht dazu zu bewegen, die Hand zu geben und überhaupt ein Wort zu sagen.

Von Fremdeln spricht man, wenn ein Kleinkind sich Fremden gegenüber sehr verlegen und schüchtern zeigt, wenn es fremde Leute nicht begrüßen mag und sich nicht von ihnen ansprechen läßt, wenn es sich vielmehr in solchen Situationen ängstlich den Eltern zuwendet. Manche Kinder fremdeln bei fast allen Begegnungen, während andere sich zeitweise offen und unbekümmert Fremden gegenüber benehmen, zeitweise aber wieder starke Verlegenheit und Schüchternheit zeigen.

Bedeutung und Ursache:

Fast alle Eltern neigen dazu, von ihren Kindern sehr früh zu fordern, daß sie fremden Leuten „Guten Tag" sagen und ihnen die Hand geben. Viele Mütter und Väter setzen einen mehr oder weniger starken Ehrgeiz darein, daß ihr Kind bei anderen Leuten — die vielfach eine gekonnte Begrüßung schon von dem Kleinkind erwarten — als „brav" und „wohlerzogen" gilt.

Die Begrüßung als Aufgabe für das Kind

Jede Begegnung mit einem Fremden bringt jedoch für ein Kleinkind eine nicht unerhebliche Anforderung mit sich. Der Fremde stört aus der Sicht des Kindes die enge Verbundenheit zwischen ihm und seiner Mutter bzw. seinem Vater. Er zieht die Aufmerksamkeit der Eltern auf sich und damit von dem Kind fort. Auch ist jede Person, die es noch nicht kennt, für das Kind etwas Neues, etwas Unvertrautes. Es braucht deshalb in der Regel etwas Zeit, um den neuen Eindruck zu verarbeiten und seine anfängliche Scheu zu überwinden.

Die Reaktion der Erzieher

Das Verlangen der Eltern, sofort „Guten Tag" zu sagen und die Hand zur Begrüßung zu reichen, stellt also für das Kleinkind durchaus eine Aufgabe dar. Besonders wenn es müde ist, fühlt es sich oft diesen Anforderungen nicht gewachsen. Viele Eltern gehen deshalb über eine Weigerung des Kindes, einen Fremden zu begrüßen, verständnisvoll hinweg. Andere jedoch reagieren in einem solchen Fall mit erheblicher Verstimmung; sie schelten das Kind und lassen es ihren Unwillen deutlich spüren. Dadurch kommt es in diesem Moment zu einer Störung des Eltern-Kind-Verhältnisses. Das Kind kann noch nicht begreifen, warum es seinem Empfinden zuwider handeln soll. Höflichkeitsformen sind ihm noch unverständlich. Es versteht deshalb auch nicht, warum die Eltern auf seine Weigerung hin verärgert reagieren.

Wenn es später wieder Fremde begrüßen soll, erinnert es sich an das unangenehme Erlebnis. Seine Scheu vor fremden Personen wird nun noch viel größer sein, da diese seinem Empfinden nach damals das unangenehme Erlebnis verschuldeten. Es kann geschehen, daß das Kind sich jetzt schon beim Anblick fremder Leute ängstlich der Mutter oder dem Vater zuwendet. Es will damit verhindern, daß wieder etwas Störendes zwischen sich und die Eltern tritt. Doch häufig reagieren diese darauf mit noch größerer Verärgerung, und das Kind hat wieder ein ihm unangenehmes Erlebnis. Das Fremdeln wird auf diese Weise immer weiter verfestigt, so daß es schließlich mit großer Beständigkeit auftritt. Durch dieses wechselseitige Mißverstehen kann das Kind in seinem gesamten spontanen Kontaktverhalten gestört werden.

Das Mißverständnis zwischen Kind und Eltern

In anderen Fällen kann das Fremdeln aber auch ein Anzeichen für eine allgemeine frühe Kontakthemmung sein. (Siehe auch: Gehemmtheit; Angst.)

Was tun?

Die Achtung vor dem Kind als einem gleichwertigen, wenn auch noch unerfahrenen und hilfsbedürftigen Wesen sollte Eltern und Erzieher bestimmen, viel Geduld und Verständnis aufzubringen, bis das Kind gewünschte Leistungen von sich aus und freiwillig durchführt.

Ein Kind, welches von seinen Eltern und Erziehern geliebt wird und auch seinerseits die Eltern und Erzieher liebt, möchte so werden wie diese. Dies sucht es zu erreichen, indem es das Verhalten der Eltern und Erzieher nachahmt. Es beobachtet, was sie tun, und wird dann, sobald der dazu notwendige Reifestand erreicht ist, von sich aus ebenso handeln.

Nachahmung

Dieser Prozeß kann beschleunigt werden, wenn man jeden Schritt des Kindes auf das gewünschte Ziel hin lobt und anerkennt. Lob und Anerkennung als Bestätigung einer verständnisvollen Zuwendung seitens der Eltern und Erzieher sind die wirksamsten Motive für das Kind, ein gewünschtes Verhalten zu lernen und anzunehmen — vorausgesetzt, daß das Eltern-Kind-Verhältnis ungestört ist.

Lob und Anerkennung

Auch in unserem Fall wird ein Kind, wenn dieser Prozeß nicht gestört wird, mit 3 bis 4 Jahren das Verhalten der Eltern und Erzieher bei der Begrüßung fremder Personen nachahmen und ohne besondere Auffor-

Unterstützung spontaner Handlungen

derung so handeln, wie es das bei den Eltern und Erziehern beobachtet hat. Lob und Anerkennung werden dieses Verhalten zusätzlich motivieren und festigen.

Keine ständigen Aufforderungen und Ermahnungen

Man sollte deshalb davon abgehen, ein Kind ständig aufzufordern, „nur ja schön Guten Tag zu sagen und die Hand zu geben". Wenn es von sich aus so handelt, wird es gelobt. Eine Weigerung aber wird nicht beachtet. Wenn Mutter, Vater oder Erzieher mit dem Kind allein sind, können sie es ganz sachlich darauf hinweisen, daß man ja eigentlich – wie es das bei den Erwachsenen beobachten könne – bei der Begrüßung „Guten Tag" sage und die Hand gebe. Sie können das Kind noch zusätzlich darauf hinweisen, daß es auch so handeln werde, sobald es noch etwas größer sei.

Ebenso unproblematisch kann ein Kind dazu geführt werden, die rechte Hand zu geben. Wenn ein kleines Kind einem Fremden die Hand zur Begrüßung reicht – sei es nun die rechte oder die linke –, sollte man diese Leistung zunächst einmal anerkennen und loben. Von Zeit zu Zeit kann dann ohne jeden Nachdruck und ohne vorwurfsvollen Unterton darauf hingewiesen werden, daß man üblicherweise die rechte Hand gebe. Auf diese Weise wird sich das Kind bald wie gewünscht verhalten, ohne daß deshalb überhaupt ein böses Wort zu fallen braucht und ohne daß eine Verärgerung zwischen Kind und Erzieher auftritt.

Weitere Stichworte:

Angst
Furchtsamkeit
Gehemmtheit

Furchtsamkeit

Der fünfjährige Dieter wird einem Psychologen vorgestellt, weil er wegen großer Furchtsamkeit auffällt. Seine Eltern haben beobachtet, daß er auf dem Spielplatz nie wie die anderen Kinder auf eine Rutsche steigt und auch offensichtlich Furcht vor der Wippe hat. Zu Hause will er niemals allein in einem Zimmer bleiben oder allein zur Toilette gehen. Die Eltern fragen nun, was zu tun sei, damit Dieter „nicht ein Feigling" werde.

Dieter hat also Furcht vor dem Besteigen der Rutsche, vor dem Wippen und vor dem Alleinsein in einem Zimmer. Über eine derartige Furchtsamkeit im Sinne einer „Furcht vor etwas" soll im folgenden gesprochen werden. Die Furchtsamkeit wird hier abgesetzt gegenüber inneren Beunruhigungs- und Angstgefühlen, welche sich zwar zuweilen in einer allgemein furchtsamen Haltung, ebenso jedoch auch in aggressiven Verhaltensweisen zeigen können. (Siehe auch: Angst.)

Furchtsamkeit darf aber auch nicht mit dem berechtigten Sicherheitsbedürfnis eines Kindes verwechselt werden. Das kleine Kind, welches an der Seite der Eltern und Erzieher allmählich in die Welt hineinwächst, ist vielfach noch nicht in der Lage, die Gefährlichkeit einer Situation richtig zu beurteilen. Aus dieser ganz natürlichen Unkenntnis heraus zeigt es dann oft ein Verhalten, welches zuweilen von den Erwachsenen fälschlicherweise als „furchtsam" angesehen wird.

Man wird also unterscheiden müssen zwischen dieser entwicklungsbedingten Scheu eines Kindes vor Neuem und Unbekanntem und einem — auch im Vergleich zu anderen Gleichaltrigen — übertrieben furchtsamen Verhalten älterer Kinder, welches die gesamte Aktionsbereitschaft eines Jungen oder eines Mädchens lähmen kann.

Neben einer derartigen furchtsamen Grundhaltung gibt es nun bei Kindern noch eine übermäßige Furcht vor bestimmten Dingen oder in bestimmten Situationen, beispielsweise: Furcht vor der Dunkelheit, Furcht vor Tieren (besonders häufig Hunden) oder Furcht vor dem Wasser (z. B. an der See oder in der Badeanstalt).

Bedeutung und Ursache:

Furchtsamkeit und Überbesorgtheit der Eltern

Das kleine Kind muß — wie schon gesagt — allmählich ein Risikobewußtsein entwickeln; es muß lernen, bestimmte Handlungen und bestimmte Situationen danach zu beurteilen, ob diese mit Gefahr verbunden sind oder nicht. Bei dieser Entwicklung seines Risikobewußtseins orientiert es sich naturgemäß zunächst an seinen Eltern und Erziehern. Und so ist es ganz verständlich, daß gerade solche Kinder besonders häufig ein furchtsames Verhalten zeigen, deren Eltern selbst furchtsam sind. Wenn Eltern und Erzieher selbst eine starke Überbesorgtheit und Unsicherheit ausstrahlen, wenn sie ständig die Unternehmungen des Kindes unterbrechen und verbieten und in übertriebener Weise auf mögliche Gefahren hinweisen, so muß ein Kind ebenfalls furchtsam und unsicher werden.

„Nesthäkchen"-Erziehung

Auch wenn die Eltern und Erzieher versuchen, ihrem Kind unentbehrlich zu sein, wenn sie die Neigung haben, ihr Kind „möglichst lange Kind sein" zu lassen, und wenn sie aus diesem Grund die Selbständigkeitsentwicklung des Kindes hemmen und seinen Tätigkeits- und Forschungsdrang ständig einschränken, kann das Kind nicht ein realistisches Risikobewußtsein entwickeln. Das Kind muß einfach viele Erfahrungen selbst machen und im praktischen Tun die Gefährlichkeit mancher Handlungen und Situationen selbst erfahren.

Autoritär-einengende Erziehung

Allerdings kann nicht nur eine derartige „Nesthäkchen-Erziehung", wie sie besonders häufig bei Einzelkindern erfolgt, die Erfahrungsmöglichkeiten des Kindes stark einschränken. Die gleichen Folgen hat eine stark autoritär-einengende Erziehung, die das Tun eines Kindes ständig zu regulieren sucht und jedes spontane Handeln durch eine Unzahl von Ge- und Verboten im Keime erstickt. Auch hierdurch wird ein Kind häufig daran gehindert, ein angemessenes Risikobewußtsein zu entwickeln.

Furchtsamkeit und Leichtsinn

Das Fehlen eines gesunden Risikobewußtseins kann sich in zwei Extremen äußern, die wechselweise bei demselben Kind auftreten: Einmal kann es geschehen, daß das Kind — weil es die Gefahr nicht abzuschätzen weiß — übertrieben furchtsam reagiert und nicht den Mut zu altersgemäßen Spielen findet, zum anderen kann es aber auch sein, daß dasselbe Kind sich völlig unbedacht in gefährliche Situationen begibt und gefährliche Handlungen durchführt, eben weil es aus Mangel an Erfahrung die Gefahren nicht erkennt.

Mädchen

Auch Mädchen sind keineswegs „von Natur aus" furchtsamer als Jungen. Aber leider wird eine solche Vorstellung den Mädchen häufig noch vermittelt („Ein Mädchen braucht nicht mutig zu sein!"). Und wenn man einem Kind häufig genug in seinem Beisein eine bestimmte Eigenschaft nachsagt, dann wird dieses Kind dem zumeist bald entsprechen und das erwartete Verhalten zeigen. Außerdem werden Mädchen wesentlich häufiger als Jungen an einem ungehemmten Spiel gehindert; sie werden stärker ans Haus gebunden, und ihnen wird vielfach immer noch eher beigebracht, mit Puppen zu spielen als auf Bäume zu klettern. Gerade von Mädchen wird in viel stärkerem Maße als von Jungen erwartet, daß sie „lieb" und „brav" sind. Wen kann es dann noch wundern, daß derart erzogene Mädchen furchtsamer sind und weniger Unternehmungsgeist zeigen?

Ebenso wie eine überbesorgte, die Erfahrungsmöglichkeiten des Kindes einengende Erziehung, kann eine Überforderung des Kindes übertriebene Furchtsamkeit zur Folge haben. Wenn Eltern und Erzieher z. B. allzugroßen Ehrgeiz darin legen, daß ein Kind „mutig" wird, daß es frühzeitig besondere Leistungen erbringt, wenn sie das Kind zu besonders mutigen und draufgängerischen Handlungen zwingen wollen und zugleich die kleinen Unfälle und Verletzungen bagatellisieren und nicht ernst nehmen (etwa mit so unsinnigen Sätzen wie: „Ein Junge weint nicht!"), dann können die Kinder leicht das Vertrauen zu den Eltern und Erziehern verlieren und gerade deshalb übervorsichtig werden. Auch diese Kinder sind nicht in angemessener Weise auf die Gefahren hingewiesen worden, so daß sie dann aufgrund ihrer schlechten Erfahrungen die Gefährdungen überschätzen und sich häufig zu einem an sich ungefährlichen Tun nicht mehr trauen; gleichzeitig glauben sie angesichts der erlittenen Täuschungen, sich auf die Hinweise ihrer Eltern und Erzieher nicht verlassen zu können.

Überforderungen

Überhaupt entsteht eine Furchtsamkeit nicht selten daraus, daß Kinder die Erfahrung machen mußten, daß man sich auf das, was die Erwachsenen sagen, nicht voll verlassen kann. So beobachten wir zum Beispiel gerade bei jenen Kindern eine große Furcht vor dem Arzt, denen vor der ersten Spritze gesagt wurde: „Das tut gar nicht weh." Die Kinder mußten dann jedoch die Erfahrung machen, daß es doch weh tut. Die Folge ist, daß sie nun bei der nächsten Gelegenheit, bei der man ihnen versichert, irgend etwas tue nicht weh oder sei ganz ungefährlich, dies nicht mehr glauben können, daß sie verunsichert sind und deshalb Furcht haben.

Unglaubwürdigkeit der Eltern und Erzieher

Das Bewußtsein des Kindes, sich völlig sicher auf das verlassen zu können, was die Eltern und Erzieher sagen, ist die entscheidende Grundlage dafür, daß ein Kind keine Furchtsamkeit entwickelt. Dieses Bewußtsein hat ein Kind aber nur, solange es sicher sein kann, daß seine Eltern und Erzieher ihm auch nichts Wichtiges verschweigen. Eine derartige Situation aber würde beispielsweise eintreten, wenn Eltern — im Vertrauen auf den tiefen Schlaf der Kinder — abends einmal fortgehen, ohne den Kindern ausdrücklich gesagt zu haben, daß man sie alleine lassen werde. Sobald ein Kind ein solches Verhalten seiner Eltern bemerkt, wird es möglicherweise sein volles Zutrauen zu ihnen verlieren und wird unsicher und furchtsam werden. Schon ein einmaliges Erleben dieser Art kann bei einem Kind Folgen haben, die nur durch geduldiges Bemühen über lange Zeit wieder behoben werden können.

Eine stark ausgeprägte **Furcht vor bestimmten Dingen oder in bestimmten Situationen,** z. B. eine Furcht vor der **Dunkelheit,** findet sich besonders häufig im Alter zwischen 3 und 5 Jahren. In dieser Zeit entwickelt sich die Vorstellungsfähigkeit, die Phantasie des Kindes, und zugleich ist sein Unterscheidungsvermögen zwischen Dingen, die real möglich sind, und solchen, die nur in seiner Phantasie bestehen, noch relativ gering ausgebildet. Besonders solche Kinder, deren Phantasie durch Gruselgeschichten (dazu gehört auch eine Überbetonung des „bösen Wolfs" im Märchen) oder durch Drohungen mit übernatürlichen Kräften, mit dem „schwarzen Mann", dem „Polizisten, der die bösen Kinder holt", oder dem Teufel übermäßig und unsinnig angeregt wurde, können dann leicht durch in ihnen aufsteigende Vorstellungen verängstigt werden.

Ähnlich kann beispielsweise auch die besondere Furcht eines Kindes vor **Hunden** bedingt sein. In anderen Fällen ist diese wiederum darauf zurückzuführen, daß zum Beispiel einem Kind gesagt wurde, es brauche keinerlei Furcht vor einem Hund zu haben, ohne daß es gleichzeitig darauf hingewiesen wurde, daß ein Hund auch einmal gefährlich werden kann, wenn er verärgert oder erschreckt wird. Schließlich kann in selteneren Fällen eine übermäßige Furcht vor einem Hund auch Ausdruck für tiefliegende innere Beunruhigungs- und Angstzustände sein, welche — häufig aufgrund eines frühkindlichen Erlebnisses — beim Anblick eines Hundes in für den Außenstehenden völlig unverständlicher Form zum Ausdruck kommen.

Was tun?

Realistisches Risikobewußtsein

Eine besonders wichtige Aufgabe des Erziehers ist es, dem Kind schon frühzeitig ein realistisches Risikobewußtsein zu vermitteln. Diese Aufgabe ist deshalb von großer Bedeutung, weil das Kind nur dann ohne Furchtsamkeit und Hemmungen seine Umwelt zu erobern vermag, so daß seine Entwicklung gleichmäßig fortschreitet. Nicht zuletzt ist dieses frühzeitige Erlernen eines Risikobewußtseins auch wichtig im Hinblick auf die Gefahren, die das Kind heute schon frühzeitig im Straßenverkehr erkennen und meistern muß. Sobald das Kind so alt ist, daß es gelegentlich alleine auf die Straße gehen kann, muß es in der Lage sein, Gefahrensituationen zu erkennen.

Eine solche Ausbildung eines realistischen Risikobewußtseins ist nur möglich, wenn dem Kind schon in den ersten Lebensjahren ein genügend großer Freiheitsraum zugestanden wird, in dem es — unter behutsamer Anleitung durch die Eltern — handeln und sich bewegen kann. Einem Kind sind gerade in dieser Zeit großzügige Möglichkeiten zum Ausleben seines Tätigkeitsdranges zu bieten, wobei es dann von den Eltern sachliche, aber keineswegs übertriebene Hinweise auf die Gefährlichkeit eines bestimmten Tuns bekommen sollte. Es muß an die Dinge herangeführt werden, um seine eigenen Erfahrungen in den ersten, zumeist noch recht harmlosen Situationen unter Anleitung der Eltern zu sammeln.

Frühzeitige eigene Erfahrungen

Auf diese Weise wird das Kind dann auch bald die Erfahrung machen, daß tatsächlich eine wirkliche Gefahr droht, sobald die Eltern „Halt" rufen. Es wird merken, daß es äußerst nützlich ist, sich nach den Hinweisen der Eltern zu richten. Es wird dann auch in dieser Beziehung volles Vertrauen zu seinen Eltern gewinnen, wie es das weder zu allzu ängstlichen noch zu allzu ehrgeizig-überfordernden Beziehungspersonen entwickeln kann. Ein solches Kind wird leicht zu führen und zu leiten sein, weil es — aus Erfahrung klug — auf jede Warnung reagiert.

Vertrauen zu den Eltern

Wenn ein Kind schon furchtsam ist, wird zunächst zu überlegen sein, wann und warum es dieses Verhalten angenommen hat. Aufgrund solcher Überlegungen wird man dann versuchen, die Erziehungseinflüsse, denen das Kind ausgesetzt ist, entsprechend auszurichten.

Grundsätzlich ist zu sagen, daß auch die Furchtsamkeit eines Kindes respektiert werden muß und daß alles gute Zureden, alle Vorwürfe und Ermahnungen nichts helfen können. Auch darf man keinesfalls in Anwesenheit des Kindes über seine Furchtsamkeit sprechen — wie man überhaupt nie über ein Kind in seiner Anwesenheit etwas Negatives sagen sollte. Jeder Hinweis auf die Ängstlichkeit bestätigt das Kind nur in seinem Verhalten und verstärkt die Konfliktlage.

Kein Zureden

Am schlimmsten ist es, ein Kind gewaltsam zu etwas zwingen zu wollen — etwa mit der Begründung, es müsse „abgehärtet" werden. Durch ein solches Verhalten können schwere seelische Schädigungen hervorgerufen werden, die das Kind möglicherweise sein ganzes Leben lang belasten.

Kein Zwang

Der bewährteste Weg, ein Kind allmählich an Dinge heranzuführen, vor denen es zurückschreckt, ist, selber diese Handlung durchzuführen und — ohne jeden Kommentar — darauf zu warten, daß die natürliche Neugierde das Kind dazu antreibt, dasselbe nun auch zu versuchen. Wenn man jetzt ohne jedes Drängen Hilfestellung gibt und wenn man zudem jeden kleinen Schritt des Kindes zur Überwindung seiner Furchtsamkeit anerkennt und lobt, dann wird das Kind auf einmal wieder Zutrauen

Als Vorbild handeln

gewinnen und seine Furchtsamkeit verlieren. Natürlich muß der Erzieher bei einem schon sehr furchtsamen Kind viel Geduld aufbringen, doch ist dies der sicherste Weg, die Furchtsamkeit zu überwinden.

Gewöhnung an die Dunkelheit

Sehr viele Kinder im Vorschulalter haben z. B. Furcht vor der Dunkelheit. Keinesfalls dürfen Sie diese als unsinnig abtun oder lächerlich machen, sondern müssen den Kindern zeigen, daß Sie Verständnis dafür haben. So ist es ohne weiteres möglich, im Zimmer des Kindes nachts eine kleine Lampe brennen zu lassen oder die Tür einen Spalt zu öffnen. Darüber hinaus können Sie einem Kind die Furcht vor der Dunkelheit allmählich nehmen, indem Sie Hand in Hand mit ihm ganz vorsichtig gemeinsam in das dunkle Zimmer gehen, indem Sie allmählich kleine Spiele im Dunkeln erfinden, um schließlich gemeinsam festzustellen, daß „Verstecken-Spielen" im Dunkeln ganz besonders schön ist. Auf diese Weise gelingt sicherlich die Überwindung der Furcht des Kindes, wenn Sie nur behutsam genug vorgehen und das Kind niemals zwingen oder auch nur drängen.

Zum Nachahmen anreizen

Genauso ist es unsinnig, ein Kind gewaltsam an ein Tier heranzuführen oder ins Wasser zu ziehen. Lassen Sie dem Kind genug Zeit, in der es sieht, wie Sie selbst völlig ungefährdet den Hund streicheln oder im Wasser baden und planschen. Falls es Ihnen wirklich gelingt, alles Zureden zu unterlassen, wird das Kind sich allmählich – zuerst zaghaft, schließlich aber immer entschlossener – nähern, Ihr Verhalten nachahmen und am Ende mit Begeisterung mitmachen.

Nur in wenigen Fällen wird es auch bei einem derartigen Erzieherverhalten nicht gelingen, die Furchtsamkeit eines Kindes zu überwinden. Dann sollten Sie auf jeden Fall eine Erziehungsberatungsstelle, einen Psychologen oder Psychotherapeuten aufsuchen, damit festgestellt wird, welche zumeist dann tiefer liegenden psychischen Störungen dem Verhalten des Kindes zugrunde liegen.

Literatur:

18., 22., 44., 55., 61., 96., 101., 110., 151., 152., 171., 177., 187., 270.

Weitere Stichworte:

Angst
Gehemmtheit

Gehemmtheit

Klaus ist ein Einzelgänger. Seit einem Jahr geht er in die Schule. Aber er spielt nie mit seinen Mitschülern, und auf dem Schulhof steht er meist allein herum. Wenn die Eltern Besuch haben, den er begrüßen soll, errötet er und schaut verlegen zur Seite; er bringt kaum ein Wort heraus oder spricht höchstens ganz leise und etwas stotternd; sobald er nur darf, geht er wieder auf sein Zimmer.

Michaels Eltern klagen darüber, daß ihr Junge nie etwas von sich aus unternehme. Ja, er sei nicht einmal in der Lage, Wünsche zu äußern und scheue sich, Geschenke anzunehmen. Wenn er etwas Geld bekomme, wisse er nichts damit anzufangen. Auch könne der Junge nicht spielen, sondern stehe nur immer untätig herum. Er traue sich einfach nichts zu, und seine Schulleistungen seien von Jahr zu Jahr schlechter geworden.

Über Gehemmtheit wird in sehr vielen Kapiteln dieses Buches gesprochen. Denn die Hemmungen eines Kindes können in den verschiedensten Verhaltensauffälligkeiten zum Ausdruck kommen, so z. B. im Stottern, im Tagträumen oder in der Faulheit, aber auch in Aggressivität und Ungehorsam.

Hier werden allgemein die verschiedenen möglichen Ursachen der Gehemmtheit, Schüchternheit und Verlegenheit erörtert. Die Eltern und Erzieher werden aber zumeist auch noch andere Verhaltensauffälligkeiten bei einem gehemmten Kind beobachten. Und die Zusammenschau des hier wie dort Gesagten wird es dann möglich machen, den Hintergrund für das Verhalten des Kindes besser zu verstehen und wirksam zu helfen.

Bedeutung und Ursache:

Es darf nicht leicht genommen werden, wenn ein Kind derart gehemmt ist wie Klaus oder Michael. Denn diese Hemmungen legen sich lähmend auf sämtliche Leistungen. Ein gehemmtes, schüchternes oder leicht verlegenes Kind hat zumeist Schwierigkeiten im Kontakt mit Gleichaltrigen und beteiligt sich in der Schule vielfach kaum am Unterricht. Die durch seine Gehemmtheit bedingten Mißerfolgserlebnisse machen es immer mutloser. So ergibt sich ein Teufelskreis, der oft den Leistungswillen und das Leistungsvermögen des Kindes auf allen Gebieten beeinträchtigt.

Natürlich gibt es auch Kinder, die keineswegs ständig gehemmt sind. Vielmehr können zuweilen Phasen der Hemmung sogar mit Phasen starker Aggression wechseln. Doch stets strahlt das Erleben der Unzulänglichkeit, welches die Kinder in ihrer Gehemmtheit empfinden, sowie ihr mangelndes Selbstvertrauen auch auf andere Gebiete aus. Die Eltern und Erzieher sollten sich deshalb überlegen, wie sie den Kindern zur Überwindung ihrer Hemmungen helfen können.

Entwicklung des Antriebs- und Durchsetzungs- vermögens

Die Art und Weise, in der die Eltern oder Erzieher mit dem Säugling umgehen, prägt wesentlich das spätere Verhalten des Kindes. Für den Säugling ist es von großer Bedeutung, ob sich auf sein Schreien und Weinen hin seine Eltern sofort ihm zuwenden oder ob sie lange Zeit nicht darauf reagieren. Für sein Vertrauen in die Welt ist es von Bedeutung, ob sein Empfinden des Unwohlseins, dem er ja nur im Schreien Ausdruck geben kann, von den Eltern rasch behoben wird und ob er ausreichend versorgt ist, ob er z. B. immer so viel zu trinken bekommt, daß sein Hunger wirklich gestillt ist. Hier wird er zum ersten Male die Erfahrung machen, ob sein eigenes Tun, sein Weinen und Schreien Erfolg hat oder ob es erfolglos ist. Je nachdem, wie sich die Erzieher verhalten, lernt das Kind, wie weit es sich überhaupt lohnt, Aktivität zu entwickeln.

Schon zu diesem Zeitpunkt wird ein Grundstein dafür gelegt, inwieweit ein Kind im späteren Leben etwas für sich zu fordern oder zu wünschen vermag. Natürlich bleiben diese ersten Erlebnisse für das Kind nicht allein entscheidend. Sie können in seinem weiteren Leben verstärkt oder abgeschwächt werden. Verstärkt werden sie beispielsweise, wenn die natürlichen Wünsche eines Kindes nach persönlichem Besitz nicht befriedigt werden, wenn es zum Beispiel kein eigenes Spielzeug hat, wenn es — von allgemeinen Zeiten der Not abgesehen — immer nur die alten Sachen seiner Geschwister auftragen muß oder kein Taschengeld zu seiner freien Verfügung bekommt.

Sollten die ersten negativen Erlebnisse eines Kindes später derart bestätigt und verstärkt werden, dann wird es keine Aktivität von sich aus entfalten, es wird später keine Wünsche äußern können und keinen ausreichenden Selbstbehauptungswillen entwickeln.

Entwicklung des Gefühls- lebens

Aber nicht nur das Ausmaß des Kontaktes der Eltern zu dem Säugling ist für die Entwicklung des Kindes von Bedeutung, sondern auch die Art und Weise, wie diese Kontakte erfolgen. Eine noch so saubere, sorgfältige und hygienische Behandlung des Säuglings ist für die Entwicklung des Kindes unzureichend. Entscheidend ist, daß die Zärtlichkeitsbedürfnisse des Kindes befriedigt werden, daß es die liebevollen Hände seiner Eltern spürt, daß es einen ausreichenden körperlichen Kontakt vor allem auch zu seiner Mutter hat. (Die Forderung nach einem etwa fünfstündigen engen Kontakt zur Mutter im ersten Lebensjahr erscheint zwar sehr hoch, betont aber mit Recht die Bedeutung, die diese Phasen der engen Verbindung zu den Eltern für ein Kind haben.)

Wird dem Kind dieses Zärtlichkeitserleben von seinen Erziehern nicht gegeben, so kann sich sein Gefühlsleben nicht voll entfalten.

Auch hier wird das im ersten Jahr im Keim Angelegte durch das spätere Verhalten der Eltern und Erzieher entweder verstärkt oder abgeschwächt. Verkümmern wird das Gefühlsleben des Kindes, wenn die Eltern den Kontakt zu ihm rein sachlich gestalten, wenn das kindliche Zärtlichkeitsbedürfnis nicht befriedigt wird (wenn die Erzieher z. B. ständig sagen: „Jungen schmusen nicht!" oder „Jungen weinen nicht!"). Aufgrund eines solchen Erziehungsverhaltens entwickeln sich dann gefühlskalt erscheinende, gefühlsgehemmte Kinder, die später über das Gefühl kaum anzusprechen und deshalb schwer zu beeinflussen sind und die Kontaktschwierigkeiten sowohl zu Gleichaltrigen als auch zu Erwachsenen haben.

Schließlich ist aber nicht nur wesentlich, ob überhaupt ein gefühlsbetonter Kontakt von den Erziehern zum Kinde hergestellt wird, sondern auch, ob dieser positiv getönt ist. Die Einstellung des Kindes gegenüber dem Leben wird entscheidend dadurch bestimmt, ob die Erzieher sich ihm freudig, lebensbejahend und aktiv-glücklich zuwenden oder ob sie ihm Zärtlichkeit nur aus einer depressiv resignierenden und verzweifelnden Stimmung heraus gewähren.

Entwicklung von Lebensfreude, Spontaneität und Aktivität

In der psychotherapeutischen Praxis begegnen uns immer wieder Kinder, deren gehemmtes, lustlos inaktives Verhalten darauf zurückgeführt werden muß, daß sie besonders in den ersten Lebensjahren eine stark unglücklich getönte Zuwendung erfahren haben. Immer wieder hören wir, daß beispielsweise die Mutter eines solchen Kindes in dieser Zeit tief unglücklich über ihre Lebenssituation war und daß sie in ihrem Kind den einzigen Partner sah, dem gegenüber sie ihren Kummer äußern konnte und der ihr Trost gab. Das Kind aber nimmt gerade in den ersten Lebensjahren die Gefühlslage dessen, der es versorgt und der sich ihm zärtlich zuwendet, stark in sich auf. Und diese Gefühlslage wird dann später, besonders wenn in den folgenden Jahren nicht ein völliger Umschwung stattfindet, das Tun und Handeln des Kindes bestimmen.

Jedes gesunde Kind nimmt ein natürliches, aktives Interesse an den Dingen seiner Umgebung. Es hat den Drang, jedes Ding zu betasten, in die Hand zu nehmen, damit umzugehen und es zu erproben. Wie die Eltern dieses natürliche Interesse des Kindes, diese natürliche Aktivität fördern und lenken bzw. hemmen und behindern, bestimmt ganz wesentlich die Art, in der das Kind später an Aufgaben herangeht. Hier entscheidet sich, mit welchem Maß an Aktivität es sich später der Welt zuwendet und ob es die Forderungen, die dann gestellt werden, bejahen und annehmen oder ihnen aus dem Wege gehen wird.

Entwicklung von Aktivität und Leistungsfreude

Wenn die Handlungs- und Spielimpulse eines Kindes schon frühzeitig auf allzu enge Schranken treffen, wenn es nichts anfassen und untersuchen darf, wenn sein Bewegungsdrang allzu stark eingeengt wird, wenn es sich niemals schmutzig machen oder niemals etwas kaputtmachen darf, dann wird es meist bald die Freude an einer aktiven, zupackenden Einstellung verlieren und lustlos und gehemmt werden.

Überängstliche Erziehung

Derartige Einengungen und Behinderungen erfahren beispielsweise Kinder, deren Erzieher aus übertriebener Sorge bei allen Aktionen des Kindes ständig dazwischenfahren und jeden seiner Handlungsversuche sofort unterbinden, der ihnen in ihrer Überängstlichkeit gefährlich erscheint. Übertriebene Furcht der Eltern vor Unfällen und Krankheiten können ein Kind in sehr starkem Maße verunsichern und in der Folge einengen. Wenn eine Mutter oder ein Vater schon unruhig werden, sobald ein Kleinkind sich mehrere Schritte von ihnen entfernt, dann kann dieses Kind kein Selbstvertrauen und keine Selbständigkeit entwickeln; es wird gegenüber späteren Anforderungen gehemmt, schen Leistungen zu sehr in den Vordergrund gerückt.

Autoritäre Erziehung

Derartige Einengungen und Behinderungen erfahren häufig aber auch solche Kinder, deren Aktivität aufgrund eines autoritären Erziehungsstiles ihrer Erzieher ständig durch zu viele und dazu noch unkindgemäße Ge- und Verbote eingeschränkt wird und die ständig mit möglichen Strafen bedroht und eingeschüchtert werden. Vielfach ist für solche Eltern eine ordentliche, stets aufgeräumte Wohnung und ihre eigene Ruhe und Ungestörtheit wichtiger als ein Eingehen auf die kindgemäßen Bedürfnisse ihrer Tochter oder ihres Sohnes. Sie freuen sich dann möglicherweise, wenn ihr Kind schließlich „ruhig" und „brav" ist, übersehen jedoch, daß diese Bravheit nur Ausdruck einer starken Hemmung ist, die dem Kind eine angemessene Bewältigung künftiger Aufgaben unmöglich machen wird.

„Nesthäkchen"-Erziehung

Neben diesen beiden Erziehungsstilen gibt es noch andere Erziehungsformen, die die natürliche Aktivität des Kindes behindern und eine spätere Gehemmtheit verursachen. Dazu gehört zum Beispiel eine „Nesthäkchen-Erziehung", die das Kind möglichst lange klein halten will und damit seine Selbständigkeitsentwicklung hemmt. Solche Erzieher neigen dazu, dem Kind ständig alle Aufgaben abzunehmen. Seine Handlungsversuche unterbrechen sie immer wieder etwa mit den Worten: „Laß das, dazu bist du noch viel zu klein, das kannst du noch nicht!" Sobald dieses Kind — spätestens beim Schuleintritt — allein Anforderungen gegenübersteht, die eine gewisse Selbständigkeit verlangen, wird es große Schwierigkeiten haben. Jetzt wird es auf einmal ganz anders behandelt als zu Hause. Es werden viel höhere Anforderungen gestellt, die das Kind vielfach — mangels Übung — nicht bewältigen kann, so daß es zu Mißerfolgserlebnissen kommen muß. Wiederholt sich das, dann wird dieses Kind bald in ängstlicher Erwartung weiterer Mißerfolge leben und sich immer stärker zurückziehen in ein gehemmtes, schüchternes Verhalten.

Um die Gehemmtheit eines solchen Kindes zu verstehen, muß man sich klarmachen, daß im Verlauf der Entwicklung sein natürliches, interessiertes, aktives „Herangehen" an die Dinge und Menschen seiner Umwelt behindert und gestört wurde. Durch die ständige Eindämmung seiner Aktivität verlor es die Lust und den Mut, Probleme und Aufgaben freudig anzupacken und spontan und unbefangen Kontakt zu andern aufzunehmen.

Lust und Mut zu einer aktiven Bewältigung seiner Aufgaben kann ein Kind auch verlieren, wenn es ständig überfordert wird und deshalb notwendigerweise wiederholt Mißerfolgserlebnisse hat. Zu derartigen Überforderungen neigen besonders solche Erzieher, die einen starken persönlichen Ehrgeiz darein legen, daß ihre Kinder überragende Leistungen erbringen. Diese erhöhten Leistungsforderungen können vielfältiger Art sein. Sie können beginnen mit einer allzufrühen und strengen Reinlichkeitserziehung, sich beispielsweise dahingehend fortsetzen, daß das Kind ständig bereit sein soll, abzugeben, zu teilen und zu schenken. Im weiteren Verlauf werden dann immer wieder die schulischen Leistungen zu sehr in den Vordergrund gerückt.

Überfordernde Erziehung

Oft kann man bei derartigen Erziehern ein Verhalten beobachten, das in besonderem Maße dazu angetan ist, Hemmungen im Kind hervorzurufen. Solche Erzieher sind nie zufrieden mit den Leistungen ihrer Kinder, sie kritisieren und nörgeln ständig an ihnen herum und loben fast nie, so daß diese nur selten ein Erfolgserlebnis haben. Aber nur über das Erleben von Erfolgen, von Lob und Anerkennung kann die Lust am Tun wirklich geweckt und wachgehalten werden.

Entmutigende Erziehung

Ständige Kritik löst beim Kinde Selbstunsicherheit und Ängstlichkeit aus. Ein Kind braucht immer wieder die Anerkennung der Erwachsenen für sein Tun und auch für seine Versuche, etwas zu tun. Wenn das Kind aber immer wieder kritisiert wird, wenn die Eltern fast nie mit dem, was es tut, zufrieden sind, dann wird es bald bei all seinen Handlungen ängstlich neue Kritik und neue Vorwürfe erwarten. Eine solche Behandlung erfahren häufig beispielsweise solche Kinder, die bei ihren Eltern und Erziehern nicht so beliebt sind wie die anderen Geschwister bzw. Kinder, die vielleicht deshalb benachteiligt werden, weil sie „nur" ein Junge bzw. „nur" ein Mädchen sind.

Echte Erfolgserlebnisse bleiben auch solchen Kindern versagt, denen ständig die außergewöhnlichen Leistungen des Vaters oder der Mutter vor Augen gestellt werden. In ihnen erwächst dann nämlich das Gefühl, daß sie selbst beim besten Willen nicht in der Lage sein werden, an dieses übermächtige Vorbild je heranzukommen, daß es also gar keinen Zweck hat, Anstrengungen in dieser Richtung zu unternehmen. Häufig wirkt sich auch eine starke Vitalität der Mutter oder des Vaters so aus, daß das Kind neben diesen erdrückenden Vorbildern nicht den

Lebensraum findet, in dem es seine eigenen Aktivitätsimpulse entwickeln kann.

Angst

Schließlich können innere Beunruhigungs- und Angstgefühle sich lähmend auf die gesamte Lebenseinstellung des Kindes legen und ihm jede Lust und jeden Mut zu einem aktiven Tun nehmen, so daß sein gesamtes Verhalten und seine Entwicklung gehemmt werden. (Siehe auch: Angst.)

Was tun?

Wie bei eigentlich jedem verhaltensgestörten Kind hilft auch bei einem gehemmten und schüchternen Kind reines Zureden und Ermahnen überhaupt nicht. Vorhaltungen und Vorwürfe machen die ganze Sache nur schlimmer. Jedes Herausstellen, jedes Reden über seine Hemmungen wirkt wie ein erneutes Mißerfolgserlebnis und verstärkt diese nur. Eltern und Erzieher müssen sich vielmehr bemühen, soweit wie möglich die Ursache für das gehemmte Verhalten des Kindes zu finden und zu beseitigen, um dann das Selbstvertrauen des Kindes aufzubauen und zu stärken.

Eigene
Erfahrungen
ermöglichen

Erzieher, die selbst überängstlich sind, müssen sich klarmachen, daß es nicht möglich ist, alle Gefahren von dem Kind fernzuhalten. Man sollte das Kind auf wirkliche Gefahren aufmerksam machen. Man muß ihm aber auch die Möglichkeit geben, schlechte Erfahrungen selbst zu machen. Die Gefahr, das Kind zu hemmen und in einer gesunden Entwicklung zu stören, ist bei einer überängstlichen Erziehung viel größer als die Chance, es vor einem Unfall zu bewahren. Und kleine Verletzungen und Schrammen schaden dem Kind sicher nicht.

Selbständig-
keit fördern

Viel wichtiger ist, daß das Kind eine altersgemäße Selbständigkeit entwickelt. Dazu gehört auch, daß das Kind Besitz haben darf, daß es beispielsweise über ein regelmäßiges Taschengeld wirklich frei verfügen kann. (Siehe auch: Unselbständigkeit.)

Liebevolle
und lebens-
bejahende
Zuwendung

Zudem ist es für die gesunde Entwicklung des Kindes wesentlich, daß es eine ausreichende liebevolle und zärtliche Zuwendung erfährt, daß diese Zuwendung ihm aber zugleich eine aktive, glückliche und lebensbejahende Einstellung vermittelt. Eltern und Erzieher sollten sich bei jedem Zusammensein mit dem Säugling und dem Kleinkind klarmachen, wie sehr sich eine depressive, resignierende und unglückliche Stimmung auf das Kind übertragen und wie ein Schatten über sein Leben legen kann.

Es ist wesentlich, die Einengungen und Beschränkungen, die dem kindlichen Betätigungsdrang auferlegt werden, so gering wie möglich zu halten. Selbstverständlich müssen dem kindlichen Tun auch Grenzen gezogen werden. Das Kind muß erfahren und lernen, wo es an die berechtigten Interessen anderer stößt. Innerhalb dieser möglichst weit gezogenen Grenzen muß es sich aber frei bewegen dürfen, damit sein natürliches, interessiertes und aktives „Herangehen" an die Dinge und Personen seiner Umwelt nicht behindert und gestört wird. Trotz der unvermeidlichen Einschränkungen kann dies gelingen, wenn die Eltern eine interessierte Anteilnahme an allem zeigen, was das Kind tut, erfährt und lernt.

Ein ständiges Herumkritteln an den Leistungen des Kindes ist unter allen Umständen zu unterlassen. Gerade das gehemmte Kind muß unter geduldiger Hilfestellung zu den Leistungen geführt werden, die ihm möglich sind. Jede Einschüchterung durch Androhen von Strafen ist gerade bei einem solchen Kind zu unterlassen. Eltern und Erzieher müssen auch den eigenen Ehrgeiz zurückstellen und Überforderungen des Kindes vermeiden.

Bemühen Sie sich, dem Kind ein gesundes Selbstvertrauen zu vermitteln. Das Kind muß ermutigt werden. Jede positive Leistung, ja auch der kleinste Schritt auf eine positive Leistung hin muß anerkannt und gelobt werden, damit das Kind selbst die Erfahrung macht, daß es etwas kann, und damit es durch den Erfolg allmählich lernt, seine Fähigkeiten richtig einzuschätzen.

Auch bei stark gehemmten Kindern ist es fast immer noch möglich, irgendeinen Bereich zu finden, in dem es besonders befähigt ist und in dem es am ehesten gute Leistungen erbringt. Das Kind muß dann gerade dort besonders gefördert werden, damit es zunächst wenigstens auf einer Ebene möglichst schnell zu Erfolgserlebnissen kommt. Es wird dann auf einmal merken, daß es ja grundsätzlich doch etwas zu leisten vermag. Es wird dann beginnen, etwas Selbstvertrauen zu entwickeln und, gestärkt durch dieses erste Selbstvertrauen, sich an Aufgaben herantrauen, vor denen es zuvor stets zurückscheute.

Wenn die Leistungen eines Kindes z. B. in der Schule besonders stark gestört sind, sollte man eine vielleicht auf praktisch handwerklichem Gebiet oder im Sport deutlich werdende Fähigkeit fördern und anerkennen. Wie zuvor der ständige Mißerfolg in der Schule auch allgemein mutlos machte, so wird jetzt der Erfolg und die Anerkennung, die das Kind bei handwerklichen Tätigkeiten oder im Sport erfährt, allmählich auch den Erfolg in der Schule nach sich ziehen. Mit dem zunächst in Teilbereichen gewonnenen und schließlich auf andere Ebenen ausstrahlenden Selbstvertrauen kann nach und nach auch die Unsicherheit, Ängstlichkeit und Gehemmtheit verschwinden.

Natürlich glückt diese Entwicklung nicht von heute auf morgen. Die Gehemmtheit hat sich ja auch im Laufe vieler Jahre eingestellt. Häufig wird es wohl auch notwendig sein, sich noch durch Erziehungsberatungsstellen oder frei praktizierende Psychologen bzw. Psychotherapeuten beraten zu lassen. Dies gilt insbesondere auch dann, wenn Sie den Eindruck gewinnen, daß möglicherweise tiefe innere Beunruhigungs- und Angstgefühle das gehemmte Verhalten Ihres Kindes bedingen.

Literatur:

4., 18., 54., 55., 70., 94., 96., 98., 114., 123., 147., 155., 171., 214., 237., 270.

Weitere Stichworte:

Angst	Aggressivität
Fremdeln	Eifersucht
Furchtsamkeit	Faulheit — Mangelnde Anstrengungsbereitschaft
	Stottern
	Tagträumen
	Trotz — Ungehorsam

Haarausreißen

Das Haarausreißen oder Haarezupfen ist eine auf den Außenstehenden äußerst befremdlich wirkende Verhaltensauffälligkeit. Das Kind — zuweilen aber auch der Jugendliche oder der Erwachsene — rupft sich seine Haare einzeln aus, bis es in manchen Fällen völlig glatzköpfig ist. Es kann meist selbst nicht angeben, warum es das tut, erklärt aber je nach seinem Alter mehr oder weniger differenziert, daß mit dem Haarezupfen ein angenehmes Erlebnis verbunden sei.

Bedeutung und Ursache:

Das Haarausreißen oder Haarezupfen ist bis auf wenige Ausnahmen, in denen eine hirnorganische Schädigung vorliegt, seelisch bedingt. Die psychische Situation allerdings, die diesem Verhalten zugrunde liegt, ist für den Laien außerordentlich schwer nachzuempfinden.

Allerdings kann man sich vorstellen, daß ein Mensch in einem Zustand höchster Wut und Erregung einem anderen, gegen den sich diese Wut richtet, an seinen Haaren reißt. In der Untersuchung und Behandlung von Kindern, die sich selbst die Haare ausreißen, wurde nun festgestellt, daß diese Kinder ebenfalls eine starke innere Erregung, eine Wut- und Aggressionsbereitschaft in sich tragen. Allerdings zeigen sich diese Kinder nach außen hin zumeist ruhig; sie wirken vielfach schüchtern und gehemmt. Zumeist haben sie eine harte und unduldsame Erziehung erfahren, die nicht nur diese Wutimpulse in ihnen weckte, sondern ihnen auch zugleich ein Abreagieren ihrer Aggressionsbedürfnisse verwehrte.
(Randbemerkung: Gestaute Aggressionsbereitschaft)

Neben dieser inneren, aggressiv getönten Erregung beobachten wir bei solchen Kindern zugleich ein starkes Zärtlichkeits- und Liebebedürfnis, welches viel zuwenig befriedigt wurde. Vielfach haben diese Kinder im Säuglingsalter jeden Zärtlichkeitsbeweis, jedes liebevolle Streicheln und Auf-dem-Arm-gehalten-Werden entbehren müssen und auch in der Folgezeit kaum Liebesbeweise erleben dürfen.
(Randbemerkung: Unbefriedigte Zärtlichkeitsbedürfnisse)

Aufgrund dieses Mangels an körperlichem Kontakt haben diese Kinder kein Gefühl für die Körperlichkeit entwickelt. Es ist fast so, als wollte ein Kind, das sich die Haare ausreißt, sich selber auf diese Weise seine eigene Existenz beweisen, indem es an sich selbst die Wut- und Aggressionsimpulse abreagiert, die es nach außen hin nicht zeigen darf.

Was tun?

In den meisten Fällen ist das Haarausreißen nicht die einzige Verhaltensauffälligkeit, die ein Kind zeigt, so daß sich auch von dort aus Hinweise ergeben, wie ihm zu helfen ist.

Aggression abreagieren lassen

Im übrigen ist aus dem oben Gesagten abzuleiten, daß das Kind zunächst einmal angeleitet werden muß, seine Wut- und Aggressionsimpulse nach außen abzureagieren. Es muß ihm ein größerer Freiheitsraum geboten werden. Doch ist seine Gestörtheit zumeist so stark, daß es gar nicht mehr in der Lage ist, die erweiterten Möglichkeiten aufzugreifen. Deshalb muß es vielfach direkt dazu angehalten werden, seine Aggressionsbedürfnisse auszuleben und die Freiheit, die ihm gewährt wird, auszunutzen.

Zärtlichkeit und Liebe

Gleichzeitig muß das Kind die vermißte Zärtlichkeit und Liebe erfahren. Dabei ist zu berücksichtigen, daß es fast immer auf diesem Gebiet einen großen Nachholbedarf hat. Es bedarf also einer viel größeren Zuwendung als üblicherweise ein Kind seines Alters. Man wird sich ihm eine Zeitlang liebevoll zuwenden müssen wie einem Kleinkind, damit es auf der Grundlage dieser verstärkten Zuwendung allmählich eine altersgemäße Selbständigkeit entwickeln kann.

Literatur:

55., 114., 155.

Weitere Stichworte:

Aggressivität
Gehemmtheit

Furchtsamkeit
Nägelkauen
Unselbständigkeit

Konzentrationsmangel

Wieder bringt Petra im Diktat eine „5" nach Hause, obwohl so sehr mit ihr geübt worden ist! Außerdem hatte sie fest vorgehabt, sich diesmal wirklich „zusammenzunehmen". Dabei war das Diktat nicht einmal schwer. Im Gegenteil: Alle Worte waren ihr bekannt. Im Grunde sind es nur Flüchtigkeitsfehler, die sie auf einen Hinweis hin selbständig verbessern kann. Petra ist niedergeschlagen und versteht sich selbst nicht. Ihre Lehrerin aber sagt: „Petra ist nicht bei der Sache. Sie guckt sich um, schaut aus dem Fenster, rutscht auf ihrem Sitz hin und her und bleibt nicht bei ihrer Arbeit. Sie ist unkonzentriert."

Im Ton des Vorwurfs befragen ihre Eltern später Petra: „Warum konzentrierst du dich nicht besser? Warum bist du nicht auch so bei der Sache wie die anderen Kinder?" — Auf keine dieser Fragen kann das Kind eine Antwort geben. Versuchen wir, Erklärungen dafür zu finden, warum Petra und viele andere Kinder so unkonzentriert sind.

Um sich zu konzentrieren, muß das Kind sein Erlebnisfeld so weit einengen, daß es nur bestimmte Teilbereiche daraus wahrnimmt; es muß sich willentlich auf bestimmte Sachverhalte oder Aufgabenstellungen ausrichten und einige Zeit dabei bleiben. Dies können konzentrationsgestörte Kinder nicht. Sie wirken unstet, vermögen sich einer Aufgabe nicht ungeteilt zu widmen und lassen sich leicht ablenken; sie arbeiten oberflächlich, ungenau und flüchtig.

Bedeutung und Ursache:

Die Fähigkeit zur Konzentration entwickelt sich erst allmählich im Kleinkindalter, bis sie etwa zum Zeitpunkt der Einschulung so weit ausgeprägt ist, daß sich ein Kind willentlich auf gestellte Aufgaben auszurichten und dieselben eine gewisse Zeitspanne mit ungeteilter Aufmerksamkeit zu verfolgen vermag. Das Vorschulkind lernt allmählich, über längere Zeitspannen äußere Reize unbeachtet zu lassen, um bewußt nur noch bestimmte Sachverhalte aufzunehmen, die für eine Problemstellung wichtig sind. Es muß dabei die Fähigkeit entwickeln, sich nicht immer nur dem intensivsten Reiz zuzuwenden, sondern eine bewußte Auswahl zu treffen, die der jeweiligen Zielsetzung dient.

Diese allmähliche Entwicklung der Konzentrationsfähigkeit kann durch die Umwelt gefördert, sie kann aber auch gestört und verzögert werden. Eine Verzögerung tritt beispielsweise bei Kindern ein, die zuwenig Gelegenheiten haben, ihre Konzentrationsfähigkeit zu üben. Dies kann

Nicht-Üben der Konzentrationsfähigkeit

geschehen, wenn ein Kind nicht genug interesseweckendes Spielzeug erhält, wenn es darüber hinaus keine ausreichenden Anregungen erfährt und wenn ihm keine Aufgaben gestellt werden, die diesen Prozeß der Ausrichtung auf eine bestimmte Zielsetzung fördern.

**Entwicklungs-
verzögerung**

In der Regel werden allerdings derartige ungünstige Einflüsse nicht nur die Entwicklung der Konzentrationsfähigkeit beeinträchtigen, sondern gleichzeitig eine allgemeine Unreife bewirken. Dementsprechend findet sich bei allen Kindern, deren allgemeine Entwicklung verzögert ist, auch eine nicht altersentsprechende Konzentrationsfähigkeit. Derartige Kinder sind dann vielfach auch in einem Alter von sechs Jahren noch so stark ablenkbar und so stark durch alle Außenreize zu beeindrucken, daß ihnen eine willentliche Einengung des Bewußtseins auf eine Aufgabe nicht hinreichend lange gelingt und sie damit den Anforderungen, die die Schule üblicherweise an sie stellt, nicht gewachsen sind. (Siehe auch: Unreife.)

**Störung des
Spiel- und
Arbeits-
verhaltens**

Die Entwicklung der Konzentrationsfähigkeit kann aber nicht nur durch ein hemmendes und passivierendes Erzieherverhalten verzögert, sondern auch noch durch andere Umwelteinflüsse gestört werden. Manche Eltern und Erzieher neigen beispielsweise dazu, das Spiel bzw. die Arbeit eines Kindes ständig zu unterbrechen. Sie können nicht geduldig warten, wenn das Kind selbständig Lösungswege sucht und erprobt. Vielmehr greifen sie immer ein, glauben ständig korrigieren zu müssen und überschütten das Kind mit gutgemeinten Ratschlägen. Andere unterbrechen ständig den Spiel- oder Arbeitsablauf des Kindes, indem sie immer wieder neue Anordnungen geben oder die Erfüllung kleiner Aufträge erwarten. In beiden Fällen wird das Kind immer erneut aus seiner Ausrichtung auf eine Aufgabenstellung herausgerissen und daran gehindert, eine Sache intensiv zu verfolgen. Durch ein derartiges Erzieherverhalten wird nicht nur oft die Entwicklung der Konzentrationsfähigkeit beim Kleinkind gestört; auf dieselbe Art wird häufig auch noch das Schulkind daran gehindert, konzentriert und planvoll zu arbeiten.

**Überfor-
derungen**

Zuweilen ist zu beobachten, daß der Konzentrationsmangel dadurch bedingt ist, daß zu hohe Anforderungen an das Kind gestellt werden. Derartige Überforderungen entstehen beispielsweise leicht auf der Grundlage körperlicher Erkrankungen. Sie sind aber auch nicht selten, wenn das Kind bei der Hausarbeit oder beispielsweise im elterlichen Geschäft allzu stark zur Mitarbeit herangezogen wird, so daß es dann nicht mehr über zureichende Energien verfügt, um in der Schule noch die notwendige Spannung aufzubringen, die ein konzentriertes Arbeiten verlangt. Ebenso kann es sein, daß ein Kind durch die Anforderungen, die die Schule stellt, überfordert ist (beispielsweise bei einer zu frühen Einschulung oder einem verfrühten Übergang zu einer weiterführenden Schule).

Die Voraussetzung für ein konzentriertes Arbeiten ist eine innere Aus- **Innere Beun-**
geglichenheit des Kindes. Alles, was das Kind beunruhigt und allzu **ruhigungen**
stark beschäftigt, stört und verhindert die willentliche Ausrichtung auf
eine Aufgabenstellung. Das Erleben eines Kindes ist nämlich wesentlich unmittelbarer gefühlsbestimmt als das des Erwachsenen; es fällt
ihm deshalb auch noch schwerer, beunruhigende Gefühle willentlich
auszuschalten und sich nicht dadurch ablenken zu lassen.

Ein Kind kann beispielsweise deshalb sehr stark innerlich beunruhigt **Das Gefühl**
und damit abgelenkt sein, weil es sich von seinen Eltern und Erziehern **des Nicht-**
nicht angenommen fühlt. Möglicherweise wünschten sich die Eltern **Angenommen-**
ursprünglich eine Tochter und lassen das nun unbewußt ihren Sohn **seins**
fühlen; oder das Kind hat im Aussehen oder in seinem Leistungsverhalten nicht ihre hochgesteckten Erwartungen erfüllt und empfindet nun
mehr oder weniger deutlich die Enttäuschung seiner Eltern. Bei Heim-
kindern findet sich diese Problematik besonders häufig. Oft stehen sie
noch so sehr unter dem Erleben der Ablehnung durch die Eltern, daß
sie dazu neigen, auch in ein freundliches und verständnisvolles Verhalten ihrer Erzieher Anzeichen der Ablehnung hineinzudeuten. (Siehe
auch: Angst.)

In anderen Fällen fühlt sich ein Kind gegenüber anderen Geschwistern **Das Gefühl**
oder Gruppenkindern benachteiligt und zurückgesetzt. Auch ein sol- **des Benachtei-**
ches Kind setzt sich erlebnismäßig derart intensiv mit sich selbst und **ligt-Werdens**
seiner Stellung in der Gemeinschaft auseinander, daß es kaum noch die
Kraft aufbringen kann, die für eine Konzentrationsleistung notwendig
ist. (Siehe auch: Eifersucht.)

Länger dauernde Auseinandersetzungen und Mißstimmungen zwischen **Auseinander-**
den Eltern oder den Erziehern belasten ein Kind sehr stark. Vielfach **setzungen**
wird es mit in diese Streitigkeiten einbezogen; es wird dann oft von den **zwischen den**
Partnern gegensätzlich beeinflußt und fühlt sich hin- und hergerissen. **Eltern oder**
Zuweilen werden dann auch Entscheidungen von ihm verlangt, denen **Erziehern**
es noch keineswegs gewachsen ist. Das Kind verliert damit die Geborgenheit und den notwendigen Halt. Es wird stark beunruhigt und ist
dann kaum noch zu ausreichenden Konzentrationsleistungen in der
Lage.

Sorgen und Beunruhigungen der Eltern oder Erzieher übertragen sich **Sorgen der**
häufig sehr viel stärker auf ein Kind, als man annimmt. Vielfach weiß ein **Eltern oder**
Kind dabei im einzelnen gar nicht, worum es geht. Manchmal erfährt es **Erzieher**
Einzelheiten, vermag jedoch das Ganze nicht zu übersehen und ist dann
vielfach noch sehr viel stärker beunruhigt als notwendig. Anlaß zu derartigen Beunruhigungen sind beispielsweise finanzielle Notlagen, ein
Unfall oder Erkrankungen von Familienmitgliedern.

Inkonsequente Erziehung

Die innere Ausgeglichenheit eines Kindes wird ebenfalls stark beeinträchtigt durch ein inkonsequentes und uneinheitliches Verhalten der Eltern und Erzieher. So geschieht es, daß ein Erzieher erlaubt, was der andere verbietet, daß der eine streng und unnachsichtig ist, während der andere sich außerordentlich tolerant und großzügig verhält, oder daß sogar derselbe Erzieher einmal unduldsam, einengend und ungeduldig ist, etwas später jedoch — vielleicht zum Ausgleich für sein vorangegangenes Verhalten — sehr nachgiebig, großzügig und verwöhnend reagiert. In allen Fällen weiß das Kind nie, welche Reaktionen sein eigenes Verhalten hervorruft und was es im nächsten Augenblick von seinen Erziehern zu erwarten hat. Das Kind wird außerordentlich stark verunsichert und beunruhigt; es gerät in eine ängstliche Verspannung, aus der heraus es zu Konzentrationsleistungen kaum noch in der Lage ist.

Ehrgeizige Forderungen der Eltern und Erzieher

Auch der allzu große Ehrgeiz und eine unangemessen fordernde Haltung der Eltern und Erzieher können die Konzentrationsfähigkeit eines Kindes beeinträchtigen. Solche Kinder geraten in eine ablenkende Beunruhigung und Spannung, weil sie ständig Angst haben, die geforderten Leistungen nicht erbringen zu können. Gerade in dem Augenblick, wo Leistungen von ihnen verlangt werden, zu denen ein konzentriertes Arbeiten notwendig ist, führt der von den Eltern oder Erziehern ausgeübte Druck leicht dazu, daß ihre Gedanken immer wieder zu den Folgen möglicher Mißerfolge abschweifen und nicht auf die Aufgabenstellung konzentriert werden können. Aus demselben Grunde ist es auch nicht möglich, Kinder durch Drohungen und Strafen zu einem konzentrierteren Arbeiten zu bringen. Zwangsmaßnahmen haben fast durchweg eine verstärkte Konzentrationsstörung zur Folge.

Unruhiges Zuhause

Eine Konzentraticnsstörung kann auch durch ein unruhiges Zuhause wesentlich bedingt sein. Möglicherweise sind die räumlichen Verhältnisse derart beengt, daß die Geschwister oder die Kinder einer Heimgruppe sich ständig gegenseitig stören und ablenken. Häufig haben die jüngeren Geschwister nicht gelernt, die Arbeitszeiten der älteren zu respektieren, und zuweilen sind die Erwachsenen nicht bereit, eventuell auch einmal eigene Wünsche zurückzustellen, um dem Kind ein ruhiges Arbeiten zu ermöglichen.

Reizüberflutung

Schließlich kann die Konzentrationsfähigkeit auch beeinträchtigt werden dadurch, daß das Kind einem Übermaß an Außenreizen ausgesetzt ist. Wenn ein Kind zum Beispiel regelmäßig die abendlichen Fernsehsendungen sieht, wird es nicht nur zu wenig Schlaf finden, sondern auch durch die zahlreichen, schwer zu verarbeitenden Probleme beunruhigt. So wichtig Anregungen für ein Kind sind — seien es Reisen, Filmbesuche oder sonstige Unternehmungen —, so wesentlich ist es aber auch, den Kindern genügend Gelegenheiten zu geben, die Eindrücke zu verarbeiten und einzuordnen. Nur eine Ausgewogenheit zwischen

Phasen der Anregung einerseits und denen der Entspannung und Verarbeitung andererseits fördert und bestärkt die Konzentrationsfähigkeit des Kindes.

Was tun?

Die Voraussetzung für ein konzentriertes Arbeiten ist eine innere Ausgeglichenheit. Wenn die Konzentrationsfähigkeit eines Kindes stark gestört ist, wird deshalb zunächst zu überlegen sein, wodurch dieses Kind so stark beunruhigt ist, daß ihm eine dauerhafte Ausrichtung auf eine Aufgabenstellung kaum noch gelingt. Man wird sich fragen müssen, womit sich das Kind in seinen Gedanken so stark auseinandersetzt, daß es nicht für eine etwas längere Zeitspanne bei einer Sache bleiben kann.

Auf Grund dieser Überlegungen wird man sich darum bemühen müssen, die Ursache für die inneren Beunruhigungen des Kindes abzubauen oder doch wenigstens zu mildern. Vielfach wird die Stellung eines Kindes in der Familie oder in der Heimgruppe zu überprüfen sein (in der Heimgruppe beispielsweise mit Hilfe eines Soziogramms), um die richtigen korrigierenden Maßnahmen vornehmen zu können. Häufig wird man auch einem Kind, welches ein Gefühl des Angenommenseins lange Zeit entbehrte, ein Geborgenheitserleben vermitteln müssen, wie es üblicherweise nur sehr viel jüngere Kinder brauchen.

Bemühen um eine innere Ausgeglichenheit des Kindes

In anderen Fällen wird es vor allem notwendig sein, daß sich das Elternpaar bzw. die Gruppenerzieher darüber einigen, wie dem Kind zu begegnen ist. Sie werden konsequent darauf achten müssen, daß jeder die Maßnahmen des anderen unterstützt, damit das Kind durch ein klares und eindeutiges Erzieherverhalten Sicherheit gewinnt und zu einer inneren Ruhe findet.

Konsequenz und Eindeutigkeit

Eltern und Erzieher sollten keineswegs einem Kind vorenthalten, daß sich ihnen zuweilen Probleme stellen. Ganz im Gegenteil sind solche Erfahrungen durchaus wichtig. Von entscheidender Bedeutung ist jedoch, daß dem Kind zugleich deutlich gemacht wird, daß man solche Probleme bewältigen und eventuell auch Entbehrungen ertragen kann. Dies ist der wesentlichste Einfluß für die Entwicklung einer aktiven Einstellung zum Leben. Gleichzeitig sollte darauf geachtet werden, daß das Kind — besonders das kleine Kind — das Zutrauen und die Überzeugung nicht verliert, daß seine Eltern und Erzieher in der Lage sein werden, Gefahren und Bedrohungen von ihm fernzuhalten.

Aktive Einstellung gegenüber Problemen

Überforderungen vermeiden

Wenn die Konzentrationsfähigkeit eines Kindes gestört ist, wird man sich zudem fragen müssen, ob es vielleicht in der Schule oder in außerschulischen Bereichen überfordert ist. Oft wird man das Kind durch einen Arzt auf eine körperliche Erkrankung hin untersuchen lassen. Die Eltern und Erzieher werden sich selbst darauf überprüfen, ob sie vielleicht allzu ehrgeizige Pläne mit dem Kind haben. In jedem Fall wird es wichtig sein, Mißerfolge des Kindes — zum Beispiel in Klassenarbeiten — nicht überzubewerten, dem Kind weder mit Strafen zu drohen noch eine Enttäuschung allzu deutlich werden zu lassen. Ein Mißerfolg wird also lediglich Anlaß sein, mit dem Kind gemeinsam zu überlegen, wie man eine Wiederholung desselben vermeiden kann und welche Folgerungen daraus zu ziehen sind.

Selbständiges Arbeiten fördern

Niemals sollten Eltern oder Erzieher versuchen, das Spiel oder die Arbeit eines Kindes ständig zu überwachen, mit gutgemeinten Ratschlägen stets hinter ihm zu stehen und immer in sein Spiel- und Arbeitsverhalten einzugreifen. Das Kind muß lernen, selbständig in seinem eigenen Rhythmus zu spielen und zu arbeiten. Auch bei den Schularbeiten ihrer Kinder sollten Sie sich auf die unbedingt erforderliche Aufsicht beschränken und keineswegs den Verlauf, sondern höchstens die Ergebnisse der Arbeit überwachen (es sei denn, das Kind bittet direkt um Ihre Hilfe).

Zu einer bewußten Zeiteinteilung anregen

Es hat sich allerdings bewährt, das Kind zu einer bewußten und überlegten Einteilung seiner Arbeitszeit anzuregen. Dazu muß es lernen, eine Übersicht über die zu erledigenden Arbeiten zu gewinnen und den jeweiligen Arbeitsablauf zu überblicken sowie den dazu notwendigen Zeitaufwand einzuschätzen. Dabei sollten Sie dem Kind empfehlen, sich Fristen zu setzen. Das alles muß jedoch spielerisch, sportlich geschehen. Keinesfalls darf die Arbeit zur Hetze werden. Zeitdruck ist unbedingt zu vermeiden.

Pausen

Niemand kann „pausenlos" arbeiten. Im Gegenteil: Je konzentrierter gearbeitet wird, um so eher wird eine Erholungsphase erforderlich werden. Die richtige Pausengestaltung ist deshalb äußerst wesentlich, wenn ein konzentriertes Arbeiten angestrebt wird. Dabei ist es ganz verständlich, daß ein Kind um so rascher eine Erholungspause braucht, je jünger es noch ist. Wenn also ein Grundschulkind nach 20 bis 30 Minuten konzentrierten Arbeitens die Erledigung seiner Schulaufgaben unterbricht, folgt es damit einem gesunden Empfinden für den Rhythmus seines Arbeitsverlaufs. Der Erwachsene, der es in diesem Augenblick tadelt und zum sofortigen Weiterarbeiten bestimmt, stört das Arbeitsverhalten und die Konzentrationsfähigkeit. Im Gegenteil sollten Eltern und Erzieher ein Kind anregen, ganz bewußt eine Pause zu machen, wenn sie beispielsweise beobachten, daß es nach einer entsprechenden Zeitspanne ablenkbar wird und unruhig auf seinem Stuhl hin- und herrutscht.

Ebenso sollte man bei der Zeiteinteilung berücksichtigen, daß in der Zeit zwischen 14 und 15 Uhr bei den meisten Menschen ein Tiefstand der Leistungsfähigkeit erreicht ist. Diese Zeit muß also für die Erledigung von Aufgaben, die Konzentration erfordern, als relativ ungeeignet angesehen werden.

Von großer Bedeutung gerade für konzentrationsgestörte Kinder ist es auch, daß sie genügend Gelegenheit zu Spiel und Sport haben. Es muß also grundsätzlich vermieden werden, daß solche Kinder den ganzen Nachmittag vor ihren Aufgaben sitzen. Gegenteilig sollte man auch außerschulische Interessen des Kindes fördern, um die allgemeine Anstrengungsbereitschaft anzuheben (siehe dazu auch: Faulheit — Mangelnde Anstrengungsbereitschaft) und eine Motivation für ein konzentriertes Arbeiten zu schaffen.

Interessen ausbauen

Im Spiel läßt sich die Konzentrationsfähigkeit auf vielfältige Weise üben. In jedem guten Spielbuch finden Sie dazu eine Fülle von Anregungen. (Auffädeln, Kimspiele, Memory, Puzzle-Spiele, Mikado und andere Geschicklichkeitsspiele, usw.) Fördern Sie die Spielfreude des Kindes auch dadurch, daß sie selbst daran teilnehmen. Sie lernen das Kind gleichzeitig noch besser kennen und erfahren dabei vielleicht auch, wo es Ihnen bisher noch nicht bekannte Stärken und Vorzüge hat.

Spiele

Schließlich ist auch der wichtigste Entspannungstermin, die Zeit des Schlafes, bewußt in den Tagesplan aufzunehmen. Umfragen in Schulen ergaben zum Beispiel, daß sogar viele Erstkläßler das Fernsehprogramm regelmäßig bis Sendeschluß verfolgen. Abgesehen davon, daß diese Kinder vom Inhalt der für Erwachsene gedachten Sendungen überfordert und von den dargestellten Konflikten — die sie nicht vollständig verstehen und folglich nicht verarbeiten können — seelisch stark belastet werden, finden sie auch zu wenig Schlaf. Am nächsten Vormittag nehmen sie dann — noch unausgeschlafen — die Fernsehprobleme mit in die Schule und können sich dann nicht konzentrieren. Das bedeutet nun nicht, daß das Kind grundsätzlich von allen abendlichen Fernsehsendungen auszuschließen wäre. Doch sollte man die Sendungen — unter Berücksichtigung ihrer Eignung für Kinder, ihrer Dauer sowie der Aufgaben, die für das Kind am nächsten Tag folgen — sehr bewußt auswählen, sie gemeinsam mit dem Kind betrachten und zur besseren Verarbeitung anschließend mit ihm darüber sprechen.

Fernseh- sendungen auswählen

Literatur:

13., 15., 17., 29., 38., 43., 55., 60., 61., 75., 82., 85., 94., 99., 101., 110., 125., 165., 170., 174., 179., 187., 200., 203., 218., 244.

Weitere Stichworte:

Angst
Eifersucht
Unreife
Unselbständigkeit

Faulheit — Mangelnde Anstrengungsbereitschaft
Lese- und Rechtschreibeschwäche
Unruhe — Nervosität

Kopfwerfen (Jactatio capitis)

Manche Kinder haben auffallende Einschlafgewohnheiten: Mit großer Ausdauer werfen sie den Kopf rhythmisch hin und her. Sie tun dies häufig auch noch, wenn sie eingeschlafen sind, und kommen dann erst im Tiefschlaf zur Ruhe. Zuweilen geschieht dieses Kopfwerfen so ausdauernd, daß das Kind am Hinterkopf alle Haare verliert.

Neben dem Kopfwerfen (Jactatio capitis oder capitis jacere) sind bei Kindern auch noch andere Schaukel- und Rollbewegungen (Jactationen) zu beobachten, die zumeist den ganzen Körper miteinbeziehen. Die Kinder bewegen sich im Stehen oder Sitzen rhythmisch vor und zurück oder rollen sich im Liegen von der einen Seite auf die andere. Es kommt vor, daß sie dabei ständig gegen die Wand oder das Bettgitter schlagen.

Diese Jactationen können schon im Säuglingsalter auftreten; am häufigsten sind sie um das dritte Lebensjahr und werden von da an zunehmend seltener. Zumeist sind sie in der Pubertät verschwunden. Verhältnismäßig oft werden sie in Kinderheimen und Kinderkliniken beobachtet.

Während heute etwa 7 bis 14 Prozent der Kinder in Heimen und Kliniken in dieser Weise auffallen, sollen im Bevölkerungsdurchschnitt etwa 3 bis 7 Prozent solche Erscheinungen zeigen. Jungen sind offensichtlich in der Überzahl (ungefähr im Verhältnis 2:1).

Bedeutung und Ursache:

Jactationen sind — abgesehen von den Fällen, in denen eine hirnorganische Schädigung zugrunde liegt — als Zeichen für eine seelische Störung anzusehen. Sie sind bedingt durch eine erhöhte intrapsychische Spannung und Erregung des Kindes.

Erhöhte intrapsychische Spannung und Erregung

Diese Erregung äußert sich nicht zufällig in rhythmischen Bewegungen. Denn Rhythmus findet sich überall als Grundform unseres Lebens: im Puls und im Atem, im Schlafen und Wachen wie auch im Wechsel der Tages- und Jahreszeiten. Rhythmische Bewegungen haben besonders für das Kind einen stark beruhigenden, ordnenden und die Spannung regulierenden Charakter. Aus diesem Grunde bevorzugt das Kind rhythmische Spiele (mit der Hängeschaukel, der Wippe, dem Schaukelpferd) und auch rhythmische Lieder und Verse.

Unbefriedigte subjektive Bedürfnisse	In der Regel erwächst die erhöhte intrapsychische Spannung und Erregung, welche zu den Jactationen führt, daraus, daß zwei grundlegende subjektive Bedürfnisse unbefriedigt bleiben. Einmal fehlt diesen Kindern eine ausreichende und beständige Zuwendung und Zärtlichkeit und damit das sichere und beruhigende Gefühl des Angenommenseins. Es mangelt die Gleichförmigkeit, Verläßlichkeit und Konsequenz des Erzieherverhaltens. Zum andern sehen sich diese Kinder in starkem Maße in ihrem Bewegungsdrang eingeengt und gehemmt; sie werden daran gehindert, ihre motorische Aktivität ausreichend einzusetzen und auszuleben.
Mangel an Zuwendung	Der Mangel an ausreichender Zuwendung ist eine wesentliche Ursache des Kopfwerfens, vor allem in Kinderheimen und Kinderkliniken. Vielfach sind die Kinder, wenn sie ins Heim oder in die Klinik kommen, emotional schon stark vernachlässigt und können auch dort aufgrund des Personalmangels nicht so gepflegt werden, daß der Mangel an Zuwendung und Liebe bald ausgeglichen werden könnte. Zuweilen ist aber auch bei einem Klinikaufenthalt die plötzliche Trennung von den Eltern für ein Kind nicht zu verarbeiten, so daß es mit derartigen Auffälligkeiten reagiert.
Unausgeglichenheit der Zuwendung	Besonders häufig ist die Unausgeglichenheit der emotionalen Zuwendung mitbedingend für das Auftreten der Jactationen. Diese Unausgeglichenheit der Zuwendung kann ihre Ursache darin haben, daß die engsten Beziehungspersonen des Kindes immer wieder wechseln, wenn ein Kind beispielsweise wegen der Krankheit seiner Mutter einmal bei den Großeltern, einmal bei anderen Verwandten und einmal wieder zu Hause aufwächst, wenn häufigere Klinikaufenthalte notwendig werden oder wenn ein Kind mehrfach das Heim bzw. den Gruppenerzieher wechseln muß.

Zuweilen auch erfährt ein Kind eine stark wechselvolle emotionale Zuwendung deshalb, weil der eine Erzieher — eventuell die Stiefmutter oder der Stiefvater — dem Kind ablehnend gegenübersteht und es mit einer kühlen Strenge und Härte behandelt, während der andere versucht, dem Kind durch besondere Verwöhnungen und erhöhte Zuwendung einen Ausgleich zu schaffen.

Ähnlich ist die Situation, wenn ein einzelner Erzieher sich dem Kind gegenüber einmal unnachgiebig und streng verhält und es ein anderes Mal mit Zärtlichkeiten überschüttet. Nicht selten erleben unerwünschte Kinder ein solches Erzieherverhalten. Sie werden hart und streng behandelt, weil der Erzieher keine wirklich bejahende Einstellung zu ihnen herzustellen vermag; seine Gefühle der Ablehnung wecken dann aber häufig Schuldgefühle, die Phasen der Verwöhnung auslösen.

100

Zu diesem Mangel an Gleichförmigkeit, Verläßlichkeit und Konsequenz des Erzieherverhaltens tritt fast durchweg noch eine erhebliche motorische Einengung hinzu. Die Kinder haben nicht genügend Gelegenheit, sich zu bewegen und auszutoben. Beispielsweise fand man Jactationen besonders bei solchen Mädchen und Jungen, die auch tagsüber für lange Zeit in ihrem Kinderbett bleiben mußten oder sich nur im Laufstall bewegen durften. (In diesem Zusammenhang ist bemerkenswert, daß beispielsweise bei Elefanten, die längere Zeit auf engem Raum in Gefangenschaft gehalten wurden, ebenfalls ein stereotypes, rhythmisches Hin- und Herbewegen des Kopfes und sogar des ganzen Körpers beobachtet worden ist.)

Ebenso findet man Jactationen bei solchen Kindern, von denen unbedingter Gehorsam und marionettenhafte Bravheit verlangt wird, die stets leise sein sollen, still sitzen müssen und weder schreien noch herumtoben dürfen. Ihre Erzieher hemmen nicht nur ständig den kindlichen Bewegungsdrang, sondern zeigen zumeist auch noch eine recht geringe emotionale Zuwendungsbereitschaft.

Was tun?

Die Reaktionen der Eltern und Erzieher auf die Schaukel- und Rollbewegungen ihrer Kinder bestehen leicht in ungeduldigen Vorhaltungen und Ermahnungen, besonders wenn sie sich beispielsweise nachts durch das Kopfwerfen der Kinder gestört fühlen. Sie bemühen sich dann vielfach, das Kind in seinen Bewegungen zu hindern, indem sie Verbote aussprechen oder es in Einzelfällen sogar festzubinden suchen.

Durch dieses Verhalten bestärken und bestätigen sie aber noch den schon vorhandenen Mangel an sicherer emotionaler Zuwendung und erhöhen zugleich die motorische Einengung. Sie lassen also die beiden grundlegenden subjektiven Bedürfnisse in wiederum verstärktem Maße unbefriedigt, so daß die intrapsychische Spannung und Erregung des Kindes weiter anwächst. Die Jactationen des Kindes werden deshalb durch ein solches Erzieherverhalten in der Regel nur noch verfestigt.

Demgegenüber wird es entscheidend darauf ankommen, daß die Eltern und Erzieher verstehen, daß die Jactationen unwillkürlich erfolgen und demnach auch von dem Kind nicht willentlich zu beherrschen sind. Sie müssen vielmehr angesehen werden als Anzeichen einer psychischen Störung, welche nur durch ein geeignetes erzieherisches Verhalten korrigiert werden kann. Dabei muß versucht werden, diesen Kindern eine möglichst gleichförmige, verläßliche und beständige Zuwendung entgegenzubringen und ihnen zugleich ausreichende Möglichkeiten zu geben, ihre Motorik ungehindert zu entfalten.

Motorische Einengung

Verzicht auf Vorwürfe und Ermahnungen

Konstante Zuwendung	So wird man beispielsweise dafür sorgen müssen, daß einem Kind auch bei ungünstigen äußeren Bedingungen unbedingt ein gleichbleibender Kontakt zu einer oder mehreren Beziehungspersonen ermöglicht wird. Im Falle von längerdauernden Krankenhausaufenthalten wäre besonders darauf zu achten, daß die Bindung zu dem Kind so intensiv wie möglich aufrechterhalten wird.
Konsequentes Erzieherverhalten	In anderen Fällen wird es notwendig sein, daß sich die Eltern oder Erzieher miteinander aussprechen und darüber verständigen, wie dem Kind zu begegnen ist. Man wird sich darum bemühen müssen, daß das Kind die Aktionen beider Erzieher als einheitlich erlebt und somit an dem Erzieherverhalten die ausreichende Hilfe und Stütze findet, die es für eine gesunde Entwicklung braucht.
Förderung der Bewegungsimpulse	Schließlich wird man dem Kind nicht nur Möglichkeiten anbieten, seine Motorik ungehindert zu entfalten, sondern es vielfach direkt zum Ausleben und gezieltem Einsatz seiner Bewegungsimpulse anhalten müssen. (Siehe auch: Ungeschicklichkeit.)

Literatur:

5., 18., 37., 53., 55., 70., 99., 147., 158., 175., 189., 197., 229., 230.

Weitere Stichworte:

Ticartige Bewegungen
Unruhe − Nervosität

Angst
Schlafstörungen
Ungeschicklichkeit

Lese- und Rechtschreibschwäche (Legasthenie)

Von einer Lese- und Rechtschreibschwäche (Legasthenie) wird gesprochen, wenn ein Kind ungewöhnliche Schwierigkeiten beim Erlernen des Lesens und Schreibens hat, obwohl es über eine ausreichende oder gute intellektuelle Begabung verfügt und seine Schwierigkeiten auch nicht durch eine Seh- oder Hörschwäche bedingt sind. Die Angaben über die Häufigkeit der Legasthenie schwanken sehr stark. Ausgeprägte Fälle einer Lese- und Rechtschreibschwäche findet man bei etwa drei bis fünf Prozent der Kinder.

Bedeutung und Ursache:

Eine Lese- und Rechtschreibschwäche stellt für das Kind eine große Belastung dar. Trotz fleißigen Übens macht es im Diktat immer wieder sehr viele Fehler und hat auch beim Lesen große Schwierigkeiten. Zwar erbringt es in anderen Fächern oft gute Leistungen; doch das Lesen und Schreiben gewinnt in den ersten Schuljahren zunehmend an Bedeutung, und damit erhalten auch die fortdauernden Mißerfolge immer mehr Gewicht. Das Kind wird dann leicht entmutigt und lustlos. Wenn die Legasthenie nicht rechtzeitig erkannt wird und das Kind vielleicht noch wegen seiner angeblichen Faulheit, Unaufmerksamkeit und besonders wegen seiner Flüchtigkeit Vorwürfe erhält, kann dadurch das gesamte Leistungsverhalten des Kindes, seine Anstrengungsbereitschaft und Arbeitsfreude, massiv gestört werden. Eine Folge kann beispielsweise sein, daß das Kind nur noch ungern zur Schule geht, daß es sich vor den Schulstunden fürchtet und deshalb schließlich sogar die Schule schwänzt.

Die Ursache der Lese- und Rechtschreibschwäche ist noch nicht eindeutig geklärt, wie auch die Frage ihrer sicheren Abgrenzbarkeit gegenüber anderen Leistungsstörungen im Augenblick erneut diskutiert wird. Zunächst ist angenommen worden, daß es sich hierbei um eine hirnorganische Störung handele. Doch wurde in letzter Zeit in verstärktem Maße auf die Bedeutung von Milieu-Einflüssen hingewiesen.

Hirnorganische Störung/ Milieuschädigung

Unbestritten ist, daß zusammen mit der Legasthenie auffallend häufig auch andere Verhaltensauffälligkeiten zu beobachten sind. Es wäre nun denkbar, daß die Lese- und Rechtschreibschwäche und diese weiteren Verhaltensauffälligkeiten auf eine gemeinsame Ursache zurückzuführen sind. Doch kann auch nicht ausgeschlossen werden, daß die durch die Legasthenie hervorgerufenen Mißerfolgserlebnisse, möglicherweise

Andere Verhaltensauffälligkeiten

verstärkt durch ungeschickte Reaktionen der Umwelt (wie Vorwürfe, Strafen oder Spötteleien), die Verhaltensauffälligkeiten vornehmlich bedingen. In jedem Fall wird sich jedoch den Eltern und Erziehern die Aufgabe stellen, die neben der Legasthenie auftretenden Verhaltensauffälligkeiten zu durchdenken und anzugehen.

Entwicklungs-verzögerung

Häufig wurde bei den Kindern, die eine Lese- und Rechtschreibschwäche haben, eine insgesamt oder in Teilbereichen verzögerte Entwicklung festgestellt. Sie fielen auf durch eine erhebliche Unselbständigkeit und eine motorische Ungeschicklichkeit. Zudem wirkten sie zuweilen etwas kleinkindhaft und für ihr Alter zu kindisch. Dementsprechend wurde in einigen Untersuchungen eine zu frühe Einschulung als Ursache der Legasthenie angegeben. (Siehe auch: Unreife; Unselbständigkeit; Ungeschicklichkeit.)

Gehemmtheit

Andere Legastheniker zeigen eine starke Gehemmtheit, die sich zuweilen in Sprachstörungen, zum Beispiel einem Stottern, niederschlägt. Sie leiden unter Minderwertigkeitsgefühlen und haben Schwierigkeiten im Kontakt mit ihren Mitschülern. (Siehe auch: Gehemmtheit.)

Aggressivität

Ein weiterer auffallender Zusammenhang wurde zwischen Legasthenie und einer Neigung zu Aggressivität und Jähzorn gefunden. Ebenso scheint eine Wechselwirkung zwischen Legasthenie und einer allgemein erhöhten nervösen Erregbarkeit und einer damit verbundenen Konzentrationsschwäche zu bestehen. (Siehe auch: Aggressivität; Unruhe — Nervosität; Konzentrationsmangel.)

Umstellungs-versuche bei Links-händigkeit

Wie leicht es durch psychische Störungen zu einer Lese- und Rechtschreibschwäche kommen kann, wird daran deutlich, daß der Versuch, einen Linkshänder zum Schreiben mit der rechten Hand zu zwingen, offensichtlich eine Legasthenie auslösen kann. Auch bei diesen Kindern wird zudem neben einem Unsicherheitserleben und Minderwertigkeitsgefühlen häufig eine oppositionelle Haltung beobachtet. (Siehe auch: Linkshändigkeit.)

Schwäche einzelner Fähigkeiten

Auch der Ausfall oder die Schwäche einzelner Fähigkeiten wurde häufig als ursächlich für das Auftreten der Legasthenie herausgestellt. So sind beispielsweise als Bedingungen der Lese- und Rechtschreibschwäche angeführt worden: eine Störung der Orientierung im Raum (eine Raumgliederungsschwäche), eine Gliederungs- und Differenzierungsschwäche für die optischen und akustischen Gebilde der Sprache, eine Gestaltgliederungsschwäche (in einigen Fällen als Folge eines unzureichenden Unterrichts nach der Ganzheitsmethode) und ein schlechtes Wort-Bild-Gedächtnis.

Insgesamt ist zu sagen, daß die Legasthenie offensichtlich aus sehr unterschiedlich kombinierten, ursächlich beteiligten Faktoren entstehen kann. Deshalb wird man für jeden Einzelfall das jeweils vorliegende Ursachenbündel neu auffinden müssen, um daraus Hinweise für die spezifische Behandlung des Falles abzuleiten.

Was tun?

Sobald auffallend schwache Leistungen im Lesen und Schreiben bei einem durchschnittlich begabten Kinde auf eine mögliche Lese- und Rechtschreibschwäche hinweisen, sollten die Eltern oder Erzieher das Kind einem erfahrenen Heilpädagogen, in einer Erziehungsberatungsstelle oder in der Praxis eines Psychologen vorstellen. Wenn eine Hör- oder Sehschwäche als Ursache für die Leistungsstörung des Kindes ausgeschlossen werden kann, wird eine genaue psychologische Untersuchung notwendig sein, um die wahrscheinliche Ursache für die Legasthenie herauszufinden und entsprechend korrigierende Maßnahmen zu empfehlen. Häufig wird es wichtig sein, das Kind in eine spezielle Legastheniker-Klasse umzuschulen, in der auf seine besondere Problematik besser eingegangen werden kann und in der zudem die gleichartigen Schwierigkeiten der anderen Kinder das Mißerfolgs-Erleben mildern.

In allen Fällen wird es sehr wesentlich sein, daß die Eltern und Erzieher sich darum bemühen, dem Kind wieder ein Selbstwertgefühl zu vermitteln und ihm sein Minderwertigkeitsempfinden zu nehmen. Sie werden deshalb bestrebt sein, ihm auf allen Gebieten, die nicht mit dem Lesen und Schreiben zusammenhängen, Erfolgserlebnisse zu ermöglichen, die das ständige Erleben des Versagens ausgleichen. *(Erfolgserlebnisse ermöglichen)*

Durch gemeinsame Spiele können Eltern und Erzieher auch die schulischen Leistungen dieser Kinder fördern. Man sehe sich nur einmal in geeigneten Geschäften um, wie viele Spiele sich zur Übung der Konzentrationsfähigkeit, der raschen und genauen optischen oder akustischen Auffassung, des dazugehörigen Unterscheidungsvermögens, der Ausdrucksfähigkeit und der Orientierung im Raum eignen (Memory, Bilderlotto, Steckspiele, Einpaßspiele, Lego, Mosaike, Sortierproben etc.). Anregungen geben Spielbücher. Nicht zuletzt dienen fast alle Spiele auch der Verbesserung des Kontaktverhaltens und oft sogar des Sprachniveaus. Eltern leseschwacher Kinder werden sich zudem sehr viel Mühe geben müssen, interessante Kinderbücher auszuwählen und zur Verfügung zu stellen. *(Spiele)*

Speziellere Übungen zur optischen und akustischen Auffassung und Unterscheidung sollte man sich von dem Lehrer des Kindes erklären lassen. Es wird darauf ankommen, sorgfältig artikulieren zu lassen. Die *(Übungen)*

Unterscheidung optischer und akustischer Gestalten kann an Buchstaben, Silben, Wörtern und Sätzen geübt werden (z. B. Hand, Wand, Sand, Band usw.). Es versteht sich dabei, daß man schrittweise vorgehen muß und von einfachsten Aufgaben langsam zu schwierigen Leistungen fortschreitet, ohne je die Geduld zu verlieren und ohne mit ermutigendem Lob zu sparen.

Literatur:

95., 121., 124., 130., 132., 139., 153., 207., 215.

Weitere Stichworte:

Aggressivität	Konzentrationsmangel
Gehemmtheit	Ungeschicklichkeit
Linkshändigkeit	Unruhe — Nervosität
Unreife	Unselbständigkeit

Linkshändigkeit

Eltern und Erzieher können oft beobachten, daß das Kind in den ersten Lebensjahren unsicher ist, ob es bei einer Handhabung die rechte oder die linke Hand benutzen soll. Erst im fünften Jahr entwickelt sich nämlich eine deutliche Bevorzugung einer Seite. In diesem Alter wird zumeist deutlich, ob das Kind am häufigsten, am geschicktesten und am liebsten mit der rechten oder mit der linken Hand arbeitet.

Unter der Gesamtbevölkerung gibt es etwa 6 bis 10 Prozent Linkshänder. Die Zahl der Linkshänder ist allerdings schwer zu erfassen, weil es sehr unterschiedlich starke Ausprägungen der Linkshändigkeit gibt. Das reicht von denjenigen, die durchweg alle schwierigen Handlungen nur mit der linken Hand durchführen, bis zu denen, die beide Hände etwa gleich gut gebrauchen können.

Bedeutung und Ursache:

Wenn man sich überlegt, welche Einflüsse auf das Kind in den ersten Lebensjahren einwirken, so verwundert es nicht, daß die meisten Kinder sich zu Rechtshändern entwickeln. Tatsächlich sind viele Gebrauchsgegenstände, z. B. auch der „Kinderlöffel", für Rechtshänder geformt. Auch werden dem Kind üblicherweise von seinen Eltern und Erziehern Handlungsverläufe so vorgeführt, wie sie der Rechtshänder vornimmt. Zudem wird es in der Regel von Zeit zu Zeit aufgefordert, schwierige Handlungen mit der rechten Hand durchzuführen, da man in der Regel davon ausgeht, daß die rechte Hand die geschicktere ist.

Warum nun einige Kinder trotz dieser Einflüsse eine Bevorzugung der linken Hand ausbilden, ist noch nicht eindeutig geklärt. Erblichkeit oder sonstige ganz spezifische hirnorganische Bedingungen werden als mögliche Ursachen angegeben. Seelische Beeinflussungen, die gerade in der Phase der Ausbildung einer Seitendominanz wirksam werden, scheinen zugleich von wesentlicher Bedeutung zu sein. Bei einigen linkshändigen Kindern wurde eine bemerkenswerte Verzögerung der allgemeinen motorischen Entwicklung festgestellt; gleichzeitig beobachtete man bei ihnen auffallend häufig sprachliche Störungen. (Siehe auch: Stammeln.)

Mögliche Ursachen

Insgesamt muß die Linkshändigkeit als eine Variante gesunder körperlicher Funktionen betrachtet werden, wie bei den meisten paarigen Organen (Arme, Beine, Augen, Ohren) eins funktionstüchtiger ist als das andere. Linkshändigkeit ist also keineswegs Ausdruck einer un-

Normale Leistungsfähigkeit

günstigen Veranlagung und auch kein Hindernis für große Leistungen. So waren beispielsweise Leonardo da Vinci, Adolf Menzel und Robert Schumann Linkshänder. Das gilt übrigens auch für mehrere der heutigen Spitzensportler.

Mögliche Nachteile

Allerdings haben Linkshänder einige Nachteile in Kauf zu nehmen, da in unserer heutigen Kultur alle Gebrauchsgegenstände, Werkzeuge, Maschinen usw. auf Rechtshänder hin angelegt sind. In der Regel entwickelt deshalb der Linkshänder eine höhere Geschicklichkeit der rechten Hand als der Rechtshänder mit seiner linken. Das kann sogar zuweilen dazu führen, daß der Linkshänder wegen seiner beidhändigen Geschicklichkeit manche Aufgaben besser bewältigen kann als der einseitig orientierte Rechtshänder.

Gefahr der Umstellungsversuche

Linkshändigkeit wird nur dann zu einem Problem, wenn man dieser Eigenart mit einer negativen Wertung begegnet und wenn man versucht, eine Umstellung auf die rechte Hand zu erzwingen (in der Fachsprache „breaking" genannt). Gewaltsame Umstellungsversuche können den Linkshänder so sehr belasten, daß sich nicht nur Schreibkrämpfe, sondern auch andere Verhaltensauffälligkeiten einstellen. Je unnachgiebiger solche Umstellungsversuche unternommen werden, desto mehr steigert man die Schwierigkeiten des Kindes.

Folgen negativer Wertungen

Fast noch gefährlicher ist es, wenn dem linkshändigen Kind die Vorstellung vermittelt wird, daß seine Art zu handeln „falsch" und „unnormal" sei, wenn es wegen seiner Linkshändigkeit auf Ablehnung stößt und in eine Außenseiterposition gedrängt wird. Unsicherheit, Minderwertigkeitsgefühle und Angst können sich dann ausbilden und die Ursache für weitere Verhaltensauffälligkeiten werden.

Linkshändigkeit und Stammeln

So, wie bei motorisch nicht altersgemäß entwickelten Kindern Linkshändigkeit zuweilen zusammen mit einem Stammeln auftritt, wird diese Sprechstörung häufig auch in jenen Fällen beobachtet, in denen eine gewaltsame Umstellung von „links" auf „rechts" versucht wurde. Ein solcher Zusammenhang wird verständlich, wenn man bedenkt, daß Schreiben und Sprechen nah verwandte sprachliche Ausdrucksformen sind. Tatsächlich hört bei diesen Kindern die Sprechstörung fast durchweg bald auf, wenn man die Zwangsmaßnahmen einstellt und die Linkshändigkeit erlaubt.

Was tun?

In den ersten Lebensjahren, in denen das Kind noch nicht eine eindeutige Bevorzugung der rechten oder linken Hand ausgebildet hat, sollte man es behutsam zum Gebrauch der rechten Hand anleiten. Die Welt, in die das Kind hineinwächst, ist nun mal für Rechtshänder etwas besser organisiert. Wenn ein Kleinkind also mit der linken Hand seine Suppe löffelt, sollte man es darauf hinweisen, daß es dies mit der rechten wahrscheinlich besser könne.

Wenn dennoch bei einem Kind eine deutliche Bevorzugung der linken Hand erkennbar wird, besteht kein Grund zur Beunruhigung. Die Eltern und Erzieher sollten das Kind ungestört gewähren lassen. Allerdings kann man es dann anhalten, von Zeit zu Zeit auch mal seine rechte Hand zu gebrauchen, damit es lernt, Verrichtungen auszuführen, die nur mit der rechten Hand zu bewältigen sind. In ähnlicher Weise wird es auch für den Rechtshänder durchaus von Nutzen sein, von Zeit zu Zeit die Geschicklichkeit seiner linken Hand zu schulen. (Untersuchungen haben allerdings ergeben, daß es nicht ratsam ist, die Dominanz einer Hand aufzuheben.)

Keine Umstellungsversuche

Eine solche Beidhändigkeit kann unbeschwert bei Spiel und Sport geübt werden. Werfen, Fangen, Tischtennis, Malen und viele andere Beschäftigungen sind Gelegenheiten zum Training der weniger geschickten Hand. Wettbewerbe sind dabei durchaus möglich, solange dieser Leistungsvergleich Freude macht und die Kinder mit Vergnügen mitspielen.

Entscheidend ist, daß Eltern und Erzieher ein Kind niemals dazu zwingen, etwas mit der rechten Hand zu tun, was es mit der linken wesentlich besser kann und mit ihr durchführen möchte. Selbstverständlich sollte sein, daß die Eltern und Erzieher die Linkshändigkeit nicht selbst negativ, als „falsch" oder „schlecht" bewerten oder gar glauben, mit etwas gutem Willen könne der Linkshänder ebenso gut die rechte Hand benutzen. Darüber hinaus ist zu beobachten, ob das Kind etwa durch Mitschüler oder Spielkameraden mit derartig unsinnigen Vorstellungen konfrontiert wird. Diese Aufmerksamkeit ist erforderlich, damit gegebenenfalls rechtzeitig verhindert wird, daß derartige Vorurteile das linkshändige Kind unnötig stark belasten.

Keine Gewaltmaßnahmen

Vorbeugen gegenüber negativen Wertungen

Literatur:

51., 85., 107., 108., 123., 129., 149., 159., 265.

Weitere Stichworte:

Lese- und Rechtschreibschwäche
Stammeln

Lügen

Während andere Verhaltensauffälligkeiten bei vielen Eltern und Erziehern auf Verständnis, zuweilen aber auch auf Unsicherheit und Ratlosigkeit stoßen, ruft das wiederholte Lügen eines Kindes fast immer große Empörung und entschiedene Ablehnung hervor. Die Lüge gilt allgemein und eindeutig als etwas Schlechtes, und das Kind, welches häufig lügt, wird sehr schnell als „schlecht" und „verdorben" angesehen. Man vergißt darüber leicht zu überlegen, warum das Mädchen oder warum der Junge eigentlich lügt. Und doch ist diese Frage nach den Ursachen für das Lügen des Kindes notwendige Voraussetzung, wenn man ihm helfen will.

Bedeutung und Ursache:

Wenn Sie glauben feststellen zu müssen, daß ein Kind lügt, sollten Sie zunächst einmal überlegen, um was für eine Art von „Lüge" es sich dabei handelt. Denn nicht jede Äußerung eines Kindes, die nicht der Wahrheit entspricht, kann schon ohne weiteres mit dem bezeichnet werden, was wir üblicherweise „Lüge" nennen.

Unrichtige Äußerungen von Kleinkindern

Alle Eltern erleben, daß Kleinkinder häufig Dinge sagen, die nicht der Realität entsprechen. So berichten Kleinkinder beispielsweise oft zwei auseinanderliegende Ereignisse als ein zusammenhängendes Erlebnis; oder sie berichten über etwas, das schon längere Zeit zurückliegt so, als ob es gerade geschehen sei; zuweilen erzählen sie als eigenes Erlebnis, was ihnen von anderen plastisch und anschaulich geschildert wurde, oder sie geben in ihren Berichten die Aktionen eines Freundes als ihre eigenen aus. Diese Arten von unrealistischen Schilderungen sind bei allen Kindern bis ins Schulalter zu beobachten. Sie können nicht als „Lüge" bezeichnet werden, da den Kindern bei diesen unrichtigen Äußerungen das Bewußtsein von der Unwahrheit des Gesagten fehlt, weil ihnen gar nicht bewußt ist, daß sie etwas Falsches sagen.

Noch unausgebildetes Zeit-, Zahl- und Raumvorstellungsvermögen

Kleinkinder haben noch gar kein oder zumindest nur ein gering ausgebildetes Zeitverständnis, so daß bei ihnen eine größere Zeitdistanz zwischen zwei Ereignissen erlebnismäßig eine so geringe Rolle spielt, daß sie diese ohne weiteres in ihren Darstellungen miteinander verquicken. Auch das Zahlvorstellungsvermögen der Kleinkinder ist noch sehr gering, so daß sie kaum sichere Angaben über die Häufigkeit eines Ereignisses machen können. Beispielsweise neigen sie dazu, ein einmaliges Ereignis zu verallgemeinern, und berichten z. B. nach einer einmal gemachten Beobachtung, daß das „immer so sei". Umgekehrt werden häufig mehrere oder viele, in ihrer Art ähnliche Erlebnisse zu einem einzigen zusammengezogen. Ebenso kann ein Kleinkind das räumliche Zueinander von Gegenständen nicht sicher wiedergeben, so daß es in seinen Berichten auch in dieser Hinsicht zu Verfälschungen kommen kann.

In den meisten Fällen werden die Irrtümer in den Schilderungen der Kinder von den Eltern leicht erkannt. Wenn aber der Bericht eines Kleinkindes gleichzeitig durch mehrere dieser Irrtumsmöglichkeiten verfälscht ist, sind viele Eltern doch beunruhigt, weil sie glauben, ihr Kind neige zum Lügen.

Darüber hinaus kommen Kinder häufig auch deshalb zu unrealistischen Angaben, weil ihre Vorstellungen und ihre Wahrnehmungen ineinander verschwimmen. Das Unterscheidungsvermögen der Kinder ist noch nicht so weit entwickelt, daß es ihnen möglich wäre, eindeutig und klar ihre Vorstellungen (das heißt nur Gehörtes oder Erdachtes) von tatsächlich selbst beobachteten oder erlebten Geschehnissen zu trennen. So ist es zum Beispiel möglich, daß ein Kind so stark in einer Märchenwelt lebt, daß es märchenhafte Komponenten auf seine Umweltvorstellung überträgt und Märchenhaftes und Phantastisches in seine Schilderungen einführt. Zudem kann auch ein Wunsch eines Kindes so lebhaft sein und seine Vorstellungswelt so stark ausfüllen, daß es diesen Wunsch in seinen Schilderungen als tatsächliche Gegebenheit darstellt.

Vermischung von Vorstellungen und Wahrnehmungen

Noch im Schulalter, ja eigentlich in der ganzen Kindheit schildert das Kind ein Erlebnis häufig von einem subjektiven, ich-bezogenen Standpunkt aus und gibt deshalb eine nicht ganz wahrheitsgemäße Darstellung. Zu solchen subjektiven Verfälschungen und Verzerrungen kommt es besonders dann, wenn das Kind von der geschilderten Situation gefühlsmäßig stark berührt und betroffen wurde. Bedenken Sie, wie schwer es selbst Erwachsenen fällt, ein Erlebnis oder eine Beobachtung sachlich und objektiv zu schildern, und wie oft auch Erwachsene — besonders in Situationen, in denen sie sehr erregt sind — einen einseitigen, subjektiv verfälschten Bericht geben, ohne sich dieser entstellenden Darstellung bewußt zu sein. Sie werden dann verstehen, daß ein Kind, welches entwicklungsbedingt noch viel stärker dem Gefühlsbereich verhaftet ist als ein Erwachsener, oft große Mühe hat, ganz nüchtern und objektiv über ein Erlebnis zu berichten. Man kann deshalb bei derartigen verfälschenden Darstellungen eines Kindes wiederum nicht eigentlich von „Lügen" sprechen, da sich das Kind der fehlenden Genauigkeit und Objektivität seiner Angaben nicht bewußt ist.

Subjektive Verfälschungen

Das Kind muß erst im Laufe seiner Entwicklung die Forderung in sich aufnehmen und anerkennen, daß Vorstellungen und Wahrnehmungen voneinander getrennt werden sollen, und es muß allmählich die Fähigkeit entwickeln, zwischen Vorstellungen und Wahrnehmungen sicher zu unterscheiden. Mit zunehmendem Alter wird es dann — mehr oder weniger vollkommen — lernen, Berichte zu geben, die frei von subjektiven Verfälschungen sind.

Vorbild der Eltern und Erzieher

Bei diesem Lernprozeß orientiert sich das Kind an dem Verhalten seiner Umwelt, vor allem an dem seiner Eltern und Erzieher. Ein Kind, welches in einem Milieu aufwächst, in dem die Erwachsenen ungehemmt lügen, wird selbstverständlich kein eindeutiges Verhältnis zur Wahrheit ausbilden können. Doch sollten sich alle Eltern und jeder Erzieher vergegenwärtigen, daß ein Kind seine engsten Beziehungspersonen sehr viel genauer beobachtet, als diese vielfach annehmen. Es registriert jede kleinste Unwahrhaftigkeit, jede kleinste, dem Erwachsenen vielleicht unwichtig erscheinende Notlüge, und es vermag zunächst keinen Unterschied in der Wertigkeit dieser „kleinen Lügen" der Erwachsenen und der seiner eigenen Lügen zu erkennen.

Am häufigsten handelt es sich bei diesen „kleinen Lügen" der Eltern und Erzieher um Versprechungen und Vertröstungen, die gar nicht so ernst gemeint waren oder ausgesprochen wurden, um das Kind abzulenken und zu beruhigen. Nicht selten greifen Eltern und Erzieher aber auch bei Fragen der Kinder nach sexuellen Sachverhalten zu Ausflüchten, deren Unrichtigkeit diese durchschauen und als Lügen erleben. Ebenso müssen Adoptiv-, Pflege- und uneheliche Kinder es als Lüge empfinden, wenn man ihnen nichts oder sogar Falsches über ihre Herkunft sagt. (Dabei sollte man daran denken, daß es keinen großen Unterschied ausmacht, ob man beispielsweise ein Kind allzulange in dem falschen Glauben läßt, seine Pflegeeltern seien seine richtigen Eltern, oder ob man ihm etwas direkt Falsches sagt. Beides empfindet das Kind — mit Recht — gleichermaßen als Täuschung.) Alle, auch die kleinen, harmlos erscheinenden Unwahrheiten der Eltern und Erzieher wirken sich aber deshalb so ungünstig aus, weil sie bei dem Kind die Entwicklung eines eindeutigen Verhältnisses zur Wahrheit stören und behindern.

Entwicklungsverzögerung

Unrichtige Äußerungen älterer Kinder sind zuweilen Ausdruck für eine allgemeine Entwicklungsverzögerung. Solche Kinder stehen in geistig-seelischer und auch in intellektueller Hinsicht noch auf einem kleinkindhaften Stand und verfälschen ihre Darstellungen noch in der Art, wie Kleinkinder es tun. Besonders häufig verlieren sie sich in Phantasievorstellungen, die sie von dem tatsächlichen Geschehen nicht sicher abzugrenzen vermögen. (Siehe auch: Unreife; Tagträumen.)

Aufschneidereien

Zuweilen neigt ein Kind dazu, sich bei seinen Schilderungen in den Mittelpunkt des Geschehens zu stellen und „aufzuschneiden"; es streicht dann seine eigenen angeblichen Leistungen stark heraus oder stellt Erlebnisse sehr übertrieben und dramatisch dar. Ein solches

Verhalten sollte ein Warnzeichen sein und zur Aufmerksamkeit veranlassen. Man kann hierbei jedoch noch nicht ohne weiteres von Lüge sprechen. Denn dieses Aufschneiden geschieht vielfach, ohne daß sich das Kind bewußt ist, etwas Falsches zu sagen. Es kann aber auch von einem Kind bewußt eingesetzt werden, wobei es dann der allgemeinen Wertung nach als „Lüge" zu bezeichnen wäre. Doch sollte man sich klarmachen, daß das Kind in beiden Fällen aus einer psychischen Notlage heraus die Unwahrheit sagt.

Die Ursache für ein solches Verhalten liegt darin, daß sich das Kind erlebnismäßig vernachlässigt fühlt, daß es sich zurückgesetzt, zu wenig anerkannt und zu wenig bestätigt sieht. Seine Aufschneidereien verfolgen bewußt oder unbewußt den Zweck, die Aufmerksamkeit der Eltern oder Erzieher zu erregen, eine höhere Zuwendung und Fürsorge auf sich zu ziehen und mit Hilfe seiner stark übertrieben dargestellten angeblichen Erfolge Anerkennung zu gewinnen und sein gestörtes Selbstbewußtsein zu stärken. Hintergrund für ein derartiges Verhalten ist häufig, daß ein älteres Kind es nicht verarbeiten kann, wenn dem neugeborenen Geschwisterchen die ganze Zuwendung und Aufmerksamkeit der Eltern entgegengebracht wird, oder daß ein Kind, welches neu in eine Heimgruppe kommt, einen sehr großen emotionalen Nachholbedarf hat. (Siehe auch: Albernheiten — Geltungsbedürfnis; Strebertum — Übertriebener Ehrgeiz; Eifersucht.)

Je enger und vertrauensvoller das Verhältnis zu einem Mitmenschen ist, um so „offener" kann man zu ihm sein, um so weniger braucht man ihm zu verschweigen. Einen Menschen, zu dem man Vertrauen hat, braucht man nicht zu belügen. Dementsprechend sind Kinder, die durch wiederholtes Lügen auffallen, häufig gekennzeichnet durch eine tiefe Vertrauenslosigkeit gegenüber ihrer Umwelt. Vielfach haben sie nie eine sichere und andauernde, liebe- und vertrauensvolle Beziehung zu einem Erwachsenen herstellen können. Sie haben nie die Überzeugung gewinnen können, daß es eine oder vielleicht sogar mehrere Personen gibt, die bereit wären, mit ihnen gemeinsam Schwierigkeiten zu lösen, Mißgeschicke oder Vergehen in Ordnung zu bringen und dauerhaft und unbedingt zu ihnen zu stehen.

Mangeindes Vertrauen

Ein gestörtes Vertrauensverhältnis zu ihren Beziehungspersonen haben auch die Kinder, die aus Furcht vor Strafe lügen. Bei einem vorwiegend strafenden Erziehungsstil kann in einem Kind ebenfalls nicht die Überzeugung heranwachsen, es werde von seinen Eltern und Erziehern ausreichend Verständnis und Hilfe erfahren, sobald es Schwierigkeiten hat. Zudem ruft ein strafender Erziehungsstil leicht eine oppositionelle Haltung hervor, aus der heraus der als unbefriedigend und unzureichend erlebte Kontakt zu den Eltern und Erziehern verneint wird. Diese Kinder werden in zunehmendem Maße bestrebt sein, ihre Lebensbereiche den Eltern und Erziehern gegenüber zu verschließen, und sich durch Lügen ihren Eingriffen und Einflußnahmen zu entziehen suchen.

Furcht vor Strafe

Unange- messene Forderungen	Oft stellen Eltern und Erzieher unangemessene Forderungen an das Kind und drängen es damit in eine Konfliktsituation, in der es zu Lügen greift bzw. greifen muß. So stellen sie beispielsweise allzu weitreichende und kleinliche Verhaltensvorschriften auf, die das Kind einengen und in seiner Entwicklung behindern. Um sich selbst zu verwirklichen, muß es diese Verhaltensvorschriften übertreten und wird diese Übertretungen durch Lügen zu verdecken suchen.
	In eine ähnliche Konfliktsituation gerät ein Kind, wenn die Forderungen der Eltern und Erzieher immer wieder dem entgegenstehen, was die nichtfamiliäre Umwelt oder die Personen außerhalb des Heimes, was beispielsweise die Freundinnen und Freunde von ihm erwarten. Wenn einem Kind z. B. ständig etwas verboten wird, was andere dürfen, kommt es in eine solche Konfliktsituation. Da es, um in der Gemeinschaft der Freunde bestehen zu können, sich nicht immer von den Unternehmungen der anderen ausschließen kann, wird es die Verbote übertreten müssen; gleichzeitig wird es wieder die Übertretungen durch Lügen zu verschleiern suchen.
Verständnis- lose Befragungen	Eltern und Erzieher sollten darauf bedacht sein, das Kind nicht in einen Konflikt zu bringen zwischen ihren Forderungen und den berechtigten Ansprüchen der Gemeinschaft, in der das Kind lebt. Das betrifft beispielsweise die sogenannte „heroische Lüge", von der man spricht, wenn ein Kind die Unwahrheit sagt, um einen Freund oder eines seiner Geschwister nicht zu verraten. In solchen Fällen wird das Kind erst durch die verständnislose inquisitorische Befragung eines Erwachsenen in einen Konflikt zwischen Forderung nach einer wahrheitsgemäßen Antwort und der sozialen Forderung des „Nichtverratendürfens" getrieben und so durch das unangemessene Verhalten des Erwachsenen zur Lüge veranlaßt.
	Grundsätzlich läßt sich sagen, daß wiederholtes Lügen keineswegs Anzeichen für eine „schlechte Veranlagung" ist, sondern daß Eltern und Erzieher häufige Lügereien eines Kindes als Warnsignal ansehen müssen. Es sollte sie dazu veranlassen, die Ursachen für das Lügen zu ergründen, wobei auch das eigene erzieherische Verhalten zu überprüfen ist.

Was tun?

Schulung des Beobachtens und Schilderns	Wenn ein Kleinkind aufgrund seines geringen Zeit-, Raum- und Zahlvorstellungsvermögens und seiner Unfähigkeit, zwischen Vorstellungen und Wahrnehmungen sicher zu unterscheiden, unrichtige Darstellungen eines Erlebnisses oder einer Beobachtung gibt, braucht Sie das keineswegs zu beunruhigen. Sie können allerdings die gesamte Entwicklung des Kindes fördern, wenn sie es ohne jeden kritischen oder vor-

wurfsvollen Unterton schon früh dazu anhalten, genau zu beobachten und zu beschreiben. Stellen Sie mit viel Geduld unzutreffende Angaben richtig, korrigieren Sie die falschen Zeit-, Raum- und Zahlvorstellungen und helfen Sie dem Kind, seine Darstellungen entweder dem Bereich der Phantasie oder dem des tatsächlich Beobachteten oder Erlebten zuzuordnen.

Lassen Sie das Kind, wenn Sie eine gemeinsame Unternehmung gemacht haben (z. B. zusammen in der Stadt gewesen sind), seine Beobachtungen spielerisch berichten. Hierbei können Sie besonders leicht seine Darstellungsart durchschauen; Sie können dann gemeinsam die Berichte korrigieren, falsche Zusammenhänge richtig ordnen und es damit anleiten, sorgfältig zu beobachten. Solche Übungen sind dann auch dazu geeignet, die Neigung des Kindes zu subjektiven Verfälschungen abzubauen.

Wenn das Kind ein eindeutiges Verhältnis zur Wahrhaftigkeit entwickeln soll, müssen sich Eltern und Erzieher sehr genau daraufhin beobachten, ob sie nicht selbst manchmal aus Bequemlichkeit zu kleinen Gesellschafts- oder Notlügen greifen und ob sie bei Versprechungen oder Drohungen dem Kind gegenüber die nötige Konsequenz zeigen. Natürlich kann es einmal geschehen, daß ein Erzieher ein Versprechen, das er dem Kinde gegeben hat, nicht einhalten kann, weil etwas dazwischen kommt. Doch muß er dem Kind dann erklären, warum er das Versprechen nicht einhalten kann und sich dafür entschuldigen.

Bemühen um konsequentes Verhalten

Auch bei allen Antworten auf Fragen der Kinder hinsichtlich sexueller Sachverhalte muß immer und unbedingt die Wahrheit gesagt werden. Selbst das Verschweigen eines Tatbestandes, den die Kinder als selbstverständlich unterstellen, wird als Lüge empfunden, sobald sie den Sachverhalt durchschauen. Ein leider häufiges Beispiel hierfür ist, daß Eltern abends, wenn das Kind schläft, für kurze Zeit die Wohnung verlassen, ohne es darüber zuvor informiert zu haben.

In diesem Zusammenhang sei darauf hingewiesen, daß ein Pflege- und Adoptivkind spätestens vor der Einschulung wahrheitsgemäß über seine Herkunft informiert werden muß. Die Furcht der Pflege- oder Adoptiveltern vor diesem Schritt ist unbegründet, wenn er rechtzeitig (das heißt: vor der Einschulung!) erfolgt. In diesem Alter wird das Kind diese Tatsache zur Kenntnis nehmen, ohne dadurch wesentlich beunruhigt zu sein. Es wird aber verhindert, daß es von anderer Seite — in meist wenig schöner Form — darauf verwiesen wird und plötzlich das Vertrauen zu seinen Pflege- oder Adoptiveltern verliert. Gleichzeitig lernt es auf natürliche Weise im Lauf der Jahre, diese Tatsache als gar nicht so bedeutsam anzunehmen, so daß es auch später deshalb nicht zu Konflikten kommt.

Rechtzeitige Aufklärung von Pflege- und Adoptivkindern

Anerkennung der positiven Leistungen	Wenn ein Kind durch Prahlereien und Aufschneidereien um Anerkennung, Bestätigung und Zuwendung kämpft, dann sollten Sie sich bemühen, diesem Bedürfnis des Kindes nachzukommen, indem Sie alle positiven Leistungen lobend anerkennen und sich dem Kind intensiver zuwenden. Es wäre zu überlegen, ob sich das Kind zurückgesetzt fühlt und wie man das ausgleichen könnte. (Siehe auch: Albernheiten — Geltungsbedürfnis; Strebertum — Übertriebener Ehrgeiz; Eifersucht.)
Das Vertrauen des Kindes	Wenn ein Kind lügt, weil es nicht den Mut hat, einen Fehler oder eine schlechte Leistung zuzugeben, müssen sich die Eltern oder Erzieher eingestehen, daß das Kind kein volles Vertrauen zu ihnen hat. Es ist jedoch in einem solchen Fall völlig sinn- und zwecklos, dies dem Kind vorzuwerfen. Dadurch würden sie die Konfliktsituation lediglich verschärfen, ohne in irgendeiner Weise einer Lösung näherzukommen. Vielmehr müssen sich die Eltern und Erzieher überlegen, warum das Kind nicht in dem Bewußtsein lebt, daß es jederzeit mit seinen Problemen zu ihnen kommen kann, und warum es nicht glaubt, daß sie darum bemüht sind, ihm in allen Lagen zu helfen und es in jeder Situation zu unterstützen.

Sie sollten beispielsweise überprüfen, ob Sie zu hohe Anforderungen an das Kind stellen, denen es nicht nachzukommen vermag, und ob es evtl. deshalb zu Lügen greift, weil es Sie nicht enttäuschen will. Denn Sie sollten nie vergessen, daß Ihre Enttäuschung besonders für ein sensibles Kind eine Belastung darstellen kann, die es nicht zu ertragen vermag.

Weiter müßten Sie überprüfen, ob das Kind evtl. aus Furcht vor Strafe lügt. In solchen Fällen ist zumeist die strafende erzieherische Haltung zu gewichtig geworden gegenüber einer helfenden, das Positive bestätigenden und anerkennenden Haltung. Sie sollten versuchen, die Strafe allmählich ganz zurücktreten zu lassen und das Kind vorwiegend dadurch zu führen, daß sie seine positiven Leistungen anerkennen und bestärken und ihm im übrigen lediglich die Konsequenzen seines Tuns verdeutlichen. (Siehe auch: Trotz — Ungehorsam.)

Verständnis für negative Erwartungshaltungen	Zuweilen jedoch ist ein Kind nicht in der Lage, sich vertrauensvoll an seinen Erzieher zu wenden, obwohl dieser ein hohes Maß an Zuwendung und Verständnis zeigt. In solchen Fällen handelt es sich zumeist um Kinder, die aus ungünstigem Milieu stammen und in eine andere Familie oder ein Heim gebracht worden sind. Solche Kinder sind aufgrund ihrer negativen Erfahrungen von einer so tiefen Vertrauenslosigkeit erfüllt, daß diese nur mit sehr viel Geduld und bei intensiver Zuwendung über Jahre hinweg abgebaut werden kann.

Bei anderen hat sich die Vorstellung, daß auf jede belanglose Verfehlung eine harte Strafe folgt, der man sich nach Möglichkeit durch Lügen entziehen muß, so tief eingegraben, daß sie das Lügen über lange Zeit nicht aufgeben können. Hinweise darauf, daß sie in der neuen Umgebung doch gar keine Strafe zu erwarten haben, helfen nur wenig. Nur mit viel Verständnis und großer Geduld wird man diesen Kindern allmählich ihre negativen Erwartungshaltungen nehmen können.

Um einem Kind zu helfen, welches wiederholt lügt, ist es notwendig, daß Eltern und Erzieher sich in die Situation des Kindes versetzen, um die Ursachen für sein Lügen zu ergründen. Wenn ihnen das gelingt, werden sie häufig auch eine Konfliktsituation erkennen, in die das Kind entweder durch die von den Erwachsenen aufgestellten Verhaltensvorschriften oder durch besondere Probleme in der Gleichaltrigen-Gruppe geraten ist. Eltern und Erzieher sollten sich dann mit dem Kind besprechen und gemeinsam mit ihm überlegen, wie es diese Konfliktsituation bewältigen kann. Vielfach werden sie dabei zu der Einsicht kommen, daß die von ihnen aufgestellten Verhaltensvorschriften aufzulockern und zu korrigieren sind.

Konflikt-
situationen
erkennen

Literatur:

4., 7., 18., 28., 55., 61., 67., 70., 83., 94., 114., 148., 152., 155., 156., 171., 172., 177., 187., 226., 237., 263., 267., 271.

Weitere Stichworte:

Albernheiten — Geltungsbedürfnis
Eifersucht
Tagträumen
Unreife

Strebertum — Übertriebener Ehrgeiz
Trotz — Ungehorsam
Weglaufen

Nägelkauen

Das Nägelkauen ist eine an sich harmlose Verhaltensauffälligkeit, die jedoch immer wieder zu Auseinandersetzungen und Verärgerungen in der Familie führt. Trotz aller Bitten, Ermahnungen und Verbote kann das Kind nicht davon ablassen. Es beißt und reißt ständig an seinen Nägeln herum; häufig kommt es auch zu Entzündungen des Nagelbetts, weil die Nagelhaut ebenfalls benagt wird.

Bedeutung und Ursache:

Nägelkauen oder Nägelknabbern beobachten wir nicht nur bei Kindern, sondern auch bei Jugendlichen und Erwachsenen. Wenn es auch keine sehr störende Verhaltensauffälligkeit ist, so sollte es doch — falls es nicht nur während einer kurzen Zeit auftritt — die Erzieher zum Überdenken der Situation des Kindes veranlassen; denn das Nägelkauen muß als ein Zeichen für innere Schwierigkeiten angesehen werden. Die oft geäußerte Ansicht, daß Kinder wegen Kalkmangels an den Nägeln kauen, ist falsch. Einmal enthalten die Nägel gar keinen Kalk, zum anderen konnte bei Untersuchungen solcher Kinder kein Kalkmangel festgestellt werden.

Vergleichbare Erscheinungen bei Tieren

Interessanterweise sind dem Nägelkauen ähnliche Erscheinungen auch bei Tieren zu beobachten, die nicht in der Freiheit leben, sondern für längere Zeit auf engem Raum eingesperrt sind. Auch das Krippensetzen der Pferde, die zu lange im Stall gehalten wurden, ist durchaus mit dem Nägelkauen zu vergleichen. (Von Krippensetzen spricht man, wenn zu lange im Stall gehaltene Pferde anfangen, ständig an den Rändern ihrer Krippe herumzubeißen.) Diese Auffälligkeiten pflegen zu verschwinden, sobald man die Tiere aus ihrer Beengtheit befreit.

Psychische Einengung und Beengung

In Übereinstimmung mit diesen Beobachtungen findet man das Nägelkauen besonders häufig bei solchen Kindern, die sich stark eingeengt fühlen. Dabei handelt es sich nicht nur um eine rein äußerliche, räumliche Einengung, sondern vielmehr um psychische Hemmungen und Beengungen verschiedenster Art. Zwar fügt sich solch ein Kind den ihm auferlegten beengenden Forderungen. Aber der Konflikt zwischen dieser Einengung und seinen kindgemäßen Bedürfnissen ist so stark, daß es zu einer heftigen inneren Spannung und Erregung kommt. Diese innere Gespanntheit kann aber nicht ausgelebt werden. Sie wird vielmehr zurückgestaut und äußert sich dann schließlich in dem unwiderstehlichen Drang zum Nägelkauen. Solche Kinder können eine in ihnen aufgrund der Einengung und Hemmung heranwachsende Aggressivität nicht äußern und richten diese dann in Form des Nägelkauens sozusagen gegen sich selbst. (Ein erfahrener Psychotherapeut sagte einmal: Wie ein Erwachsener die Faust balle und die Fingernägel in seine Hohlhand presse, wenn er sich einem übermächtigen Widerstand gegenüber sehe, so knabbere das Kind in solchen Situationen an seinen Nägeln.) Fast immer ist das Nägelkauen mit einem Mangel an Selbstsicherheit verbunden.

Die Ursachen für die von dem Kind erlebte Einengung können nun sehr vielfältig sein. Bei dem einen sind es die zahlreichen Ver- und Gebote, die von seinen autoritären Erziehern aufgestellt worden sind, bei dem andern ist es eine allzu liebevolle Besorgtheit der Erzieher, die dem Kind nicht genügend Freiheitsraum läßt. Einmal sind es übertrieben hohe und falsche ethisch-moralische Forderungen, die an das Kind gestellt werden; ein andermal ist das Nägelkauen eine Folge einer pedantischen Erziehung, die jede Großzügigkeit vermissen läßt. In nahezu allen Fällen jedoch wird eine „Bravheit" angestrebt, die dem Tätigkeitsdrang des Kindes nicht ein genügend großes Feld einräumt und dem Kind zudem keine Gelegenheit gibt, seine aufkommenden Aggressionen auszuleben.

Ursachen der Einengung

Zuweilen besteht die Einengung auch in allzu großen leistungsmäßigen Anforderungen, denen das Kind sich nicht gewachsen fühlt. Häufig stehen diese Überforderungen in direktem Zusammenhang zu den oben angeführten Erziehungseinflüssen. Darum sind bei Nägelkauern oft Leistungsängste, z. B. Angst vor der Schule, zu beobachten.

Überforderungen

Und schließlich kann jede starke innere Angst, die sich möglicherweise in Minderwertigkeitsgefühlen, Furchtsamkeit und Gehemmtheit äußert und die immer eine heftige innere Gespanntheit zur Folge hat, die Ursache für das Nägelkauen sein.

Angst

Was tun?

Schimpfen und Verbote, Ermahnungen und das Inaussichtstellen von Belohnungen sind sinnlos. Sie bringen keinen Erfolg. Das Kind unterläßt das Nägelkauen für einen Augenblick, aber kurze Zeit später kaut es schon wieder — ohne es selbst zu bemerken. Im Gegenteil wird durch Vorwürfe und Ermahnungen die innere Gespanntheit des Kindes nur noch weiter gesteigert und der Drang zum Nägelkauen somit verstärkt. Das Nägelkauen als solches ist ja auch gar nicht wichtig. Entscheidend ist es zu überlegen, welche Ursachen für die inneren Spannungen verantwortlich sind, die im Nägelkauen des Kindes zum Ausdruck kommen.

In der Regel wird es nötig sein, dem Kind auf allen Gebieten größere Freiheiten einzuräumen. In den meisten Fällen wird das Kind auch diese erweiterten Möglichkeiten bereitwillig aufgreifen. Wenn das Kind

Freiheiten einräumen

Selbständig- keit fördern	jedoch schon so weit gestört ist, daß es eine allgemeine Gehemmtheit, Furchtsamkeit und Schüchternheit zeigt, dann wird man das Kind selbst zu aktivem Tun anleiten müssen. In allen Fällen ist es wesentlich, das nägelkauende Kind anzuregen und es zu einer größeren Selbständigkeit zu führen.
Aggressionen ausleben lassen	Gleichzeitig sollten Sie das Kind regelrecht ermuntern, seine aggressiven Impulse auszuleben. Ein Kind muß auch mal etwas kaputtmachen dürfen. Es muß sich schmutzig machen, im Sand, im Matsch und mit Wasser spielen, Papier zerreißen und etwas aufbauen und wieder zerstören dürfen.

Wenn die Befolgung dieser Ratschläge nichts ändert, sollten Sie — auch wenn es sich „nur" um das Nägelkauen handelt — eine Erziehungsberatungsstelle, einen Psychologen oder Psychotherapeuten aufsuchen.

Literatur:

18., 29., 37., 55., 88., 133., 147., 152., 172., 187., 191., 194., 219., 221., 230., 240.

Weitere Stichworte:

Aggressivität	Furchtsamkeit
Angst	Unselbständigkeit
Gehemmtheit	

Poltern

Manche Kinder sprechen überhastet. Sie lassen Wörter aus, verschlucken Silben oder artikulieren ungenau. Es kommt zu Versprechern und Wiederholungen. Die Sprache überschlägt sich förmlich (manchmal entstehen allerdings auch Dehnungspausen) und verliert mit ihrer richtigen Gestalt auch an Sinn.

Bei Zwei- bis Vierjährigen ist eine solche Sprechweise noch häufig. Ihre Sprechfertigkeit ist noch zu ungeübt, als daß Erlebnisse und Denkinhalte immer angemessen rasch und sprachlich gültig ausgedrückt werden könnten. Erst wenn ein Schulkind noch in dieser Art redet, bezeichnet man diese Auffälligkeit als Poltern.

Bedeutung und Ursache:

Die Sprache ist unser geeignetstes und meist gebrauchtes Kontakt- und Verständigungsmittel. Deshalb kann man feststellen, daß kontaktgestörte Menschen oft auch ein auffälliges Sprechverhalten zeigen. Umgekehrt führen sprachliche Störungen ihrerseits immer wieder zu Störungen im Verhältnis zu den Mitmenschen, weil der Gestörte sich nicht leicht verständlich machen kann und weil er zudem erlebt und befürchtet, wegen seiner Sprechstörung belächelt, bemitleidet oder verspottet zu werden. (Siehe auch: Stottern; Sprechverweigerung.)

Sprache ist aber auch geäußertes Denken. Die Umsetzung von Gedanken in gesprochene Worte ist ein äußerst komplizierter Vorgang, bei dem zum Beispiel viele Muskeln aufeinander abgestimmt werden müssen. Außerdem ist zu berücksichtigen, daß es für ein Kind nicht immer leicht ist, die geeigneten Wörter zu finden, sie am rechten Platz zu gebrauchen, den Sätzen die richtige grammatische Form zu geben und dazu noch auf die Reaktion des Gesprächspartners zu achten.

Hört man einem polternden Kind zu, so gewinnt man den Eindruck, daß ihm dieser komplizierte Umsetzungsvorgang von Gedanken in formulierte Sprache nicht recht gelingt. Sprechgeschwindigkeit und Denkablauf verlaufen nicht gleichzeitig, sondern scheinbar weit voneinander versetzt. Die Gedanken eilen dem gesprochenen Wort voraus und sind dann nicht mehr sinnadäquat sprachlich zu erfassen, weil neue Gedanken nachdrängen. Vereinfacht läßt sich sagen: Das polternde Kind will schneller reden, als es zu formulieren vermag.

Ungeduld der Eltern und Erzieher	Es ist immer wieder zu beobachten, daß einem polternden Kind nicht ausreichend die Möglichkeit gegeben wird, Sprache in ihrer vielfältigen sozialen Funktion in Ruhe zu erleben und zu üben. Oft geben ihm seine Eltern und Erzieher schon in der ersten Phase des Spracherwerbs nicht genügend Zeit, seine Gedanken in Ruhe zu entwickeln. Die Erwachsenen hören nicht geduldig zu, sondern drängen zur Eile oder vertrösten auf später. Dadurch wird das Kind gezwungen, rasch zu sprechen in der Angst, der Kontakt könnte erst gar nicht zustande kommen oder bald wieder ungeduldig abgebrochen werden.
Unzureichender sprachlicher Kontakt	Auf ihre Fragen bekommen solche Kinder häufig nur kurze Antworten, und wenn sie selbst gefragt werden, erleben sie selten, daß man wirklich Wert auf ihre Meinung legt und diese dann auch ernst nimmt. In Gesprächen wird ihnen meist die mehr passive Rolle des Zuhörenden zugewiesen, statt daß sie den wechselseitigen Austausch der Ansichten und Erfahrungen auf dem Boden der Achtung voreinander üben können. So fühlen sie sich nicht wirklich bejaht und angenommen. Ihnen wird nicht ermöglicht, sich mit Hilfe der Sprache mitzuteilen, also die anderen teilhaben zu lassen an dem, was sie bewegt.
Vermittlung eines unkindlichen Selbstbildes	Daneben gibt es Polterer, die nicht zu diesem Bild zu passen scheinen. Ihnen hören die Erwachsenen zwar zu, erwarten dann aber immer etwas Besonderes. Diese Kinder haben erfahren, daß man sich mit seinen Reden eine besondere Geltung verschaffen kann bzw. soll. Ihnen ist ein zu hohes Selbstbild vermittelt worden, dem sie immer wieder zu genügen versuchen. Sie möchten mehr und Bedeutsameres mitteilen, als sie zu sagen haben.
Allgemeine Unruhe und Nervosität	Häufig fallen Polterer nicht nur durch ein überhastetes Sprechen auf, sondern zeigen zudem in ihrem sonstigen Verhalten eine starke Unruhe und Nervosität sowie vielfach eine motorische Ungeschicklichkeit. In solchen Fällen wird vor allem auch nach den Ursachen zu suchen sein, die diese Verhaltensauffälligkeiten bedingen. (Siehe auch: Unruhe — Nervosität; Ungeschicklichkeit.)

Was tun?

Das Kind als Partner ernst nehmen	Machen Sie sich bewußt, daß Sprechen eine besonders komplizierte Ausdrucksform mitmenschlicher Beziehung ist. Lassen Sie gerade dem polternden Kind durch Ihre Fragen, Bitten, Aufforderungen und Mitteilungen sowie durch eine geduldige, Ruhe ausstrahlende Haltung im Gespräch deutlich werden, daß Sie partnerschaftliche Achtung vor seinem Wort haben. Nehmen Sie sich Zeit. Geben Sie dem Kind immer wieder zu erkennen, daß Sie seine Äußerungen schätzen und ernst nehmen und daß Sie Zutrauen zu seinen Fähigkeiten haben.

Nehmen Sie das Kind als Partner ernst, ohne es jedoch in eine Position zu drängen, zu der es aufgrund seines Entwicklungsstandes noch nicht in der Lage ist. Vermitteln Sie ihm durch Lob und Anerkennung ein richtiges Bild von dem, was es zu leisten imstande ist. Korrigieren Sie es jedoch gleichzeitig in zwar behutsamer, aber eindeutiger Weise, wenn es dazu neigt, seine Fähigkeiten zu überschätzen.

Sprech-
schulung

Darüber hinaus ist auch das Sprechen selbst zu schulen. Da Sprechschulung immer zugleich auch Denkschulung sein soll, müssen Sie das polternde Kind zu ruhiger Überlegung anregen. In dieser Hinsicht unterscheidet sich die Behandlung des Polterns von der anderer Sprechstörungen: Hier ist es erlaubt und richtig, das Kind zu einem ruhigen und konzentrierten Sprechen zu veranlassen. Haben Sie Geduld, wenn das Kind nach kurzer Besserung vorübergehend wieder in die alten Fehler zurückfällt.

Sprechen aber auch Sie selbst ruhig und überlegt mit Ihrem Kind. Üben Sie zudem mit ihm „Mundturnen" und schwierige Lautkombinationen, ohne es durch allzu schwere Aufgaben zu überfordern. Kleiden Sie die Übungen in die Form abwechslungsreicher Spiele. Erzwingen Sie nichts. Denn Sie haben nur dann Erfolg, wenn das Kind Freude am Mittun hat. In schwierigen Fällen werden Sie die Hilfe eines Psychologen oder eines Sprachheillehrers heranziehen müssen.

Literatur:

66., 74., 96., 102., 107., 114., 123., 124., 140., 148., 205., 225., 261., 264.

Weitere Stichworte:

Konzentrationsmangel   Sprechverweigerung
Ungeschicklichkeit   Stammeln
Unreife   Stottern
Unruhe — Nervosität   Verzögerte Sprachentwicklung

Schlafstörungen

Ein körperlich und seelisch gesundes Kind hat einen festen, tiefen Schlaf, der geradezu als Kennzeichen für seine Ausgeglichenheit angesehen werden kann. Doch sind Schlafstörungen im Kindesalter nicht selten. Eine Auszählung in einer Erziehungsberatungsstelle ergab, daß 20 Prozent der vorgestellten Kinder unter irgendwelchen Schlafstörungen litten.

Am häufigsten werden Einschlafstörungen beobachtet. Die Kinder können nicht einschlafen, sind unruhig, zerwühlen ihr Bett und rufen immer wieder nach den Eltern. Andere werfen den Kopf oder den ganzen Körper ständig hin und her. (Siehe auch: Kopfwerfen.)

Auch solche Kinder sind nicht selten, die kaum eine Nacht durchschlafen können. Besonders beunruhigend ist für Eltern und Erzieher ein nächtliches Aufschrecken und Aufschreien der Kinder (pavor nocturnus).

Bedeutung und Ursache:

Innere Beunruhigung und Erregung

Die Voraussetzung für einen ruhigen und festen Schlaf ist die Ausgeglichenheit und innere Entspanntheit des Kindes. Umgekehrt werden Schlafstörungen bedingt durch innere Beunruhigungen und Erregungen. Sie hindern das Kind am Einschlafen und werden mit in den Schlaf genommen, so daß das Kind nachts aufwacht und aufschreckt. Dabei kann es sich um existentielle Dauerbeunruhigungen oder um unverarbeitete Erregungen mehr aktueller Art handeln.

Angst

Vielfach sind die Schlafstörungen eines Kindes dadurch bedingt, daß es unter einer tiefen inneren Angst leidet. Nur ein Kind, das sich sicher und geborgen fühlt, ist innerlich so ruhig, daß es den Wachzustand aufgeben und sich dem Schlaf zuwenden kann. Diese Geborgenheit aber fehlt dem Kind, welches keine ausreichende Zuwendung erlebt, welches sich abgelehnt oder gegenüber seinen Geschwistern bzw. anderen Kindern stark benachteiligt fühlt. Angst wird in einem Kind aber beispielsweise auch hervorgerufen durch eine depressive, gedrückte Stimmungslage seiner Beziehungspersonen. (Siehe auch: Angst.)

Konfliktsituationen

Auch Konfliktsituationen in der näheren Umgebung des Kindes können leicht Schlafstörungen bewirken. Besonders länger schwelende Auseinandersetzungen zwischen den Eltern, wie sie zuweilen einer Scheidung vorausgehen, führen zu nervösen Verspannungen. Häufig sieht sich das Kind zwischen den Eltern hin- und hergerissen und in Entscheidungssituationen gestellt, durch die es aufgrund seiner beiderseitigen Bindungen und aufgrund seines Entwicklungsstandes völlig überfordert wird.

Gehemmte, schüchterne und nicht durchsetzungsfähige Kinder erleben sich durch ihre Umwelt ständig überfordert und bedroht. Sie fürchten, den an sie gestellten Aufgaben nicht gewachsen zu sein, und leiden darunter, daß sie Anforderungen immer wieder aus dem Wege gehen. Diese Ausweichreaktionen beunruhigen sie sehr stark, weil sie spüren, etwas leisten zu können, falls sie ihre Hemmungen überwinden würden. (Siehe auch: Gehemmtheit.)

Bedrohtheits-
erleben

Ebenso beunruhigend ist es für ein Kind, wenn es von außen in seinem Expansionsdrang immer wieder gehemmt und behindert wird. Solche Kinder haben nicht genug Gelegenheit, ihre Aktivität auszuleben. Häufig werden sie zu einer allzu starken Gefügigkeit gezwungen und geraten in einen Konflikt zwischen den Anforderungen der Eltern und Erzieher und ihren eigenen Bedürfnissen. Eine innere Gespanntheit und eine nervöse Unruhe sind die Folge. Zumeist fehlt ihnen gleichzeitig die Gelegenheit, sich auszutoben und müdezuspielen. Gerade bei diesen Kindern kommt es besonders häufig zu einem pavor nocturnus. (Siehe auch: Unruhe — Nervosität.)

Behinderung
des Expan-
sionsdranges

Nicht selten ist die Auseinandersetzung des Kindes mit seinen Schuldgefühlen Ursache für die Schlafstörung. Beispielsweise kann ein Kind — aufgrund der Informationen, die es gehört oder gelesen hat — ein starkes Schulderleben entwickeln, weil es oniert oder sich mit sexuellen Phantasien beschäftigt. Darüber hinaus können alle Verhaltensweisen, die ein Kind selbst als falsch und verwerflich erlebt — wie zum Beispiel ein Lügen, ein Stehlen, ein Verpetzen —, das Gewissen eines Kindes so stark belasten, daß es deshalb zu meist vorübergehenden Schlafstörungen kommt. (Siehe auch: Sexuelle Verhaltensauffälligkeiten.)

Schuldgefühle

Zuweilen ist das Verhalten der Eltern direkt Ursache für den unruhigen Schlaf. Ein Kind kann sich beispielsweise nicht ganz beruhigt schlafen legen, wenn es einmal erlebt hat, daß die Eltern es des Nachts in der Wohnung ganz allein lassen, ohne es zuvor auf ihr Fortgehen hingewiesen zu haben. Ein solches Erleben erschüttert das Vertrauen zu den Eltern und veranlaßt das Kind in der Folgezeit, nachts aus dem Schlaf aufzuschrecken, um nachzusehen, ob es auch nicht wieder alleine sei. Natürlich wird ein einmaliges Erlebnis dieser Art von dem Kind bald überwunden, wenn es im übrigen ausreichende Geborgenheit findet.

Unbedachtes
Erzieher-
verhalten

Hier ist auch darauf hinzuweisen, daß es sehr ungünstig sein kann, ein Kind mit im Elternschlafzimmer schlafen zu lassen. Denn immer wieder wurde festgestellt, daß das Kind den geschlechtlichen Verkehr der Eltern beobachtet, obwohl diese annehmen, es würde tief schlafen. Die dabei gewonnenen Eindrücke erlebt es als etwas Unverständliches, Unbekanntes und Unheimliches. Es wagt in der Regel auch nicht, danach zu fragen. So bleibt das Ganze als unbewältigtes und ungelöstes Problem bestehen, durch das es tief beunruhigt sein kann.

Überreizung des Kindes

Schließlich können Schlafstörungen auch dadurch hervorgerufen werden, daß Kinder die Reize und Erlebnisse, die im Laufe des Tages auf sie eingedrungen sind, nicht zu verarbeiten und zu bewältigen vermögen. So kann man immer wieder erleben, daß ein Kind nach einem besonders aufregenden, abwechslungsreichen Tag noch so stark unter dem Eindruck des Gesehenen und Gehörten steht, daß es sich auch noch nach dem Zubettgehen damit auseinandersetzt, es zu ordnen und zu verarbeiten sucht. Die erregende Spannung ist dann noch so hoch, daß es keinen Schlaf findet. Beunruhigender als eine zu große Fülle an Erlebnissen sind jedoch solche Eindrücke, die das Kind aufgrund seines Entwicklungsstandes nicht zu verstehen vermag und die ihm deswegen Angst machen. Hierher wäre beispielsweise zu rechnen, wenn das kleine Kind Fernsehsendungen verfolgt, die nur für Erwachsene geeignet sind.

Was tun?

Geborgenheit

Wichtigste Bedingung für den ruhigen und festen Schlaf des Kindes ist das Gefühl der sicheren Geborgenheit und des Vertrauens in seine Umwelt. Die Kinder müssen spüren, daß sie vorbehaltlos akzeptiert, daß sie angenommen und geliebt werden. Sie müssen wissen, daß auch Unarten und schlechte Leistungen die Eltern und Erzieher nie davon abbringen werden, sie gern zu haben. Dazu gehört es auch, daß alle Unstimmigkeiten vor dem Schlafengehen ausgeräumt werden.

Vertrauen

Das Kind muß auch wissen, daß es sich auf seine Eltern verlassen kann, daß sie da sind, wenn es sie braucht, und daß es nicht unerwartet allein gelassen wird. Eine ausgeglichene Stimmungslage und einen ruhigen Schlaf wird es zudem nur finden, wenn es in einer harmonischen Atmosphäre aufwächst und die Eltern und Erzieher ihm eine lebensbejahende Einstellung vermitteln.

Expansive Tendenzen ausleben lassen

Wenn es schlafen soll, muß das Kind müde sein. Es muß am Tage genug Gelegenheit gehabt haben, sich auszutoben und sich müdezuspielen. Es darf also nicht durch allzu viele Ver- und Gebote in seinem Bewegungsdrang eingeengt werden. Solche Beschränkungen würden bewirken, daß das Kind ständig seine eigenen Bedürfnisse, seinen Expansionsdrang zurückhalten und kontrollieren muß, und würden eine innere nervöse Gespanntheit hervorrufen, die das Kind nachts nicht zur Ruhe kommen läßt. (Siehe auch: Unruhe — Nervosität.)

126

Das Schlafbedürfnis der einzelnen Kinder ist sehr unterschiedlich groß. Darum sollten Eltern und Erzieher auch hinsichtlich der Schlafdauer nicht zu stark reglementierende Maßnahmen treffen. Beispielsweise neigen Eltern nervöser Kinder dazu, ihre Tochter oder ihren Sohn zu früh ins Bett zu schicken. Man sollte jedoch nicht dafür sorgen, daß ein nervöses Kind viel schläft, sondern daß es tief schläft. Um tief schlafen zu können, muß das Kind aber zuvor genug Gelegenheit gehabt haben, wirklich müde zu werden.

Schlafdauer nicht zu stark reglementieren

Schließlich gibt es noch gesonderte, alltägliche Probleme im Zusammenhang mit dem Schlafen, die hier kurz erörtert werden sollen.

1. Häufig kommt es zu dem Zeitpunkt, **an dem die Kinder ins Bett gehen sollen,** zu heftigen Auseinandersetzungen und unerfreulichen erzieherischen Maßnahmen. Nicht selten geschieht es dann, daß Verärgerung und Verstimmung noch den abendlichen Abschied von dem Kind überschatten und daß es das Bewußtsein einer Spannung zwischen sich und den Eltern mit in den Schlaf nimmt. Dabei ist es nicht nur für seinen ruhigen und tiefen Schlaf, sondern für die gesamte Entwicklung des Kindes außerordentlich wichtig, im Gefühl der sicheren Geborgenheit und in dem Bewußtsein und Erleben der uneingeschränkten Liebe seiner Eltern einschlafen zu können. Nur so findet es die Sicherheit und Ruhe, aus der heraus es sich voll entfalten kann.

Auf welche Weise nun lassen sich die Szenen beim abendlichen Insbettgehen vermeiden? Zunächst einmal darf das Insbettgehen, zu welcher Tageszeit auch immer, nie eine Strafe sein. Die Eltern müssen dem Kind das Bewußtsein lassen, daß das Bett etwas Schönes und das Schlafen etwas höchst Erfreuliches ist. Sie sollten deshalb niemals das Insbettschicken als eine Strafe androhen. Denn wenn das Insbettgehen erst als etwas Unerfreuliches erlebt wird, ist es ganz verständlich, daß das Kind sich solange wie möglich dagegen wehrt.

Insbettgehen ist keine Strafe

Der abendliche Abschied von dem Kind sollte so erfreulich wie möglich gestaltet werden. Wenn das Kind im Bett ist, sollten die Eltern noch einen Augenblick ganz für ihre Tochter oder ihren Sohn da sein, eine Geschichte erzählen, noch einmal über die erfreulichen Dinge sprechen, die an diesem Tag geschehen sind und auch darüber reden, was es am nächsten Tag wieder erleben werde. Ältere Kinder benutzen diese Situation dann auch häufig, um mit den Eltern oder Erziehern ein vertrauliches Gespräch zu führen, Belastendes zu berichten oder Fragen zu stellen, die es möglicherweise bedrücken. Auf diese Weise wird der Augenblick des Schlafengehens etwas, worauf sich das Kind freut und wogegen es sich nicht sträubt.

Das Gespräch am Bett des Kindes

Es ist günstig, wenn ein fester Zeitpunkt bestimmt wird, zu dem das Kind regelmäßig ins Bett geht. Wenn dieser Zeitpunkt gekommen ist, braucht nicht lange diskutiert zu werden, sondern es ist klar, daß nun

Feste Bettgehenszeiten

Bettgehenszeit ist. Eine Ausnahme, die man beispielsweise bei Besuch oder an einem heißen, schwülen Sommerabend macht, gefährdet diese Regelung nicht.

Verständnis und Konsequenz

Wenn ein Kind nach dem Insbettgehen noch einmal aufsteht und mit strahlendem und verführerischem Lächeln bei den Eltern erscheint, so sollte man die darin liegende Zuwendung des Kindes annehmen und nicht unwillig reagieren. Doch muß es dann gleich wieder ins Bett geschickt werden, wobei der Hinweis, daß es nun wirklich schlafen müsse, durchaus angebracht ist.

Kleine Spiele

Gerade bei kleineren Kindern läßt sich übrigens die Aufforderung, ins Bett zu gehen, leichter durchsetzen, wenn man sie mit einem kleinen Spiel verbindet („Wer ist erster im Schlafzimmer?" etc.). Das Kind wird abgelenkt und das Insbettgehen zu einem Spaß.

Das Tuch oder die Lieblingspuppe

Kleineren Kindern ist das Alleinsein während der Nacht leicht etwas unheimlich. Auch fällt es ihnen schwer, sich am Abend von den geliebten Personen zu trennen. Darum sollte man ihnen ihre Lieblingspuppe, ihr Lieblingsstofftier mitgeben. Viele Kinder brauchen ein Tuch oder ähnliches, und es gibt keinen Grund, ihnen dieses zu verweigern. Der Hinweis, daß es nun bald größer werde und daß es dann das Tuch und die Puppe nicht mehr brauche, ist nicht verkehrt und fördert das allmähliche Abgewöhnen dieser Bedürfnisse. (Siehe auch: Daumenlutschen.)

Eine kleine Lampe brennen lassen

Auch ist Kindern häufig die völlige Dunkelheit im Zimmer etwas unheimlich. Sie möchten gerne etwas Licht haben oder wünschen, daß die Zimmertür einen Spalt offen bleibt. Diesem Wunsch sollte man nachgeben und beispielsweise eine kleine Lampe mit einer schwachen Birne aufstellen. Zum allmählichen Abgewöhnen kann man von Zeit zu Zeit kleine Spiele im Dunkeln machen, damit das Kind seine Scheu vor der Dunkelheit verliert. (Siehe auch: Furchtsamkeit.)

2. Zu einem „Familienproblem" kann sich auch **das Nichtaufstehenwollen** eines Kindes ausweiten. In solchen Fällen muß zunächst überlegt werden, ob das Kind genügend Schlaf hat und ob es gesund ist.

Furcht vor den Erlebnissen des Tages

Sodann sollte man sich jedoch die Frage stellen, warum das Kind offensichtlich eine Scheu vor dem neuen Tag hat? Wir wissen alle, wie gern Kinder früh aufstehen, wenn etwas ganz besonders Schönes bevorsteht. Wenn umgekehrt jedoch nur Unerfreuliches, Überforderungen, Mißerfolge und Vorwürfe befürchtet werden, wird es versuchen, den Anforderungen auszuweichen und lieber weiterschlafen, eventuell auch weiterträumen wollen. Dementsprechend beobachten wir besonders häufig selbstunsichere, ängstliche und gehemmte Kinder unter den Langschläfern.

Auch die Langschläfer sind mit Vorwürfen nicht zu kurieren. Im Gegenteil: Wenn Vorwürfe zu erwarten sind, werden sie noch weniger gern aufstehen. Versuchen Sie, dem Kind eine aktive, lebensbejahende Einstellung zu vermitteln und ihm bei der Überwindung von Überforderungssituationen zu helfen. (Siehe auch: Gehemmtheit.) Seien Sie aber auch tolerant genug, Ihr Kind von Zeit zu Zeit ein langes Schlafen wirklich genießen zu lassen.

Mut machen und Zuversicht vermitteln

Literatur:

18., 29., 55., 95., 98., 99., 114., 146., 148., 194., 197., 209., 231., 233., 234.

Weitere Stichworte:

Angst
Gehemmtheit
Sexuelle Verhaltensauffälligkeiten
Unruhe — Nervosität

Kopfwerfen

Schlechte Freunde

Im Verlauf der Entwicklung eines Kindes gibt es Phasen, in denen es sich stark an einen Gleichaltrigen oder eine Gruppe von Gleichaltrigen anschließt. Bei jüngeren Kindern wechseln die Kontakte noch häufig; erst später — etwa mit zehn Jahren — bilden sich festere Freundschaften. Das Kind löst sich dann in zunehmendem Maße von der Familie und wendet sich einem eigenen Freundeskreis zu. Daß manche Kindergruppen bereits mit ihren „Geheimnissen" verschworene Gemeinschaften bilden können, ist Ausdruck für eine beginnende Verselbständigung.

Die Beeinflussung, die ein Kind in den Kontakten zu Gleichaltrigen erfährt, können sich günstig oder auch ungünstig auf seine Entwicklung auswirken. Darum sind Eltern und Erzieher mit Recht bestrebt, die freundschaftlichen Bindungen ihres Kindes zu beobachten, um gegebenenfalls ungünstige Beeinflussungen verhindern zu können.

Nicht selten aber gelingt dies nicht, weil das Kind nun auf einmal mehr auf den Freund als auf die Eltern und Erzieher hört, weil es über den Freund gar nichts berichtet und sich gegenüber den Eltern und Erziehern verschließt.

Es ist deshalb zunächst zu fragen, unter welchen Bedingungen ein Kind dazu neigt, sich so stark an Freunde anzuschließen — und vielleicht gerade an solche, die ein schlechtes Beispiel geben —, daß die Eltern und Erzieher den guten Kontakt zu den Kindern verlieren. Dann wäre zu überlegen, wie man ungünstigen Beeinflussungen wirksam begegnen kann.

Bedeutung und Ursache:

In den ersten Jahren des Lebens ist der Kontakt des Kindes zu seinen Eltern bzw. Erziehern sehr eng. Es ist noch ganz oder doch weitgehend von ihnen abhängig. In dieser Zeit macht es die ersten grundlegenden Erfahrungen, die ihm eine Einordnung in die Gemeinschaft ermöglichen. Es ahmt das Vorbild der Erwachsenen nach, es erfährt Bestätigung und Anerkennung, wenn es etwas richtig macht, und übt Verhaltensweisen, die das Miteinander ermöglichen.

Diese ersten grundlegenden Normvorstellungen und Verhaltensrichtlinien werden in den folgenden Jahren immer mehr ausgebaut und verfestigt. An ihnen orientiert sich das Kind in seinem Handeln, sobald es — älter geworden — sich allmählich von seinen Eltern löst und immer mehr Eindrücke und Einflüsse von außen aufnimmt.

Ein Fehlen von eindeutigen Verhaltensrichtlinien ist bei vielen der Kinder zu beobachten, die unter dem ungünstigen Einfluß eines Freundes, einer Gruppe von gleichaltrigen oder älteren Kindern stehen. Sie stammen zumeist aus gestörten Familien, in denen sie ein willkürliches, vom Augenblick bestimmtes Verhalten der Erwachsenen vor Augen haben und in denen die Erwachsenen selbst allgemeingültige Verhaltensrichtlinien nicht anerkennen und befolgen.

Fehlen eindeutiger Verhaltensrichtlinien

Um den Kindern sichere Verhaltensvorstellungen zu vermitteln, die sie dann selbständig in wechselnden Situationen anzuwenden in der Lage sind, genügt es jedoch auch nicht, Vorschriften aufzustellen und deren Einhaltung durch die Kinder streng zu überwachen. Sie können nur dann von den Kindern wirklich angenommen werden, wenn das Vorbild der Eltern ihre grundlegende Gültigkeit beweist und unterstreicht. Zudem muß den Kindern die Einsicht in die Berechtigung dieser Verhaltensvorstellungen vermittelt werden, indem man ihnen ihre Bedeutung und Begründung aufzeigt. Hier wie überall in der Erziehung bzw. beim Lernen kann nur durch die Vermittlung von Einsichten eine wirksame Grundlage geschaffen werden, die dann auch starken gegensätzlichen Beeinflussungen standhalten kann.

Vorbild der Eltern und Erzieher

Verhaltensvorschriften, die beispielsweise durch Strenge und durch Androhung von Strafen „andressiert" sind, die nicht einsichtig vermittelt wurden, erweisen sich meist als unstabil und unwirksam, sobald sich das Kind fremden Beeinflussungen ausgesetzt sieht. Zudem fordert jedes Ge- oder Verbot, dessen Sinn nicht verstanden wird, das Kind — wie auch die meisten Erwachsenen — dazu heraus, es zu übertreten. Deshalb werden häufig gerade solche Kinder von Freunden ungünstig beeinflußt, deren Verhalten von den Erziehern nur durch nicht einsichtig gemachte Vorschriften reguliert wird.

Unverstandene Verbote

Hinzu kommt, daß sich das Kind mit zunehmendem Alter immer stärker nicht nur gegen unverstandene Verbote auflehnt, sondern auch gegen die Personen, die diese aufstellen. Die Folge kann sein, daß ein solches Kind aus Opposition gegen diese Eltern oder Erzieher unter den Einfluß eines „schlechten Freundes" gerät und dessem meist auch oppositionellem Verhalten folgt.

Opposition gegen den Erzieher

Inwieweit ein Kind gefährdenden Einflüssen unterliegt, wird wesentlich davon abhängen, ob ein Vertrauensverhältnis zu seinen Eltern und Erziehern besteht oder nicht. Ein Kind, das volles Vertrauen zu seinen Eltern und Erziehern hat — und das wird nur möglich sein, wenn sie diese Erziehung als Vermittlung von Einsichten verstehen —, wird sich ihnen auch mitteilen, wenn es unter dem Einfluß anderer in Gefahr gerät; es wird sich zumindest die Argumente der Eltern anhören, sie ernst nehmen und überdenken.

Mangel an Vertrauen

Mangel an Zuwendung und Verständnis

Häufig wendet sich ein Kind deshalb einem Freund besonders intensiv zu und ist dessen Einfluß deshalb in starkem Maße ausgesetzt, weil ihm diese Freundschaft etwas bietet, was es zu Hause vermissen muß. Hierbei handelt es sich wieder besonders um solche Kinder, die aus gestörten Familien stammen, die kein Zuhause haben, in dem sie sich wohlfühlen, und die bei ihren Eltern keine Liebe, keine Zuwendung und kein Verständnis für ihre Interessen und Probleme finden.

Mangel an Selbstvertrauen und Durchsetzungsfähigkeit

Zu einer weiteren Gruppe von Kindern, die leicht unter den negativen Einfluß von Freunden geraten können, gehören jene, die sehr beeinflußbar sind, weil sie kein ausreichendes Selbstvertrauen entwickeln konnten. Solche Kinder trauen sich nicht, das zu tun oder auch nur zu äußern, was sie für richtig halten, wenn sie einem anderen, selbstbewußten Kind mit starkem Führungsanspruch oder der einheitlichen Meinung einer Gruppe gegenüberstehen. Um den Anschluß an den Freund oder an die Gruppe nicht zu verlieren, tun sie dann häufig Dinge, die sie selbst nicht für richtig halten; sie lassen sich, ohne es eigentlich zu wollen, von den anderen mitziehen.

Diese Kinder geraten unter den ungünstigen Einfluß von Freunden aber nicht nur dadurch, daß sie nicht den Mut haben, sich zu ihren eigenen Ansichten und Absichten zu bekennen; vielmehr sind sie häufig fasziniert von dem Selbstvertrauen und der Durchsetzungsfähigkeit ihres Freundes, gerade weil ihnen selbst diese Eigenschaften so sehr fehlen. Diese Kinder tun alles, um gerade diesem Freund zu gefallen, ohne dessen Achtung je ganz erringen zu können. Von ihrer Begeisterung gerade für diesen Freund werden sie jedoch durch Vorhaltungen und Ermahnungen nicht abzubringen sein.

Das bisher Unbekannte und Unausgelebte

Es ist häufig festzustellen, daß stark beeinflußbare Kinder sich gerade solchen Freunden zuwenden, die ihnen in ihrer Art ganz gegensätzlich sind. So kann beispielsweise ein bis dahin allzu gefügiger, unselbständiger und von den Eltern abhängiger Junge plötzlich ein leidenschaftliches Interesse für einen sehr selbständigen, unabhängigen, ja frechen und aufsässigen Klassenkameraden zeigen. Und das bisher allzu wohlerzogene, pflichtgetreue und noch etwas kindliche Mädchen ist plötzlich vernarrt in eine Mitschülerin, die nur geringes Interesse für die Schule zeigt, die sich immer nach der neuesten Mode kleidet und auch schon „einen Freund" hat.

Solche, in ihrer Art bislang etwas einseitig ausgerichteten Kinder erkennen plötzlich in dem Verhalten des anderen Kindes eigene, von ihnen bisher nur noch nicht ausgelebte Seiten ihres Wesens. Über ihre Freunde, um deren Anerkennung sie sich leidenschaftlich bemühen, suchen sie dann mit diesem bisher Ungekannten und Ungelebten in Kontakt zu kommen. Auch imponiert ihnen dieses andere Kind, das offensichtlich in so beeindruckender Weise das besitzt, was ihnen selbst fehlt.

So kann es geschehen, daß solche Kinder in oft übertriebener Weise diese Freundin oder diesen Freund nachzuahmen suchen. Sie zeigen dann häufig ein Verhalten, welches ihre Eltern erschreckt und beunruhigt.

Doch ist gerade in einem solchen Fall zu überlegen, ob der Einfluß dieses anderen Kindes tatsächlich ungünstig ist oder ob nicht durch diese Freundschaft bisher vernachlässigte Fähigkeiten freigelegt werden. Zwar mag es geschehen, daß das Kind nun für eine gewisse Zeit diese andere Seite in etwas aufdringlicher, unerträglich erscheinender Art auslebt. Doch sollte man berücksichtigen, wie wesentlich auch diese für das Kind ist. Man sollte sich fragen, ob nicht gerade dieser Anstoß durch die Freundin oder den Freund geeignet ist, dem Kind zu einer besseren Verwirklichung seiner Möglichkeiten zu verhelfen.

Nachhol-Reaktion

Natürlich werden sich auch in einer solchen Entwicklungsphase die Eltern und Erzieher bemühen, einen engen Kontakt zu dem Kind zu behalten. Dies ist aber nur möglich, wenn sie verstehen, warum ihr Kind so handelt. Erst aus diesem Verständnis heraus können sie richtig auf ihr Kind eingehen und seine Entwicklung in zurückhaltender Weise beeinflussen und lenken.

Was tun?

Es gibt Eltern, die glauben, ein Patentrezept gefunden zu haben, um ungünstige Beeinflussungen durch Freunde von ihren Kindern fernzuhalten. Sie sagen: „Wir verbieten und verhindern Freundschaften grundsätzlich. Dann lernt unser Kind nichts Schlechtes. Es braucht ja auch gar keinen Freund, denn es hat ja uns."

In dieser Aussage sind die Fehlschlüsse enthalten, daß Freundschaften zu verbieten und zu verhindern seien, daß das Kind durch Freunde nur Schlechtes lerne und gar keinen Freund brauche und daß die Eltern Freunde ersetzen könnten.

Es ist nicht möglich, grundsätzlich alle Freundschaften zu verbieten. Gerade ein Kind, dem Freundschaften verboten wurden, wird zu irgendeinem Zeitpunkt ein besonderes Interesse an einem Gleichaltrigen entdecken. Unerfahren, wie es dann im Eingehen von Freundschaften ist, und in einer verständlichen Opposition gegen das uneinsichtige Verbot der Eltern oder Erzieher, wird es sich dann häufig diesem Freund besonders stark anschließen, so daß den Eltern kaum noch Möglichkeiten der Beeinflussung bleiben.

Freundschaften kann man nicht verbieten

Freundschaften darf man nicht verbieten

Nun ist es ja auch nicht so, daß ein Kind nur Schlechtes von einem Freund lernt. Im Gegenteil: Zumeist erhält das Kind durch seine Freunde viele neue Anregungen. Es sieht beispielsweise, wie andere Familien leben, lernt neue Spiele kennen und übernimmt von seinem Freund Kenntnisse und Fertigkeiten.

Für die ungestörte Entwicklung eines Kindes ist der Kontakt und die Freundschaft zu Gleichaltrigen unerläßlich. Erst in der Auseinandersetzung mit anderen Kindern gewinnt es die Möglichkeit, seine eigenen Fähigkeiten einzuschätzen. Darüber hinaus kann es nur so lernen, mit anderen umzugehen, sich anzupassen, Rücksichten zu nehmen, sich durchzusetzen, zu fordern, sich ein- bzw. unterzuordnen oder andere zu führen, seinen Standpunkt zu finden, ihn darzustellen und zu verteidigen, das heißt: in der Gemeinschaft zu leben und zu bestehen.

Das Kind braucht die Auseinandersetzung auf gleicher Ebene. Darum ist es falsch, wenn manche Eltern glauben, sie könnten ihren Kindern Freunde ersetzen. Auch wenn sich ein wirklich freundschaftliches Verhältnis zwischen Eltern und Kind entwickelt hat, bleibt doch der Unterschied im Alter, in der Erfahrung und im Erleben bestehen. Gerade das jüngere Kind sucht im Erzieher ja auch den führenden und richtungweisenden Partner.

Freundschaften muß man fördern

Es gehört daher zu den Aufgaben des Erziehers, Kontakte mit Gleichaltrigen nicht nur zu dulden, sondern diese zu ermöglichen und evtl. sogar von sich aus zu schaffen. Das kleine Kind muß auf den Spielplatz und auf die Straße — sei es auch unter unaufdringlicher Aufsicht dort, wo es in Großstädten gefährlich sein kann. Schulkinder sollten so weit sein, daß sie ohne Begleitung Erwachsener zur Schule gehen, damit sie auch hierbei den Kontakt zu Gleichaltrigen finden.

Damit ist nun nicht gesagt, Eltern und Erzieher brauchten sich nicht darum zu kümmern, mit wem ihr Kind spielt und sich anfreundet. Im Gegenteil! Verantwortungsbewußte Eltern und Erzieher werden immer wissen wollen, mit wem ihre Tochter oder ihr Sohn umgeht. Da spielt das Alter eigentlich keine Rolle. Allerdings wird die Aufsicht mit zunehmendem Alter des Kindes immer indirekter und zurückhaltender werden können und müssen. Ältere Kinder haben ein Recht darauf, nicht ständig kontrolliert und ausgefragt zu werden. Doch können Sie Ihr Kind so erziehen, daß ungünstige Beeinflussungen nicht eine unangemessen große Bedeutung gewinnen und daß das Kind sich überdies, wenn es in Schwierigkeiten gerät, vertrauensvoll an Sie wendet.

Verhaltensrichtlinien einsichtig machen

Machen Sie vor allem Ihrem Kind die Verhaltensvorschriften einsichtig und verständlich. Bemühen Sie sich von Anfang an darum, das Kind nicht durch Lob und Strafe lediglich zu „dressieren", sondern wecken Sie sein Verständnis für Ihre Forderungen. Solche einsichtig gemachten Verhaltensrichtlinien erweisen sich auch gegenüber andersartigen Beeinflussungen als stabil und wirksam.

Der beste Schutz gegen ungünstige Beeinflussungen besteht darin, das Kind zu selbständigem Entscheiden und Handeln zu erziehen. Vermitteln Sie ihm das nötige Selbstbewußtsein und fördern Sie seine Durchsetzungsfähigkeit. Räumen Sie ihm genügend Freiheiten ein und vermitteln Sie ihm Richtlinien des Verhaltens, die es versteht und anerkennt.

Selbstbewußtsein und Durchsetzungsfähigkeit fördern

Die besten Einflußmöglichkeiten haben Sie, wenn die Freundinnen und Freunde Ihres Kindes zu Ihnen ins Haus kommen. Bedenken Sie aber, daß solche Besuche nicht den Zweck haben, Sie in die Gemeinschaft der Kinder mit einzubeziehen — es sei denn, es wäre gelegentlich der ausdrücklich erklärte Wunsch der Kinder und nicht bloß eine Höflichkeitsformel. Die Kinder wollen und sollen in der Regel unter sich sein. Wenn sich die Kinder nach ihren eigenen Wünschen verhalten dürfen, werden Eltern und Erzieher ganz selbstverständlich und ungezwungen die Interessen und Gewohnheiten der Kinder kennenlernen.

Die Freunde der Kinder einladen

Manchmal kann es erforderlich sein (zumindest anfangs bei kleineren Kindern), offizielle Einladungen auszusprechen, damit die Eltern der Spielpartner Ihres Kindes darüber informiert sind, daß auch Sie die Begegnung wollen. Es empfiehlt sich, u. U. sogar auszumachen, wer die Kinder abholt oder bringt, wann sie zurückerwartet werden, ob sie an den Mahlzeiten teilnehmen dürfen etc. Gelegenheiten zu solchen Einladungen sollten nicht nur die Kinder-Geburtstage abgeben. Grundsätzlich sei Ihr Haus offen für die Freundinnen und Freunde Ihrer Kinder. Tun Sie alles, den Spielpartnern das Wiederkommen zu ermöglichen. Bleiben Sie selbst aber — besonders bei den Älteren — im Hintergrund. Greifen Sie nur ein, wenn Sie gerufen werden oder wenn es wirklich unbedingt erforderlich ist.

Gerade dann, wenn Sie glauben oder der Überzeugung sind, daß der Freund Ihres Kindes einen schlechten Einfluß ausübt, sollten Sie diesen Freund unbedingt in Ihr Haus einladen. Einmal zeigen Sie damit Ihrem Kind, daß Sie seine Entscheidungen respektieren — wenn auch möglicherweise nicht billigen — und fördern damit das Vertrauensverhältnis zu Ihrem Kind. Zum anderen können Sie sich in praktischer Anschauung selbst ein Urteil bilden und haben eine bessere Grundlage für ein sachliches Gespräch über diese Freundschaft.

Stellen Sie sich zunächst jedoch selbst einige Fragen und antworten Sie sich kritisch darauf: 1. Warum halte ich diese Freundschaft für unerwünscht? Spielen nicht vielleicht persönliche Motive eine größere Rolle als solche, die das Wohlergehen des Kindes betreffen? 2. Was bedeutet dieser Kontakt für mein Kind? Hat es in dieser Freundschaft nicht möglicherweise eine bisher nicht ausgelebte Seite seines Wesens entdeckt, die es nun für eine gewisse Zeit — wenn auch in vielleicht übertriebener Form — auslebt?

Selbstkritische Fragen

**Niemals
Verbote
aussprechen**

Aber selbst wenn Sie nach diesen Überlegungen zu der Überzeugung kommen, daß dieser Freund oder diese Freundin einen schlechten Einfluß auf Ihr Kind ausübt, sollten Sie auf keinen Fall diese Freundschaft verbieten. Mit Verboten treiben Sie Ihr Kind von sich fort und noch stärker in die Bindung an seinen Freund hinein. Sie verringern damit Ihre Chance, wieder stärkeren Einfluß auf Ihr Kind zu gewinnen.

Versuchen Sie vielmehr, die oben angeführten allgemeinen Verhaltensratschläge zu befolgen. Bemühen Sie sich zu erkennen, warum Ihr Kind diese Freundschaft eingegangen ist, und richten Sie danach Ihr Verhalten. Versuchen Sie, dem Kind das zu bieten, was es offensichtlich vermißt und weswegen es sich in so starkem Maße an diesen Freund bindet. Darüber hinaus sollten Sie bestrebt sein, Ihrem Kind erwünschte Kontakte zu schaffen, und diese dann unauffällig unterstützen.

Literatur:

3., 5., 9., 11., 26., 57., 63., 76., 83., 84., 97., 98., 122., 160., 173., 196., 224., 267., 268.

Weitere Stichworte:

Aggressivität
Frechheit — Widersetzlichkeit
Gehemmtheit

Schlechte Schulleistungen

Das Problem „schlechte Schulleistungen" wird direkt oder indirekt in sehr vielen Kapiteln dieses Buches angesprochen; denn gleichzeitig mit vielen der hier erörterten Verhaltensauffälligkeiten — wie Faulheit, Konzentrationsmangel, aber auch Angst oder Aggressivität — geht ein Leistungsversagen in der Schule einher, welches einerseits durch die gleiche psychische Störung wie das auffällige Verhalten selbst verursacht sein kann, andererseits auch in der Folge der Verhaltensstörung auftritt. Im folgenden sollen deshalb (Minderbegabungen und organische Erkrankungen werden nicht erörtert) nur kurze Hinweise auf die entsprechenden Kapitel dieses Buches gegeben werden.

Bedeutung und Ursache:

Die Entwicklung eines Kindes kann insgesamt oder aber nur auf einer Ebene — beispielsweise in körperlicher oder intellektueller oder sozialer Hinsicht — verzögert sein. In jedem Fall ist das Kind nicht in der Lage, altersgemäße Aufgaben zu bewältigen, und es wird durch die Anforderungen der Schule überfordert. Es wird notwendigerweise immer wieder Mißerfolge haben, auch wenn es über eine grundsätzlich recht gute Begabung verfügt, welche nur — in Relation zu seinem Alter — noch nicht ausreichend entfaltet ist.

Unreife

Leistungserfolge sind jedoch unerläßlich, um den Lernprozeß anzuregen und zu fördern. Ein ständiges Mißerfolgserleben dagegen nimmt dem Kind jede Lernfreude und führt schließlich dazu, daß es den Anforderungen in mehr oder weniger starkem Maße aus dem Wege geht. Es verliert damit seine Lernbereitschaft und seine Lernfähigkeit, so daß sich nicht nur seine Entwicklungsverzögerung nicht ausgleicht, sondern eher noch verstärkt.

Aus diesen Gründen ist es von großer Bedeutung, daß ein Kind nicht ständig vor Aufgaben gestellt wird, durch die es überfordert ist. Besonders sorgfältig muß bei der Einschulung darauf geachtet werden, ob das Kind schulreif ist. Denn eine zu frühe Einschulung beeinträchtigt die Leistungen nicht nur im ersten Schuljahr. Vielmehr kann dadurch das Arbeitsverhalten und die Lernbereitschaft des Kindes derart gehemmt und behindert werden, daß es während der gesamten Schulzeit hinter seinen begabungsmäßigen Leistungsmöglichkeiten weit zurückbleibt und im ungünstigsten Fall niemals zu befriedigenden Leistungen kommt. Damit wird jedoch die Selbsteinschätzung, die gesamte Lebenseinstellung und Lebensplanung des Kindes stark negativ beeinflußt; seine beruflichen Chancen werden erheblich eingeengt und verringert.

Es kann aber auch nach der Einschulung — beispielsweise durch besonders schwerwiegende Konfliktsituationen oder länger dauernde Krankenhausaufenthalte zu Entwicklungsverzögerungen und Entwicklungsrückschritten kommen, die in entsprechender Weise die gesamte Entwicklung des Kindes stören und ein fortgesetztes Leistungsversagen bedingen können, wenn nicht rechtzeitig auf die besonderen Schwierigkeiten des Kindes eingegangen wird. (Siehe auch: Unreife, Verzögerte Sprachentwicklung.)

Konzentrationsmangel

Eine der wesentlichsten Voraussetzungen für ein angepaßtes Arbeitsverhalten in der Schule und damit für gute Schulleistungen ist die Konzentrationsfähigkeit. Das Kind muß in der Lage sein, sich willentlich auf eine bestimmte Aufgabenstellung auszurichten und sein Bewußtsein so weit einzuengen, daß es nicht ständig durch Außenreize abgelenkt wird.

Diese Fähigkeit ist bei manchen Kindern noch unzureichend ausgebildet, d. h. die Kinder sind in dieser Hinsicht noch unreif. Andere verfügen nicht über die notwendige seelische Ausgeglichenheit, die Voraussetzung für ein konzentriertes Arbeiten ist. Sie sind vielmehr durch Konfliktsituationen verschiedenster Art so stark beunruhigt, daß ihre Gedanken immer von den Aufgaben abschweifen. (Siehe auch: Konzentrationsmangel.)

Unruhe und Nervosität

Ähnlich ist die Situation bei den nervösen Kindern, die zu unruhig sind, um sich einer Aufgabe ausdauernd widmen zu können. Es tritt hinzu, daß sie immer wieder den Unterricht stören; der Lehrer wird im Interesse der anderen Schüler gezwungen sein, dieses Kind ständig zur Ruhe und Einordnung zu veranlassen, ohne daß er die Möglichkeit hat, auf die Ursachen der Unruhe wesentlich einzuwirken. Die Folge kann sein, daß sich das Kind immer weiter eingeengt fühlt und — angesichts des zwar notwendigen, es jedoch überfordernden Verlangens seines Lehrers — eine Ablehnung, evtl. eine oppositionelle Haltung gegenüber der Schule entwickelt. Zudem ist es leicht möglich, daß auch der Lehrer einem solchen Kind gegenüber einmal die Geduld verliert. (Siehe auch: Unruhe — Nervosität.)

Faulheit

Mangelnde Anstrengungsbereitschaft ist sehr häufig Ursache für die schlechten Schulleistungen eines Kindes. Die Erwachsenen neigen in solchen Fällen dazu, das Kind als faul zu bezeichnen, ihm möglicherweise seine Faulheit immer wieder vorzuwerfen, ohne ernsthaft darüber nachzudenken, warum das Kind faul ist. Doch erst aufgrund solcher Überlegungen werden sich Wege eröffnen, wie man dem Kind helfen und eine größere Anstrengungsbereitschaft aufbauen kann. (Siehe auch: Faulheit — Mangelnde Anstrengungsbereitschaft.)

Gehemmten und schüchternen Kindern fehlt die Möglichkeit, sich aktiv Gehemmtheit und unbefangen mit den Anforderungen, die die Schule an sie stellt, auseinanderzusetzen. Ihnen fehlt das Vertrauen in ihre eigene Leistungsfähigkeit; sie fürchten, sich zu blamieren, ziehen sich deshalb leicht zurück und nehmen am Unterrichtsgeschehen kaum aktiv teil. Ihr Verhalten verführt dazu, ihre schon gestörte Leistungsfähigkeit noch zu unterschätzen, weil sie äußerungsgehemmt sind.

Oft ist diese Äußerungshemmung so stark, daß man von einer Sprechscheu redet. Das kann dazu führen, daß das Kind wegen seines geringen sprachlichen Umweltkontaktes im Laufe der Zeit an Ausdrucksfähigkeit und Ausdrucksgewandtheit immer mehr einbüßt und schließlich kaum noch imstande ist, das zu sagen, was es äußern möchte.

Gehemmte Kinder bleiben nicht nur während des Unterrichts leicht links liegen, sondern nehmen vielfach auch im Kreis der Mitschüler eine Außenseiterrolle ein. Ihnen fehlt ein ausreichendes Durchsetzungsvermögen, welches sie in die Lage versetzen würde, innerhalb der Gemeinschaft eine anerkannte Stellung einzunehmen. Dies führt weiter dazu, daß das Kind in seinem Minderwertigkeitserleben bestärkt wird, so daß sein fortwährend gestörtes Selbstvertrauen auch weiterhin seine schulischen Leistungen beeinträchtigt.

Selbstunsichere Kinder sind besonders abhängig von den äußeren Situationen. Sie können beispielsweise bei einem Lehrer, der ihnen immer wieder Anerkennung zukommen läßt und Rücksicht auf ihre Hemmungen nimmt, gute Erfolge zeigen. Aber schon durch einen Lehrerwechsel werden sie möglicherweise in ihrem Leistungsverhalten gestört. Schon ein neutral-sachliches Verhalten des neuen Lehrers kann ihre Leistungen erheblich absinken lassen. (Siehe auch: Gehemmtheit.)

Besonders auffällig gehemmt sind mutistische Kinder, die entweder Sprechverweigerung grundsätzlich oder aber gegenüber bestimmten Personen bzw. in gewissen Situationen nicht reden, obwohl sie es sprechtechnisch könnten. Sie sind so stark gestört, daß sie sich einfach nicht zu äußern vermögen. So kann es sein, daß sie beispielsweise die Fragen und Aufforderungen des Lehrers hören und richtig verstehen und deshalb auch wissen, was man von ihnen will. Aber selbst naheliegende Antworten fallen ihnen einfach nicht ein. (Siehe auch: Sprechverweigerung.)

Stotterer sind ebenfalls gehemmte Kinder, obwohl bei ihnen eine oftmals Stottern sogar recht starke Äußerungsbereitschaft vorhanden ist. Sie sind jedoch in ihrem Selbstwertgefühl verunsichert und dadurch in ihrem Arbeits- und Leistungsverhalten gestört. Auch ihre Konzentrationsfähigkeit ist beeinträchtigt. Erschwerend wirkt sich aus, wenn die Mitschüler das stotternde Kind hänseln und auslachen und wenn es ihm wegen seiner sprachlichen Schwierigkeiten nicht gelingt, sich in die Klassengemeinschaft voll einzugliedern. (Siehe auch: Stottern.)

Tagträumen	Auch der Tagträumer kommt nicht zu angemessenen, seiner Begabung entsprechenden Schulleistungen. Ihn erreichen und aktivieren nicht alle Forderungen des Lehrers oder des Gruppengeschehens, weil er mit sich selbst und seinen Phantasien beschäftigt ist. Auf diese Weise nimmt er nicht kontinuierlich am Unterrichtsgeschehen teil; er vermag deshalb dem Dargebotenen oft nicht mehr zu folgen, so daß Wissenslücken auftreten. Darüber hinaus ist er in seiner ganzen Art mehr passiv und wenig zielgerichtet und entwickelt von sich aus kaum Interesse, Aktivität und Eigeninitiative. (Siehe auch: Tagträumen.)
Frechheit	Zwischen Lehrer und Schüler kommt es immer zu einer wechselseitig dynamischen Auseinandersetzung, welche besonders bei einem Schüler, der ein aggressives und freches Verhalten zeigt, starke Auswirkungen auf die Schulleistungen haben kann. Einerseits kommt schon in der Aufsässigkeit zum Ausdruck, daß ein solches Kind nicht mehr ohne weiteres positive Kontakte zu einem Erwachsenen aufnehmen kann. Ein gutes, zumindest ein neutrales Verhältnis zum Lehrer ist jedoch eine wesentliche Voraussetzung für eine erfolgreiche Teilnahme am Unterrichtsgeschehen.

Andererseits führt ein freches, widersetzliches und oppositionelles Verhalten dazu, daß es auch für den Lehrer schwer wird, ein solches Kind anzunehmen und leistungsmäßig anzuregen, es anzuleiten und herauszufordern. Es kommt vielmehr infolge der Anforderungen, die die übrigen Schüler gleichzeitig an ihn stellen, leicht einmal zu einer Ablehnung dieses Kindes durch den Lehrer. Der Kontakt zwischen Schüler und Lehrer bricht dann fast vollständig ab, so daß gerade bei jüngeren Kindern ein Lernprozeß schließlich gar nicht mehr stattfinden kann. (Siehe auch: Frechheit — Widersetzlichkeit; Aggressivität.)

Lese- und Rechtschreib-schwäche	Eine besondere Form des Versagens in der Schule stellt die Lese- und Rechtschreibschwäche (Legasthenie) dar. Ihre besondere Gefahr liegt darin, daß die bei ihr gegebenen Ausfälle eines begrenzten Leistungssektors auf das gesamte Arbeits- und Leistungsverhalten ausstrahlen können. Denn das Erlebnis ständiger Mißerfolge, wie es lese- und rechtschreibschwache Kinder haben, führt auf die Dauer leicht zu einer tiefgreifenden allgemeinen Entmutigung und löst damit möglicherweise ein allgemeines Leistungsversagen aus.

Aus diesem Grunde ist man an manchen Schulen dazu übergegangen, lese- und rechtschreibschwache Kinder Diktate zwar mitschreiben zu lassen, sie aber nicht mehr zu zensieren. Auch Rechtschreibfehler in Aufsätzen bleiben für die Urteilsfindung unberücksichtigt, um nicht das Gesamtresultat durch die unvermeidlichen Rechtschreibfehler zu belasten. An einigen Schulen gibt es auch gesonderte Legastheniker-Klassen, in manchen Städten sogar eigene Legastheniker-Schulen, in denen gezielte Förderungsmaßnahmen durchgeführt und erprobt werden. (Siehe auch: Lese- und Rechtschreibschwäche.)

Was tun?

Wir haben oben eine noch unvollständige Reihe von Ursachen genannt, die schlechte Schulleistungen bewirken können und gegebenenfalls auf die ausführlicheren Kapitel in einigen Stichworten hingewiesen. Deshalb ist es nicht erforderlich, hier abermals auf den Ausgleich bzw. die Behebung von Entwicklungsverzögerungen, Konzentrationsmängeln, Faulheit, Gehemmtheit, verschiedener Sprachstörungen, Tagträumen, Unruhe, Aggressivität oder Frechheit einzugehen. Vielfach wird es nicht möglich sein, ohne fachmännische Hilfe auszukommen. Als geeignete Institutionen sind besonders der zuständige schul-psychologische Dienst und eine Erziehungsberatungsstelle zu empfehlen. In Zweifelsfällen können diese Einrichtungen z. B. für Maßnahmen der Einschulung oder Rückstellung, der Überweisung an Sonderschulen oder auch bei der Auslese von Schülern für weiterführende Schulen die notwendigen Entscheidungshilfen geben.

Grundsätzlich ist zu sagen, daß man niemals auf die schlechten Schulleistungen eines Kindes mit Vorwürfen oder Ermahnungen, Vorhaltungen oder Strafen reagieren sollte. Das Kind leidet zumeist selbst genug unter seinen schlechten Noten. Deshalb vermeide man auch bissige Bemerkungen und zeige keine bittere Enttäuschung. Dadurch würde man nur die Leistungsangst des Kindes verstärken, so daß es bei der nächsten Anforderung noch nervöser und verspannter reagiert und allein schon deshalb wieder zu schlechten Leistungen kommt. Zudem führt eine Vorwurfshaltung immer dazu, daß die Erzieher-Kind-Beziehung gestört wird und das Mädchen oder der Junge immer weniger Vertrauen zu sich und seinen Erziehern hat. Es fühlt sich dann mit seinen Problemen isoliert, wodurch die Situation weiter verschärft wird.

Keine Vorwürfe

Es wird im Gegenteil wichtig sein, das Kind zu ermutigen und ihm bei der Bewältigung seiner Schwierigkeiten zu helfen. Schulschwierigkeiten sind ein gemeinsames Problem für Kind und Erzieher. Das Kind, welches mit einer schlechten Note nach Hause kommt, sollte zunächst getröstet werden. Anschließend sollte man sich mit ihm gemeinsam überlegen, was zu tun sei, um beim nächsten Mal mehr Erfolg zu haben. Durch ein solches Verhalten bewahren Sie das gute Verhältnis zwischen sich und dem Kind und verweisen es trotzdem auf die Bedeutung, die den Schulleistungen zugemessen werden muß. Allerdings sollten Sie diese auch nicht überbewerten. Selbst Einstein und Wernher von Braun, von Bismarck und Churchill sind einmal sitzengeblieben.

Gemeinsames Problem für Kind und Erzieher

Möglicherweise wird es notwendig sein, dem Kind dabei zu helfen, Ausbildungslücken aufzuarbeiten. Neben Nachhilfestunden empfehlen sich hierzu besonders sog. Programmierte Unterweisungen (Lernprogramme), mit denen das Kind meist gerne arbeitet und den Stoff systematisch nachholen kann.

Ausbildungslücken aufarbeiten

Literatur:

15., 17., 21., 27., 32., 33., 38., 40., 41., 43., 59., 60., 75., 82., 99., 104., 115., 120., 127., 131., 134., 135., 141., 154., 157., 164., 174., 179., 203., 208., 222., 244., 246., 252., 253., 272.

Weitere Stichworte:

Faulheit — Mangelnde Anstrengungsbereitschaft
Frechheit — Widersetzlichkeit
Gehemmtheit
Konzentrationsmangel
Lese- und Rechtschreibschwäche
Sprechverweigerung
Stottern
Tagträumen
Unreife
Unruhe — Nervosität
Verzögerte Sprachentwicklung

Sexuelle Verhaltensauffälligkeiten

Frau Neumann kam wegen ihres 12jährigen Jörg in die psychotherapeutische Sprechstunde. Sie hatte die Überzeugung gewonnen, ihr Sohn sei in sexueller Hinsicht abnorm veranlagt, und sie sei dem Problem allein nicht mehr gewachsen. Frau Neumann erzählte, sie könne sich noch sehr gut an ein erstes Erlebnis erinnern, als Jörg neun Monate alt gewesen sei. Beim Wickeln habe sie beobachtet, wie er an seinem Geschlechtsteil spielte, so daß sein „Dingen" ganz steif geworden sei. Sie habe entsetzt die Hand des Kleinen fortgezogen und ihm einen tüchtigen Klaps gegeben. Das sei wohl noch zweimal so verlaufen, dann habe er das nicht mehr getan.

Später, als der Junge dreieinhalb Jahre alt gewesen sei, habe sie einen Schrecken bekommen, als sie von Bekannten gehört habe, daß Jörg zusammen mit einigen Kindern aus der Nachbarschaft „Doktor gespielt" habe und daß die Kinder sich dabei gegenseitig ausgezogen hätten. Obwohl sie ihn sonst nie schlage, habe sie ihn damals heftig verprügelt. Ihres Wissens habe der Junge dann so etwas nie mehr getan. Er habe auch in den folgenden Jahren nie „unanständige Fragen" gestellt und noch mit 8 Jahren an den Klapperstorch geglaubt.

Nun aber hätten sie — die Eltern — die Überzeugung gewonnen, daß der Junge onaniere. Darüber befragt, habe er nichts geantwortet. Sie wüßten nun nicht mehr, was sie tun sollten.

Wie sollen sich die Eltern Neumann nun verhalten? Hätten sie sich schon eher um einen psychologischen Rat bemühen müssen? Hätten sie früher noch energischer reagieren sollen? Ist der Junge tatsächlich abnorm veranlagt oder ist vielleicht das Verhalten der Eltern nicht richtig gewesen?

Bedeutung und Ursache:

Nirgends kommt es häufiger zu Fehldeutungen und Fehlinterpretationen durch Erwachsene als bei kindlichen Verhaltensweisen, die mit der Sexualität in Zusammenhang gebracht werden. Verhaltensweisen von Kindern und Jugendlichen, die im Verlauf der Entwicklung lediglich der Ausdruck für eine kindgemäße Auseinandersetzung mit diesem Thema sind, werden dann oft als „unanständig" oder „verwerflich" betrachtet. Den Kindern wird damit aber eine unbefangene Bewältigung dieser Fragen unmöglich gemacht. Schwere seelische Schädigungen, die die ganze Entwicklung des Kindes auf lange Zeit beeinträchtigen, können durch falsche Reaktionen der Erwachsenen ausgelöst werden.

Viele Eltern erschrecken zum Beispiel, wenn sie beobachten, daß ihr **Säugling oder Kleinkind an seinem Geschlechtsteil spielt.** Es gibt aber hierbei keinen Grund zur Beunruhigung. Dieses Kind verhält sich ganz natürlich und richtig. Denn es muß in dieser Zeit seinen Körper — seine Hände, seine Füße und natürlich auch sein Geschlechtsteil — im Spiel an und mit diesen Körperteilen entdecken. Zu diesem Entdecken des eigenen Körpers gehört auch die Feststellung, daß das Spielen am Geschlechtsteil irgendwie lustvoll ist und daß das Glied eines Jungen dabei beispielsweise größer wird. Kinder zeigen mit einem solchen Verhalten nichts anderes, als daß sie wach und aufgeschlossen sind. Erst durch falsche Reaktionen der Erwachsenen, durch ein Fortziehen der Hände oder gar kleine Klapse, kann dem Kinde die Unbefangenheit bei seinem Tun genommen werden.

Kleinkinder haben häufig den Wunsch, **in der Wohnung unbekleidet herumzulaufen** oder mit Erwachsenen oder älteren Geschwistern auf die Toilette zu gehen. Auch beobachten diese Kinder zuweilen voll Interesse, daß Mutter und Vater nicht ganz gleich aussehen, und stellen die ersten diesbezüglichen Fragen. Auch dies sind völlig natürliche Verhaltensweisen eines wachen und aufgeschlossenen Kindes.

Unbefriedigte kindliche Neugier

In späteren Jahren ziehen sich Jungen und Mädchen zuweilen gegenseitig aus; sie erforschen wechselseitig ihre Andersartigkeit und nennen das häufig **„Doktor spielen".** Auch ein solches Verhalten ist durchaus noch als normal zu bezeichnen und gibt keinen Anlaß zur Beunruhigung. Es zeigt an, daß das Kind sich mit Fragen über die Unterschiedlichkeit der Geschlechter beschäftigt, da es von seinen Eltern und Erziehern keine ausreichenden Informationen erhalten hat und nun die Andersartigkeit von Mädchen und Jungen zu erforschen sucht. Möglicherweise ist ihm überdies dieser Bereich als etwas „Verbotenes", als etwas „worüber man nicht redet" dargestellt worden. Auf diese Weise wurde seine kindliche Neugier geweckt bzw. gesteigert. Keinesfalls ist das Kind „schlecht" oder „unanständig", sondern es sucht nur eine ganz natürliche kindliche Neugier zu befriedigen.

Unaufgeklärte Kinder

Zuweilen beobachten Eltern und Erzieher, daß ein Kind — vor allem wenn es sich unbeobachtet fühlt — **„unanständig redet",** daß es mit sichtlichem Vergnügen unschöne Worte verbreitet, die es auf der Straße gehört hat. Ein solches Verhalten findet man fast ausschließlich bei solchen Kindern, die von ihren Eltern und Erziehern nicht ausreichend über diese Dinge informiert wurden. Denn Kinder, die in liebevoller Art und altersgemäßer Form ausreichend (!) aufgeklärt wurden, zeigen kein Interesse für solche Redensarten „aus der Gosse". Sie haben ja mit ihren Eltern und Erziehern in viel interessanterer und vollkommenerer Weise über diese Fragen gesprochen und richtige, eindeutige und verständliche Erklärungen bekommen. (Ockel vergleicht eine solche ausreichende Aufklärung zu Recht mit einer „Schutzimpfung".)

Eine solche liebevolle und ausreichende Aufklärung schafft in den Kindern das vertrauensvolle Bewußtsein, daß sie mit allen Fragen — eben auch solchen, die sexuelle Inhalte betreffen — zu den Eltern und Erziehern kommen können, daß sie mit ihnen über alles reden können und immer mit verständnisvollen Antworten und Reaktionen rechnen dürfen. Ein derartiges Vertrauensverhältnis ist auch der beste Schutz gegen solche Leute, die die Kinder zur **Duldung sexueller Spielereien verleiten wollen**. Denn häufig nutzen diese Männer gerade die Unwissenheit der Kinder hinsichtlich sexueller Sachverhalte aus, um sie zu mißbrauchen.

Die unbefriedigte, ganz natürliche Neugier des Kindes und gleichzeitig die Tatsache, daß es wegen seiner Unkenntnis die Absicht des Mannes nicht zu durchschauen und sein Verhalten nicht einzuordnen vermag, bringen es mit sich, daß solche Kinder sexuelle Spielereien Erwachsener an sich dulden. Wenn sie gleichzeitig nicht die Erfahrung gemacht haben, daß man über solche Fragen und damit auch über solche Erlebnisse mit den Eltern und Erziehern ganz frei und offen sprechen kann, haben sie vielleicht sogar Angst vor einer Strafe und schweigen, weil sie empfinden, daß das Verhalten des Mannes und möglicherweise auch das ihre nicht ganz richtig war. So kommt es, daß solch ein Kind zu Hause nicht sofort über sein Erlebnis berichtet und daß es dann über längere Zeit derartige sexuelle Spielereien an sich duldet.

Unkenntnis und mangelhaftes Vertrauen zum Erzieher

Grundsätzlich sollte man ein Kind vor einer allzugroßen Vertrauensseligkeit gegenüber Fremden bewahren. Die rechtzeitige Aufklärung ist jedoch noch viel wichtiger als die Warnung, nicht mit fremden Männern mitzugehen. Denn ein Kind kann nur dann auf eine Gefahr richtig reagieren, wenn es weiß, worin diese Gefahr besteht. Zudem ist es erfahrungsgemäß häufig gerade der „gute Onkel" aus der Nachbarschaft, der das Kind zur Duldung sexueller Spielereien auffordert.

Die **Onanie** wird bei Kindern nicht nur in der Pubertät, sondern auch schon in jüngeren Jahren beobachtet. Relativ häufig onanieren Kinder zum Beispiel in einem Alter zwischen 4 und 6 Jahren. In der Pubertät onanieren dann viele Mädchen und wohl praktisch alle Jungen.

In der Regel sind dies Erscheinungen von ganz normalen Entwicklungsphasen, die das Kind — solange diese Entwicklung nicht von außen gestört wird — nach einiger Zeit hinter sich läßt. Sie bedürfen deshalb keiner besonderen Beachtung.

Jedoch sollte es Sie nachdenklich stimmen, wenn Sie bemerken, daß die Onanie für das Kind eine ungewöhnlich hohe Bedeutung hat und daß es exzessiv, das heißt über einen längeren Zeitraum hinweg mehrmals am Tage onaniert. Wenn Sie feststellen, daß das Kind nicht mehr einschlafen kann, ohne zu onanieren, und beobachten, daß diese Entwicklungsphase nicht nach einiger Zeit überwunden wird, sollten Sie sich überlegen, ob dieses Verhalten des Kindes einen besonderen Grund hat. Wenn das Kind in dieser Zeit lustlos wird, sich nicht mehr recht freuen kann, wenn es seine Leistungsbereitschaft verliert und in seinen Schulleistungen erheblich nachläßt, sollte das Anlaß sein, sich über die Ursachen des Onanierens Gedanken zu machen.

Keine gesundheitliche Schädigungen

Eins muß jedoch ganz klar herausgestellt werden: Körperliche Schädigungen können durch die Onanie nicht auftreten, auch durch exzessives Onanieren nicht! Derartige Behauptungen, wie sie in alten Büchern zuweilen noch zu finden sind, entbehren jeder wissenschaftlichen Grundlage.

Onanie als Ersatzbefriedigung

Stärkeres Onanieren, besonders bei jüngeren Kindern, muß als eine Ersatzbefriedigung verstanden werden. Das Kind handelt so, weil es sich in irgendeiner Weise zu kurz gekommen oder vernachlässigt fühlt, weil es sich allein und auf sich selbst gestellt erlebt. Es fehlt ihm etwas, wofür es sich durch das Onanieren einen Ersatz schafft. So fehlt diesen Kindern häufig die Geborgenheit in der Familie und die liebevolle Zuwendung der Eltern und Erzieher. Oft haben die Erwachsenen nicht genügend Zeit für das Kind und schenken ihm zu wenig Aufmerksamkeit, oder es fühlt sich gegenüber den Geschwistern oder anderen Kindern benachteiligt. Vielleicht ist es durch Spannungen und Uneinigkeit in der Familie bedrückt und flüchtet mit dem Onanieren aus der konfliktgeladenen Umwelt.

Mangel an Initiative

Kinder, die stark onanieren, sind häufig gehemmt. Sie haben wenig Initiative, können sich nicht recht beschäftigen und haben auch keine Liebhabereien, für die sie sich begeistern. Sie sind vorwiegend unlustig und haben Langeweile. Sie geraten dadurch leicht in eine unbefriedigte innere Erregung, welche sie dann mit dem Onanieren abreagieren. (Siehe auch: Gehemmtheit; Faulheit — Mangelnde Anstrengungsbereitschaft.)

Oppositionelle Haltung

In seltenen Fällen ist auch zu beobachten, daß ein Kind gerade in der Öffentlichkeit onaniert und daß es offensichtlich die Empörung der Umwelt herauszufordern sucht. In Ergänzung zu dem oben Gesagten ist festzustellen, daß es sich hierbei zumeist um stark vernachlässigte Kinder handelt, die wenigstens auf diese Weise Aufmerksamkeit zu erreichen suchen und gleichzeitig ihrer oppositionellen Haltung Ausdruck geben.

Verbote und Vorhaltungen

Verbote und Drohungen, Vorhaltungen und Ermahnungen sind auch gegenüber einem onanierenden Kind falsch, in der Regel auch völlig zwecklos. Im Gegenteil wird man auf diese Weise das Kind meist nur zu stärkerem Onanieren antreiben. Denn das Kind kann nicht einfach vom Onanieren ablassen, wenn ein Erwachsener ermahnt oder Verbote ausspricht, — besonders dann nicht, wenn die Onanie als Reaktion auf die Umwelt erfolgt. Vielmehr werden nur noch zusätzlich Schuldgefühle geweckt, das Kind in Konflikte gestürzt und neue Probleme aufgebaut; es wird dann wiederum mit verstärktem Onanieren reagieren.

Durch ein solches Verhalten der Erwachsenen wird ein Teufelskreis (circulus vitiosus) geschaffen, aus dem das Kind kaum noch entrinnen kann: Das Onanieren ruft Ermahnungen und Verbote hervor; die Verbote und Ermahnungen verstärken die Neigung zum Onanieren; das verstärkte Onanieren stößt auf zunehmendes Unverständnis bei den Erwachsenen und führt zu erneuten Verboten und verschärften Strafandrohungen; das Kind aber wird dadurch noch mehr verunsichert und in eine unglückliche und verzweifelte Grundstimmung getrieben, in der es Trost nur in wieder verstärktem Onanieren findet. „circulus vitiosus"

Besonders in der Pubertät wird exzessives Onanieren häufig erst durch die falschen Vorstellungen und die falschen Reaktionen der Erwachsenenwelt ausgelöst. Falsche Informationen

Entweder wurde fälschlicherweise gesagt, Onanie sei gesundheitsschädlich, oder aber die Onanie wurde als „unmoralisch" oder „verwerflich" dargestellt. Es kann auch sein, daß mit dem Kind gar nicht über dieses Problem gesprochen wurde und daß es falsche Vorstellungen von Spielgefährten gehört oder in alten Büchern gelesen hat. Aus derartigen falschen Vorstellungen werden dann häufig kategorische Forderungen nach einem völligen Unterlassen der Onanie abgeleitet, denen das Kind nicht gewachsen ist. Die Folge ist dann vielfach, daß das Kind sich als „schlecht", „schwach" oder „verdorben" erlebt und daß es — aus der Verzweiflung über sich selbst — eventuell noch stärker onaniert. Die ständigen Mißerfolgserlebnisse und Niederlagen vor den unangemessenen Forderungen werden ein Gefühl der Schwäche, der Schuld und des Versagens auslösen. Die Kinder werden dann lustlos, leicht verstimmbar, leistungsunwillig und auch unfähig zu guten Leistungen (z. B. in der Schule).

Zuweilen beobachten Eltern und Erzieher bei ihren etwa 12- bis 16jährigen Kindern etwas beunruhigt stürmische **Schwärmereien** für Lehrer, Schauspieler oder Sportler. In ihrer überschwenglichen Art wirken diese Kinder dann leicht etwas albern und lächerlich. Solche Schwärmereien sind ebenfalls Durchgangsstadien einer ganz normalen Entwicklung. Denn in der Pubertätsphase erwächst bei dem Jugendlichen ein erstes Empfinden für die eigene Liebesfähigkeit, die noch unsicher und ungerichtet ist. Das Schwärmen in dieser Zeit ist ein Zeichen für die erwachende Liebe zu einem andern, welche sich zunächst auf ein fernes, unerreichbares „Idol" ausrichtet. Gleichzeitig beinhaltet dieses Schwärmen die Suche des Kindes nach einem Muster für die eigene, jetzt allmählich einsetzende bewußte Lebensplanung und -gestaltung.

Manchmal äußert sich die Zielunsicherheit der erwachenden Liebesfähigkeit auch in starken seelischen Beziehungen zu gleichgeschlechtlichen Jugendlichen. Auch dies ist nicht ungewöhnlich oder bedenklich und deutet noch nicht auf eine **homosexuelle Veranlagung** hin. Der Jugendliche wird diese Phase seiner Entwicklung nach einiger Zeit hinter sich lassen und sich dem anderen Geschlecht zuwenden. Bedenken sind allerdings dann angebracht, wenn homosexuelle Neigungen bis über die Pubertät hinaus bestehen bleiben. Hier können — neben endogenen Faktoren — umweltbedingte Entwicklungsstörungen vorliegen, die einer psychotherapeutischen Behandlung bedürfen.

Was tun?

Das **Spielen eines Säuglings oder Kleinkindes an seinem Geschlechtsteil** ist ein ganz normales, richtiges und wichtiges Verhalten beim Erforschen des eigenen Körpers. Lassen Sie also das Kind gewähren. Ziehen Sie auch nicht seine Hände vom Geschlechtsteil fort. Hindern Sie das Kind nicht schon beim Sammeln seiner ersten, ganz harmlosen und notwendigen Erfahrungen. Auch wenn ein Kind den Wunsch äußert, in der Wohnung nackt herumzulaufen oder mit den Eltern oder älteren Geschwistern auf die Toilette zu gehen, sollten Sie ihm solche Wünsche erfüllen und nicht unnötig seine Möglichkeiten, Erfahrungen zu sammeln und an ihnen zu lernen, einschränken.

Lassen Sie das Kind auch ungestört beobachten, daß Vater und Mutter, Schwester und Bruder nicht ganz gleich aussehen. Beantworten Sie den Kindern alle Fragen, die sie in dieser Hinsicht stellen, in kindgemäßer Form vollkommen wahrheitsgetreu. Sagen Sie beispielsweise, daß das Geschlechtsteil, welches bei dem Vater außen sei, bei der Mutter sich innen befinde, und daß das so eingerichtet sei, weil die Mutter Kinder bekommen könne.

„Woher kommen die Babys?"

Häufig stellen Kinder im Alter von zwei bis drei Jahren die Frage, woher die Babys kommen. Beantworten Sie diese Frage — wie auch alle späteren Fragen dieser Art — vollkommen wahrheitsgemäß und so klar wie möglich, d. h. so, wie es das Kind in seinem Alter verstehen kann. Sagen Sie also, daß die Kinder im Bauch der Mutter wachsen. (Schon die beliebte Ausdrucksweise „unter dem Herzen der Mutter" weckt ganz falsche Vorstellungen.) Am besten formulieren Sie: „**Du** bist in Mamas Bauch gewachsen", denn das will das Kind im Grunde genommen wissen. Fügen Sie evtl. noch hinzu, daß es damals immer mit der Mutter zusammengewesen ist und im Bauch der Mutter ganz sicher aufgehoben war.

Wenn die Mutter schwanger wird, sollte man ein Kind von zwei bis drei Jahren daran teilnehmen lassen. Es sollte beispielsweise in den Wochen vor der Geburt den Leib der Mutter einmal befühlen und nach den

Herztönen horchen dürfen. Abgesehen davon, daß dies sicher die schönste und eindrucksvollste Art und Weise ist, dem Kind das Wunder der Geburt zu vermitteln, erreichen Sie mit einem solchen Verhalten auch eine positive Einstellung des Kindes zu seinem Geschwister und vermeiden damit eine mögliche Konfliktsituation.

Wenn Kinder in den späteren Jahren einmal „**Doktor spielen**", sollten Sie das nie als etwas „Unanständiges" oder „Schlechtes" kennzeichnen. Falls Sie ein solches Verhalten allerdings allzu häufig beobachten, sollte Sie das zu der Überlegung veranlassen, ob Sie Ihr Kind wirklich ausreichend über sexuelle Fragen informiert haben. Im Alter von 4—5 Jahren wird das Märchen vom Klapperstorch von den Kindern heute längst nicht mehr geglaubt (auch wenn ein Kind das vielleicht nicht direkt sagt).

Die Information, daß die Kinder im Bauch der Mutter heranwachsen, genügt in diesem Alter nicht mehr, Sie müssen das Kind auch darüber informieren, wie die Babys aus dem Bauch der Mutter herauskommen. Dies sollte sofort geschehen, wenn ein Kind eine diesbezügliche Frage stellt, spätestens aber vor der Einschulung — und zwar zu diesem Zeitpunkt auch, wenn das Kind nicht danach gefragt hat. Denn Sie sollten es keinesfalls den Schulkameraden überlassen, das Kind über diese Frage aufzuklären!

> „Wie kommen die Babys aus dem Bauch der Mutter heraus?"

Sie könnten etwa so sprechen: „Die kleinen Kinder kommen zwischen den Beinen der Mutter heraus. Du weißt ja, daß Mädchen und Frauen anders aussehen als Jungen und Männer. Mädchen und Frauen haben da unten einen kleinen Spalt, wo die Babys herauskommen können." Dabei sollten Sie dem Kind weiter erklären, wie dieser kleine Spalt sich bei der Geburt weitet, damit der doch recht große Kopf des Babys da hindurchtreten kann.

Nach Möglichkeit schon vor der Schule, spätestens aber mit 6—7 Jahren, sollten Sie dem Kind auch sagen, wie die Babys in den Bauch der Mutter hineinkommen. Sie müssen den Kindern dann beispielsweise erzählen, daß die Mutter, d. h. jede Frau, sehr viele stecknadelkopfgroße Eier in sich trägt und daß aus einem solchen Ei innerhalb von neun Monaten ein Baby heranwächst. Diesen Vorgang des Heranwachsens sollten Sie ruhig etwas ausführlicher schildern, damit sich Ihr Kind wirklich eine Vorstellung davon machen kann, wie ein Baby im Bauch der Mutter heranwächst (z. B. in der Fruchtblase, die mit Fruchtwasser gefüllt ist; stoßsicher, durch die Nabelschnur mit der Mutter verbunden).

> „Wie kommen die Babys in den Bauch der Mutter hinein?"

Wenn Sie in der hier angedeuteten Art alle diese Fragen völlig offen und selbstverständlich mit Ihren Kindern besprechen, werden Sie es sicher nicht erleben, daß Ihr Kind **„unanständig redet"**, d. h. auf der

Straße Redensarten und Worte, die in unschöner Weise sexuelle Dinge ausdrücken, aufschnappt und verbreitet. Ihr Kind kennt diese Dinge dann viel besser und hat es darum nicht nötig, solche Redensarten zu gebrauchen.

Eine derartige Aufklärung schafft ein volles Vertrauensverhältnis der Kinder zu ihren Eltern und Erziehern. Solche Kinder wissen, daß sie wirklich mit allen Fragen zu Ihnen kommen können. Dies ist die beste Art, **Kinder vor Sittlichkeitsdelikten zu schützen.** Darüber hinaus sollten Sie dem Kind folgende Regeln einprägen:

1. Nicht jede Frau und nicht jeder Mann ist eine „Tante" oder ein „Onkel". Nur Verwandte und höchstens sehr gute Bekannte werden so angeredet.

2. Ein Kind geht niemals mit fremden Leuten mit, ohne die Eltern vorher zu fragen.

3. Es gibt Männer, die kleinen Kindern ihr Geschlechtsteil zeigen oder kleine Kinder anfassen möchten. Solche Männer sind krank und leider oft auch gefährlich. Ein Kind läßt sich nie am Geschlechtsteil oder an der Brust anfassen. Wenn jemand so etwas versucht, läuft es sofort zu Mama oder Papa und erzählt ihnen alles.

4. Zärtlichkeiten, wie zum Beispiel Küsse, werden nur unter Familienmitgliedern ausgetauscht.

Die Rolle des Vaters

Bevor das Kind in die Pubertät eintritt, muß es weitere Informationen über sexuelle Fragen erhalten. Kinder, die durch das richtige Verhalten ihrer Eltern aufgeschlossen sind und ein gutes Vertrauensverhältnis zu ihnen haben, fragen oft schon mit 7—8 Jahren, welche Rolle denn der Vater bei der Entstehung eines Kindes spiele. Einem Kind dieses Alters können Sie etwa antworten, daß der Vater der Mutter den Samen gibt, welchen die Eizelle aufnimmt. Zumindest bei älteren Kindern muß diese Information natürlich ausführlicher sein. Sie müssen diesen Kindern auch schildern, daß die Mutter und der Vater zusammenkommen, wenn sie sich sehr lieb haben. Sie müssen ihnen erklären, daß die Geschlechtsteile von Mann und Frau gut ineinanderpassen, daß das männliche Geschlechtsteil dazu größer und fester werde, daß der Samen dann aus dem Glied des Mannes heraustrete und in die Gebärmutter wandere und dort das Ei, das inzwischen aus dem Eierstock durch den Eileiter dahin gekommen sei, treffe.

Erste Menstruation

Mädchen müssen selbstverständlich auf ihre erste Menstruation vorbereitet werden und dürfen nicht von diesem Ereignis überrascht werden. Dabei sollte man ihnen unbedingt erläutern, welcher biologische Vorgang diesem Ereignis zugrunde liegt und wie sich hier die Möglichkeit anzeigt, später einmal ein Kind zu gebären. Aber auch Jungen sollten von ihren Eltern und Erziehern darüber informiert werden. Nur dann werden sie das rechte Verständnis für die Zusammenhänge gewinnen und nicht angesichts der unbegriffenen Großartigkeit der Sache schlechte Witze machen. Selbstverständlich muß auch ein Junge vor seinem ersten Samenerguß auf dies Ereignis vorbereitet sein und umgekehrt ein Mädchen durch seine Eltern und Erzieher erfahren, warum das Bett eines Jungen schon mal fleckig ist.

Erste Pollution

Gegen Ende der Volksschulzeit, oft schon im Alter von 12 oder 13 Jahren werden Kinder, die ein echtes Vertrauensverhältnis zu ihren Eltern haben, auch Fragen zu Einzelheiten des Geschlechtsverkehrs, der Empfängnisverhütung, des außerehelichen Verkehrs und der Prostitution stellen. Beantworten Sie auch diese Fragen eindeutig, verständlich und vollkommen wahrheitsgemäß. Gleichzeitig müssen Sie mit dem Kind über den Bedeutungsgehalt sexuellen Verhaltens sprechen und mit ihm über Wertmaßstäbe diskutieren.

Grundsätzlich läßt sich hinsichtlich aller Aufklärungsgespräche in allen Lebensaltern sagen: Es besteht nicht die Gefahr, daß Sie dem Kind zu viel und zu früh etwas erklären. Das, was es nicht begreift oder woran es noch gar nicht interessiert ist, wird es einfach vergessen. Es besteht aber wohl die Gefahr, daß Sie zu wenig und zu spät aufklären; nur Nichtwissen und falsche Vorstellungen beunruhigen das Kind. Da Sie auch heute noch damit rechnen müssen, daß ein Kind verschiedenenorts mit verklemmten Vorstellungen konfrontiert wird, können Sie auch nicht ohne weiteres damit rechnen, daß es mit allen Fragen dieser Art zu Ihnen kommen wird. Deshalb müssen Sie mit dem Kind auch dann über diese Dinge sprechen, wenn es noch nicht danach gefragt hat.

Nichtwissen beunruhigt

Auch das Thema **Onanie** sollten Sie im Gespräch mit Ihren Kindern — spätestens, wenn sie etwa 12 Jahre alt sind — von sich aus anschneiden. Sie müssen immer damit rechnen, daß einem Kind irgendwo falsche Vorstellungen über die Onanie vermittelt werden und daß solche Vorstellungen — sobald es selbst onaniert — Schuldgefühle auslösen und den oben beschriebenen „circulus vitiosus" in Gang setzen können, ohne daß Sie selbst etwas Falsches gesagt haben. Dabei ist es überflüssig, das Kind zu fragen, ob es onaniere. Geben Sie ihm nur die richtigen Informationen, vor allem: daß die Onanie nicht gesundheitsschädlich ist, daß die meisten das in diesem Alter tun und getan haben und daß es eine vorübergehende Entwicklungserscheinung ist.

Rechtzeitig informieren

Wenn Sie feststellen, daß die Onanie für das Kind über lange Zeit eine allzu große Rolle spielt, sollten Sie sich ihm verstärkt zuwenden und ihm das zu geben suchen, was es offensichtlich entbehrt. Sorgen Sie für eine ausgeglichene und harmonische Atmosphäre, wenden Sie sich

Zuwendung und Aufmerksamkeit

dem Kind liebevoll zu und schenken Sie ihm viel Aufmerksamkeit. Fragen Sie sich, ob Sie dieses Kind — vielleicht unbewußt — etwas benachteiligen oder ablehnen.

Aktivität und Initiative fördern

Versuchen Sie gleichzeitig, die Initiative des Kindes zu wecken und ihm Liebhabereien aufzuzeigen, für die es sich begeistern kann. Treiben Sie beispielsweise gemeinsam mit dem Kind Sport oder wecken Sie in gemeinsamer Arbeit das Interesse des Kindes für ein handwerkliches Hobby. Geben Sie ihm geistige Anregungen und Aufgaben, an denen es Freude hat. Suchen Sie insgesamt seine Selbständigkeit zu fördern, damit es bald von sich aus Aktivität und Initiative entwickelt.

Wenn das exzessive Onanieren trotzdem nicht nach einiger Zeit abklingt, sollten Sie einen Psychologen oder Psychotherapeuten aufsuchen.

Literatur:

18., 28., 54., 55., 61., 62., 70., 73., 83., 94., 98., 114., 148., 155., 159., 172., 173., 180., 183., 184., 199., 200., 216., 217., 234., 243., 263.

Weitere Stichworte:

Gehemmtheit
Schlafstörungen
Tagträumen

Sprechverweigerung
(Psychogener Mutismus)

Unter Sprechverweigerung (Psychogener Mutismus) verstehen wir ein seelisch bedingtes Schweigen. Die Kinder sind in nur sehr beschränktem Umfang in der Lage, zu anderen einen sprachlichen Kontakt aufzunehmen. In seltenen Fällen ist der Sprechkontakt sogar total abgerissen. Meist schweigen die Kinder jedoch nur in bestimmten Lebensbereichen oder bestimmten Personen gegenüber, während sie im übrigen zumindest noch einen gewissen sprachlichen Kontakt aufrechterhalten. So kann es beispielsweise sein, daß ein Kind in der Schule immer nur schweigt, während es zu Hause und beim Spielen mit anderen Kindern zwar nicht sehr gesprächig ist, jedoch dort nicht in ein totales Schweigen verfällt.

Der Begriff Sprechverweigerung ist nicht sehr treffend gewählt, weil diese „Weigerung" nicht auf einen frei gewählten Entschluß zurückgeht. Richtiger ist es, von seelisch bedingtem Schweigen zu sprechen. (Entsprechend heißt diese Erscheinung in der Fachsprache: psychogener Mutismus.) Von Außenstehenden wird allerdings das seelisch bedingte Schweigen leicht als Trotzreaktion mißverstanden. Doch weiß man heute, daß solche Kinder tatsächlich nicht in der Lage sind zu reden. Sie selbst stehen dieser Situation völlig hilflos gegenüber; sie wissen nichts zu sagen, ihnen fällt nichts ein.

Das seelisch bedingte Schweigen tritt nie isoliert auf, sondern ist immer mit anderen Verhaltensauffälligkeiten verbunden. Solche Kinder sind allgemein gehemmt, ängstlich und schüchtern; sie sind still, resignieren leicht und zeigen eine starke Passivität, die bis zur völligen Untätigkeit reichen kann.

Wie bei jeder Verhaltensauffälligkeit gibt es auch hierbei sehr unterschiedlich starke Ausprägungen. So kann man, wie oben dargestellt, einen elektiven, in Teilbereichen auftretenden Mutismus von einem totalen Mutismus unterscheiden. Zudem gibt es Fälle, die sehr akut und dramatisch auftreten, wie auch andere, die sich allmählich entwickeln, oder solche, bei denen es auch vorher nie zu einer intensiveren Kontaktaufnahme gekommen ist.

Bedeutung und Ursache:

Mangelerleb-
nisse in der
frühesten
Kindheit

Jedem Arzt und Psychologen, der einmal diese Verhaltensauffälligkeit beobachtet hat, wird spontan deutlich geworden sein, daß es sich dabei um eine starke seelische Störung handeln muß, die das Gefühlsleben und die Fähigkeit zur Kontaktaufnahme betrifft. Dementsprechend kann immer wieder festgestellt werden, daß solche Kinder schon in ihrer frühesten Kindheit stärkste Mangelerlebnisse hatten. Schon als Säuglinge wurden sie vor allem in emotionaler Hinsicht stark vernachlässigt; sie wurden zwar vielfach ausreichend versorgt, erfuhren jedoch keine ausreichende Zuwendung und vermißten den liebevollen Kontakt. Zumeist kümmerten sich die Erwachsenen nur zu den festgesetzten Zeiten um sie, versorgten sie aber auch dann allzu sachlich, ohne eine intensivere Verbindung zu ihnen aufzunehmen.

Vor allem aber machten die Kinder die Erfahrungen, daß sich auf ihr Schreien und Weinen hin niemand ihnen zuwandte, daß also ihre eigenen Versuche der Kontaktaufnahme völlig erfolglos blieben. Wenn ein Kleinkind die aufmerksame Zuwendung der Erzieher jedoch immer dann erfährt, wenn es diese braucht, entwickelt es die Gewißheit, angenommen zu sein und dazu zu gehören. Es fühlt sich dadurch eingegliedert in seine Umwelt und erlebt im Umgang mit den anderen, daß es eine ganz persönliche Rolle innehat. In den mutistischen Kindern erwuchs aber keine ausreichende Gefühlsbeziehung zu den Eltern oder Erziehern; sie vermochten keine Vertrauenshaltung zu entwickeln, die Voraussetzung für den Wunsch oder die Möglichkeit einer sprachlichen Kontaktaufnahme ist.

Vertrauens-
losigkeit zu
den Eltern und
Erziehern

Bei einem mutistischen Kind sind diese starken frühkindlichen Mangelerlebnisse in den folgenden Jahren nicht oder nur vorübergehend aufgefangen worden. Vielfach hat es zwar für kürzere Zeit eine Gefühlsbindung herstellen können, die etwas später jedoch aufgrund ungünstiger Verhältnisse (z. B. Krankheit der Mutter) wieder abriß.

Vielmehr wurden auch im Kleinkindalter vor allem solche Erziehungseinflüsse wirksam, die zu einer starken Gehemmtheit und Schüchternheit führen. (Siehe dazu: Gehemmtheit.) Auch im sprachlichen Bereich wurden ihm die Möglichkeiten beschnitten, eine Verbindung zu den Beziehungspersonen herzustellen. Seine Äußerungsversuche wurden nicht beachtet und fanden keine Beantwortung. Alle Gefühlsäußerungen, auch aufkommende Aggressionen, mußte es immer wieder verdrängen, um nicht noch weitergehende Einbußen an Zuwendung erfahren zu müssen. Schließlich erlebte das Kind kaum noch einen Antrieb, sich sprachlich zu äußern; es empfand vielmehr die Gefahr, durch jede sprachliche Kontaktaufnahme eine weitere Verschärfung des zwischenmenschlichen Konfliktes herbeizuführen.

Auf der Basis einer derartigen Vertrauenslosigkeit zu den Kontaktpersonen kann es dann in einer akuten Krisensituation leicht zu einem völligen Kontaktabriß kommen, so daß alle sprachlichen Äußerungsversuche unterbleiben. In dieser aktuellen äußeren Situation kann das Kind plötzlich einen völligen Vertrauensverlust erleben und empfinden, daß es in dem Kontakt zu seinen Beziehungspersonen keinerlei Sicherheit und Geborgenheit mehr zu finden vermag. Es kann auch geschehen, daß das Kind in eine aktuelle Auseinandersetzung gerät, in der es schweigt, weil es unbewußt fürchtet, durch jede weitere Äußerung noch den letzten Rest an Zuwendung zu verlieren.

All diese Bedingungen können unterschiedlich stark auftreten, sie können sowohl in der langfristigen Entwicklung als auch in der aktuellen Situation den Kontakt zu einzelnen Beziehungspersonen stärker betreffen als den zu anderen. Dadurch erklärt sich die sehr große Variationsbreite der mutistischen Erscheinungsformen.

Was tun?

Das seelisch bedingte Schweigen eines Kindes darf niemals isoliert betrachtet werden, sondern ist immer auf der Grundlage einer starken allgemeinen Gehemmtheit zu sehen. Angesichts der Schwere der Gesamtproblematik wird in jedem Fall eine psychotherapeutische Behandlung notwendig werden. In vielen Fällen wird es sogar nicht zu vermeiden sein, das Kind aus seiner bisherigen Umgebung herauszunehmen und in ein anderes Milieu zu überführen.

Da der Mutismus des Kindes als besonders eindrucksvolles Symptom für eine allgemeine schwere seelische Störung anzusehen ist, ist es sinnlos, das Symptom isoliert angehen zu wollen. Es kann deshalb auch keinen Erfolg bringen, das Kind zum Sprechen aufzufordern. Alle Vorhaltungen und Drohungen, jedes Anzeichen der Verärgerung über das Schweigen des Kindes vergrößern die Kluft zwischen dem Kind und seinen Beziehungspersonen und verstärken das Gefühl des Kindes, allein und isoliert zu sein.

Es wird vielmehr notwendig sein, sich intensiv um den Aufbau eines Vertrauensverhältnisses zu bemühen. Wenden Sie sich dem Kind mit viel Geduld zu, ohne es durch zuviel Aktivität weiter einzuschüchtern. Versuchen Sie, gemeinsam mit dem Kind etwas zu unternehmen, was ihm Freude macht. Bestätigen und bestärken Sie die Handlungen, die es von sich aus noch vornimmt, um es allmählich zu einer allgemein höheren Aktionsbereitschaft zu führen. Dabei ist von entscheidender Bedeutung, daß der Erzieher in dieser Entwicklungsphase genügend Zurückhaltung übt und das Kind nicht überfordert. (Siehe auch: Gehemmtheit.)

Marginalien:

Akute Krisensituationen

Psychotherapeutische Behandlung

Keine Ermahnungen oder Vorhaltungen

Aufbau einer Vertrauensgrundlage

Aktuelle Krisensituationen abbauen

Vielfach wird zu untersuchen sein, welche aktuellen Situationen der Anstoß für das Auftreten des kindlichen Schweigens gewesen ist. Immer wird man sich jedoch darauf einstellen müssen, daß es sehr viel Mühe, Geduld und Zeit kosten wird, dem Kind nicht nur zu einer Überwindung seines Mutismus, sondern auch zu einer Bewältigung seiner allgemeinen Gehemmtheit zu verhelfen.

Literatur:

4., 18., 55., 61., 66., 70., 96., 110., 114., 123., 158., 159., 229., 230., 263.

Weitere Stichworte:

Angst
Gehemmtheit

Poltern
Stammeln
Stottern
Verzögerte Sprachentwicklung

Stammeln

Manche Kinder fallen sprachlich dadurch auf, daß sie einzelne Laute falsch bilden. Besonders oft werden beispielsweise die S-Laute (Lispeln), aber auch der R-Laut sowie G und K falsch artikuliert. Häufig vereinfachen die Kinder auch lange und schwierige Wörter bis zur Unkenntlichkeit (Luftballon = Lufabom). Alle diese Falschbildungen von Lauten, Verstümmelungen oder Entstellungen von Wörtern werden zusammen mit dem Näseln in der Fachsprache als „Stammeln" bezeichnet.

Diese Auffälligkeiten der Sprechweise sind von Kleinkindern bekannt. Es sind Schwierigkeiten, die bei allen Kindern im Verlauf des Spracherwerbs vorübergehend zu beobachten sind. Bis zum sechsten Lebensjahr sind sie noch als normal anzusehen. Treten sie jedoch noch im Schulalter auf, sollten sie zu besonderer Aufmerksamkeit veranlassen.

Bedeutung und Ursache:

Wenn undeutlich, ungenau oder gar falsch artikuliert wird, kommt es leicht zu Mißverständnissen, die das Zusammenleben und Zusammenarbeiten außerordentlich erschweren und belasten können. Zudem werden Kinder mit Sprechfehlern unter den Hänseleien und dem Spott der anderen zu leiden haben. Das wird die Störungen jedoch eher noch verhärten oder auch ausweiten und kann weitere Verhaltensauffälligkeiten zur Folge haben.

In der Zeit des Spracherwerbs stammelt vorübergehend jedes Kind. Bei manchen kann die fehlerhafte Aussprache aber nicht von selbst überwunden werden. Vielfach haben Zahnstellungsanomalien, Wucherungen im Nasenraum oder Mißbildungen des Gaumens das Erlernen der richtigen Lautbildung erschwert. Auch eine unter Umständen nur geringfügige Herabsetzung der Hörfähigkeit kann bewirken, daß Laute falsch geformt werden, weil das Kind nicht genau wahrnimmt, wie sie korrekt zu bilden sind. Eine Anomalie der Zunge ist übrigens selten die Ursache einer fehlerhaften Aussprache, obwohl das von Eltern immer wieder angenommen wird.

Organische Ursachen

Mit dem Fortbestand der organischen Mängel dauert auch das Stammeln an. Lehrer des ersten Schuljahres finden in ihrer Klasse noch verhältnismäßig viele Stammler. Manche Kinder beginnen damit sogar erst während des Zahnwechsels, der ja in die Zeit der Einschulung fällt. Hier mögen allerdings auch die neuen Anforderungen, die an das Kind gestellt werden, eine Rolle spielen.

Das **Lispeln** (als eine Sonderform des Stammelns) hält sich unter Umständen sehr lange. Es findet sich oft noch bei Erwachsenen. Man nimmt an, daß sich hierin eine Stauung von Aktivitäten manifestiert, die man als eine Angst oder Scheu vor der Schärfe eigener aggressiver Tendenzen interpretieren könnte.

Vorbild der
Erwachsenen

Oft haben stammelnde Kinder ihre fehlerhafte Aussprache in einer Umgebung erworben, die selbst sehr undeutlich und verwaschen artikuliert. Besonders die Eltern haben durch ihr Sprachvorbild nachhaltigen Einfluß auf die sprachliche Entwicklung ihrer Kinder. Sie können durch ihr eigenes Sprechen sehr förderliche Impulse geben, können aber auch eigene Fehler weiterreichen.

Fehlendes
Unterschieds-
erlebnis

Das Stammeln kann sich so einschleifen, daß sich das Kind sprechend und hörend eingewöhnt und schließlich gar nicht merkt, daß es falsch artikuliert. Solange es nicht darauf hingewiesen wird, erlebt es keine Besonderheit seiner Sprechweise. Deshalb hat es weder einen Grund noch eine Möglichkeit, sich selbst zu korrigieren.

Verzögerte
Sprachent-
wicklung

Vielfach beruht ein Stammeln auch auf einer allgemein verzögerten Sprachentwicklung. Die Kinder sprechen dann im Schulalter noch ganz so wie ein Kleinkind. (Siehe auch: Verzögerte Sprachentwicklung.)

Was tun?

Am Anfang jeder Behandlung steht immer eine gründliche Diagnose. So wird beispielsweise festzustellen sein, ob das Gebiß und der Nasen-Rachenraum in Ordnung sind und ob die Hörfähigkeit voll intakt ist. Es wird zu untersuchen sein, welche Entwicklungsrückstände eventuell vorliegen und ob sich andere Unregelmäßigkeiten im Werdegang des jeweiligen Kindes finden lassen, die zur Klärung der Störung beitragen könnten.

Gutes Sprach-
vorbild

Besonderes Augenmerk gilt auch der Frage, ob das stammelnde Kind etwa schlechte Sprachvorbilder in seiner unmittelbaren Umgebung hat. Eltern und Erzieher werden sich dem Kind geduldig zuwenden und dafür sorgen müssen, daß es aktiv werden kann. Da es überdies nur richtiges Sprechen hören soll, haben sie sich natürlich auch selbst um eine gute Aussprache zu bemühen.

Übungen

Wie bei allen Sprachstörungen ist fachmännische Beratung zumeist erforderlich. Die Übungsempfehlungen und -bemühungen werden dahingehen, jeden falsch gebildeten Laut von Grund auf neu erlernen zu lassen. Das Kind wird regelrecht üben müssen, Unterschiede zwischen verschiedenen (richtig gebildeten!) Lauten herauszuhören. Dabei ist unbedingt zu vermeiden, an Falschbildungen herumzukritteln, damit die

Fehler nicht noch besonders herausgehoben und dadurch verfestigt werden! Üben Sie auch „Mundturnen" mit dem Kind, indem Sie spielerisch die Beweglichkeit von Zunge, Lippen und Unterkiefer trainieren. Die Übungen dürfen nie langweilig sein, damit das Kind gerne lernt. Unterstützen Sie sein Mittun dadurch, daß Sie durch Lob und Anerkennung Erfolgserlebnisse vermitteln, Rückfälle dagegen übergehen.

Literatur:

66., 74., 107., 123., 124., 133., 140., 205., 225., 261.

Weitere Stichworte:

Verzögerte Sprachentwicklung

Poltern
Sprechverweigerung
Stottern

Stehlen

Diebstahl gehört nach Meinung der weitaus meisten Eltern und Erzieher zu jenen Verhaltensauffälligkeiten, die besonders schwerwiegend und verurteilenswert erscheinen. Wenn ein Kind stiehlt, wird es rasch für ganz besonders gefährdet gehalten. Man fragt in der Regel nicht einmal danach, warum und wozu das Kind etwas weggenommen hat. Dabei bleibt meist auch ungeklärt, ob die jeweilige Wegnahme überhaupt schon als Diebstahl zu bezeichnen ist.

Selbst wenn ein Kind weiß, wann es Unrecht tut und trotzdem etwas an sich nimmt, was ihm nicht gehört, kann es dafür doch sehr verschiedenartige Gründe geben. Diese Gründe muß man erst genauer kennen, bevor man die Tat richtig verstehen und dementsprechend wirksam erzieherisch handeln kann.

Bedeutung und Ursache:

Ein erstes Wissen darum, was man nehmen darf und was man nicht nehmen soll, entsteht — wie andere Einstellungen auch — schon im Kleinkindalter. Das Kleinkind orientiert sich an den Verhaltensregeln, die ihm die Eltern und Erzieher vermitteln. Im weiteren Verlauf der Erziehung werden die Verhaltensrichtlinien dann immer seltener Einzelfälle betreffen. Es werden dem Kind in wachsendem Maße allgemeine Verhaltensgrundsätze nahegebracht, die ihm selbständige Entscheidungen im Einzelfall erlauben. Wenn diese Vermittlung von Verhaltensregeln und Verhaltensgrundsätzen auf der Grundlage einer liebevollen Zuwendung erfolgt, werden sich die Vorstellungen der Eltern und Erzieher dem Kind fest einprägen, so daß es sein Tun beständig danach ausrichtet.

Vorbild der Erwachsenen

Kinder, die durch Stehlen auffallen, haben allgemeingültige Verhaltensrichtlinien häufig kaum oder nur in unzureichender Weise kennengelernt. Sie wurden ihnen nicht so nahegebracht, daß sie in der Lage waren, sie als unbedingt gültig anzuerkennen und anzunehmen. Verhaltensregeln, deren Einhaltung Eltern und Erzieher von den Kindern verlangen, müssen in ihrer Allgemeingültigkeit auch dadurch bestätigt werden, daß sich die fordernden Erwachsenen selbst eindeutig danach ausrichten.

Das Erlernen des Eigentumbegriffes wird sehr erschwert, wenn ein Kind beispielsweise beobachtet, daß der Vater sich Werkzeug an seinem Arbeitsplatz aneignet oder Material vom Bauplatz seiner Firma mit heimbringt. Ein solcher Vater verliert an Glaubwürdigkeit, wenn er von dem Kind Ehrlichkeit fordert und die Beachtung von Verhaltensregeln verlangt, die er selbst nur unzureichend befolgt.

Oft bewerten Erwachsene schon das Naschen des Kleinkindes als einen Verstoß gegen Eigentumsregeln. Doch haben diese zumeist noch gar nicht das Bewußtsein, etwas Unerlaubtes zu tun. Aber auch bei älteren Kindern kommt es vor, daß sie heimlich naschen, obwohl sie bereits wissen, daß sie da etwas Verbotenes tun. Oft handelt es sich dabei um solche Mädchen und Jungen, die nicht wagen, offen etwas anzunehmen oder darum zu bitten. Aufgrund einer kleinlichen, allzuängstlichen oder pedantischen Erziehung sind sie gehemmt und sehen manchmal nur noch den Weg, ihre Wünsche heimlich und auf Umwegen durchzusetzen. Offen und direkt ist ihnen das gar nicht mehr möglich, weil sie daran gehindert wurden, erlaubte Aktivitäten zur Befriedigung ihrer Bedürfnisse frei zu entfalten.

Mangel an Durchsetzungsfähigkeit

Anders ist es anzusehen, wenn Kinder heimlich Nahrungsmittel nehmen, weil sie Hunger haben oder befürchten müssen, nicht satt zu essen zu bekommen. Das kommt immer wieder bei vernachlässigten Kindern vor, die nicht regelmäßig und ausreichend versorgt werden. Ihre Erfahrungen zwingen sie dazu, ständig auf ihr eigenes Wohl bedacht zu sein. Deshalb nehmen sie jede Gelegenheit wahr, die sich zur Befriedigung ihrer elementaren Lebensbedürfnisse anbietet.

Befriedigung elementarer Lebensbedürfnisse

Kinder, die dem Elternhaus oder einem Heim entlaufen, versorgen sich oft dadurch, daß sie Nahrungsmittel oder Geld stehlen, um sich niemandem anvertrauen zu müssen. Diebstahl dieser Art wird also aus einer aktuellen Notlage heraus begangen, der das entlaufene Kind gewöhnlich nicht anders zu begegnen weiß. Hinzu tritt, daß es sich dabei häufig um stark vernachlässigte Kinder handelt, die keine eindeutigen Verhaltensregeln kennengelernt haben. Sie entwickelten deshalb nicht die Barriere, die andere Kinder oft noch vom Diebstahl abhält.

Eine besondere Rolle können auch Verführungssituationen in Kindergruppen spielen. Manche Unrechtshandlungen kommen überhaupt erst dadurch zustande, daß damit die Anerkennung von Gleichaltrigen errungen werden soll. So kann es beispielsweise in Kindergruppen üblich sein, daß ihre Mitglieder bei gewissen Gelegenheiten Mutproben — etwa in Form eines Diebstahls — voreinander abzulegen haben. Das Urteil und die Anerkennung seiner Freunde kann einem Kind dann häufig wichtiger sein als die Weisungen seiner Eltern. (Siehe auch: Schlechte Freunde.)

Verführung zum Diebstahl

Schon in der eben erwähnten Mutprobe geht es eigentlich nicht darum, daß ein Kind etwas Bestimmtes für sich haben will und es sich deshalb unrechtmäßig aneignet. Tatsächlich geht es wohl in sehr vielen

Mittel zum Zweck

Kinderdiebstählen nicht vorwiegend um den Besitz eines ganz bestimmten Objektes. Vielmehr sind die gestohlenen Dinge meist Mittel zu einem anderen Zweck. Durch einen Diebstahl wird zwar in jedem Fall angezeigt, daß dem stehlenden Kind etwas fehlt, aber erst die Verwendung des angeeigneten Gegenstandes weist genauer darauf hin, welcher Art der erlebte Mangel ist.

Ausgleich von Mängeln

Wenn zum Beispiel ein Kind in der Konditorei Kuchenteile und Süßigkeiten stiehlt, könnte das darauf hinweisen, daß seine diesbezüglichen Bedürfnisse vielleicht bisher nicht ausreichend befriedigt worden sind. Man sollte in diesem Zusammenhang aber nicht nur an den konkreten Mangel an Süßigkeiten denken. Es ist ja bekannt, daß Kinder, die zu wenig Liebe und Verständnis erfahren, sich durch vieles Essen (besonders von Süßem) eine Ersatzbefriedigung verschaffen.

Vielleicht aber ißt das Kind auch gar keins der gestohlenen Teile, sondern verteilt alles unter seine Freunde auf der Straße oder in der Klasse. Es versucht auf diese Weise Freunde zu gewinnen und einen Mangel an Kontakt und mitmenschlicher Nähe auszugleichen. Es möchte Anerkennung finden dadurch, daß es den Gleichaltrigen Geschenke macht. Es handelt sich dabei um Kinder, die Schwierigkeiten im Kontakt mit Gleichaltrigen haben, die sich in ihrer Gemeinschaft nicht angenommen sehen und die darum ringen, von den Freunden anerkannt und bestätigt zu werden. (Siehe auch: Gehemmtheit; Unreife.)

Aggressionen

Bei einer oppositionellen und aggressiven Grundeinstellung wie auch beim Vorliegen einer starken Eifersucht kann es geschehen, daß ein Kind mit seinem Diebstahl jemanden treffen will. Es nimmt diesem etwas weg, schädigt und verletzt ihn, ohne daß es den angeeigneten Gegenstand selbst eigentlich haben möchte. Deshalb wirft es das Objekt vielleicht einfach weg oder macht es kaputt. Manchmal will das Kind auch — unbewußt — seine Eltern und Erzieher für deren Gleichgültigkeit oder Unverständnis strafen, indem es ihren Verhaltensvorschriften zuwiderhandelt. Gleichzeitig möchte es dadurch die Erwachsenen zwingen, sich ihm (wieder) stärker zuzuwenden. (Siehe auch: Aggressivität.)

Liebesersatz

Stiehlt ein Kind wahllos, was es gerade bekommen kann, so ist das möglicherweise ein Zeichen dafür, daß es eben überhaupt etwas besitzen will, — so wie die anderen auch. Besitztum macht größer in den Augen der Kinder. Es ist aber gleichzeitig auch Bestätigung dafür, daß man geliebt wird; denn in aller Regel kann sich ein Kind sein Eigentum noch nicht selbst erwerben, sondern bekommt eigentlich alles geschenkt. Wenn es fürsorgliche und liebende Eltern und Erzieher hat, wird es geboten bekommen, was es braucht. Jedes Spielzeug, jedes Kleidungsstück wird auf diese Weise zum Liebesbeweis. Kinder, die vernachlässigt werden, müssen oft solche Zeichen des Angenommen-seins vermissen. Wenn sie stehlen, unternehmen sie dann nichts anderes als den Versuch, sich selbst die ihnen vorenthaltenen Belege für erfahrene Liebe und Zuwendung zu verschaffen oder sich zu entschädigen. Wird dann der Diebstahl entdeckt, erscheint das Kind seiner Tat wegen noch unliebenswerter als zuvor. Damit verschlechtert sich die emotionale Lage des Kindes immer mehr, und es wächst gleichzeitig das den Diebstahl veranlassende Bedürfnis nach Liebesbeweisen und einem den Mangel ausgleichenden Besitz. Abermalige Entwendungen sind dann vielfach die Folge.

Was tun?

Diebstahl liegt bei einem Kind erst dann vor, wenn es Gegenstände und deren Besitzer richtig einander zuordnen kann und dennoch etwas an sich nimmt, was einem anderen gehört. Am ehesten bildet sich ein Begriff von Eigentum und Besitz dann, wenn ein Kind selbst etwas besitzt und darüber verfügen darf. Die Entwicklung der Unterscheidungsfähigkeit zwischen „Mein" und „Dein" wird erleichtert, wenn das Kind sich selbst in der Rolle des Besitzers erleben kann und wenn es über sein Eigentum ein alleiniges Verfügungsrecht hat, es sogar zerstören oder verschenken darf, wenn es das einmal wünscht. Im Umgang mit seinem eigenen Besitz macht es wichtige grundlegende Erfahrungen, die ihm helfen, auch das Eigentum anderer zu respektieren.

Entwicklung des Eigentum-Begriffes

Aus den gleichen Gründen ist es sehr wesentlich, daß ein Kind schon früh — spätestens mit der Einschulung — ein Taschengeld bekommt, über das es wirklich frei verfügen kann. (Siehe auch: Unselbständigkeit.)

Gleichzeitig muß das Kind die Verhaltensregeln und Verhaltensgrundsätze kennenlernen und auf der Grundlage einer allgemeinen liebevollen Zuwendung vermittelt bekommen. Dabei ist es von ausschlaggebender Bedeutung, daß es ein völlig korrektes Verhalten auch in bezug auf Kleinigkeiten bei seinen Eltern und Erziehern beobachten kann. Nur so erfährt es eine konsequente und einheitliche Beeinflussung, die eine stabile Grundhaltung gegenüber dem Eigentum anderer bewirkt.

Grundsätzlich sind auch vernachlässigte Kinder, wenn sie in ein Heim oder eine Pflegefamilie kommen, in dieser Weise zu behandeln. Zunächst wird es wesentlich sein, ihnen eine Zuwendung entgegenzubringen, die unabhängig ist von ihrem jeweiligen Verhalten. Nur so kann das Gefühl eines Zurückgesetztwerdens und eines Benachteiligtseins allmählich abgebaut werden. Das Selbstwertgefühl dieser Kinder muß gestärkt werden. Eventuell muß ihnen dabei geholfen werden, einen Kontakt und eine anerkannte Stellung in der Gruppe Gleichaltriger zu finden.

Hilfen für vernachlässigte Kinder

Fachkundige Beratung	Ihr Verhalten gegenüber einem Kind, das gestohlen hat, sollte immer bestimmt sein von der Einsicht, daß dieses Kind Schwierigkeiten hat, die es selbst nicht bewältigen kann. Demzufolge sollten Sie ganz sachlich herauszufinden suchen, welche Motive dem Handeln des Kindes zugrunde liegen könnten. (Siehe auch: Aggressivität; Gehemmtheit; Unreife.) In vielen Fällen werden Sie sich jedoch an eine Erziehungsberatungsstelle oder einen frei praktizierenden Psychologen oder Psychotherapeuten wenden müssen, damit die tieferen Ursachen für das Stehlen des Kindes aufgefunden werden.
Gemeinsames Problem für Kind und Erzieher	Lassen Sie sich nicht zu Vorwürfen und inquisitorischen Verhören hinreißen. Machen Sie das Fehlverhalten des Kindes zu einem gemeinsamen Problem, für das eine Lösung gefunden werden muß. Sprechen Sie, soweit es möglich ist, mit dem Kind über den akuten Vorfall. Versuchen Sie ihm die Folgen seines Verhaltens deutlich werden zu lassen. Verfallen Sie dabei jedoch nicht ins Moralisieren und äußern Sie auf keinen Fall schlimme Befürchtungen für die Zukunft des Kindes. Dadurch würden Sie das Kind nur mutlos machen und seine Bereitschaft zu einem Bemühen um eine Verhaltensänderung zunichte machen.
Wiedergutmachung	Als selbstverständlich sollte von dem Kind erwartet werden, daß es das begangene Unrecht wiedergutmacht. Auch wenn dies dem Kind manchmal recht schwerfallen wird, wird es doch dadurch erleichtert, weil die Angelegenheit damit zu einem gewissen Abschluß gebracht werden kann. Verzichten Sie demgegenüber auf alle Strafen, die nicht mit dem Geschehenen unmittelbar zusammenhängen. Wenn Sie dagegen das Kind die logischen Konsequenzen seines Tuns tragen lassen, wird es das in der Regel akzeptieren, ohne daß dadurch das Vertrauensverhältnis zwischen ihm und Ihnen gestört wird.

Literatur:

2., 3., 4., 8., 16., 18., 28., 55., 61., 70., 86., 94., 96., 98., 122., 147., 155., 156., 171., 172., 177., 187., 209., 229., 237., 242., 263., 267., 268., 271.

Weitere Stichworte:

Egoismus
Lügen
Schlechte Freunde

Aggressivität
Gehemmtheit
Unreife
Weglaufen

Stottern

Das Stottern ist eine allgemein bekannte Verhaltensauffälligkeit, die die zwischenmenschliche Kontaktaufnahme in erheblichem Maße behindert. Der Sprachfluß wird dabei durch krampfartige Erscheinungen an jenen Muskelgruppen unterbrochen, die an der Lautbildung, Stimmgebung und Atmung beteiligt sind. Der Stotterer hat Schwierigkeiten, bestimmte Laute besonders am Wortanfang auszusprechen, so daß es zu Stockungen und mehrfachen Wiederholungen kommen kann. Gleichzeitig sind oft verspannte Mitbewegungen zu beobachten, wie zum Beispiel ein Augenaufreißen, ein Verziehen des Mundes, ein Stirnrunzeln oder ein Verkrampfen der Schultermuskulatur.

Nicht zu verwechseln ist das Stottern mit dem Poltern, bei dem die Kinder überhastet sprechen, ungenau artikulieren, Silben verschlucken oder ganze Wörter auslassen. (Siehe auch: Poltern.)

Bedeutung und Ursache:

Wenn man einen Stotterer beobachtet, erlebt man sehr stark die Verkrampfung und Hemmung, die dieses Kind an einer ungestörten Sprechweise hindert. Man erkennt zugleich, daß im Stottern keineswegs ein grundsätzliches Unvermögen zu einer sprachlichen Kontaktaufnahme zum Ausdruck kommt, wie etwa bei mutistischen Kindern. (Siehe auch: Sprechverweigerung.) Vielmehr ist die Äußerungsbereitschaft des stotternden Kindes voll erhalten. Häufig spürt man sogar einen sehr starken Drang, sich zu äußern und mitzuteilen. Der Stotterer ist jedoch unfähig, den Sprechvorgang ungestört zu vollziehen.

Dementsprechend fällt bei der näheren Untersuchung eines stotternden Kindes immer wieder auf, daß bei ihm offensichtlich „ein Impuls zur Mitteilung unterbrochen wird von einem Gegenimpuls zum Verschweigen" (Dührssen).

Widerstrebende Impulse

Das Kind leidet unter seinen gegensätzlichen, sich widerstrebenden Impulsen. Es besteht bei ihm ein unbewußter Konflikt zwischen dem starken Wunsch und dem Bedürfnis, etwas zu äußern, etwas auszudrücken und klarzustellen sowie der Furcht, gegen das, was man tun oder sagen darf, zu verstoßen und/oder die Zuwendung der Beziehungspersonen zu gefährden. Dinge, die dringend geäußert werden müßten, weil sie das Kind emotional tief bewegen, werden zurückgestaut, weil es glaubt, damit die Vorstellungen und Forderungen seiner Beziehungspersonen zu verletzen.

Fast durchweg ist dabei zu beobachten, daß das stotternde Kind eine positive Bindung an seine Eltern und Erzieher hat und daß es deshalb weitgehend bereit ist, deren Meinungen, Vorstellungen und Forderungen anzuerkennen, obwohl sie – dem Kind unbewußt – seinen eigenen Bedürfnissen zuwiderlaufen. Diese Kinder haben durchaus eine Zuwendung erfahren und deshalb eine Bindung an ihre Beziehungspersonen entwickelt, obwohl diese den kindgemäßen Bedürfnissen vielfach nicht in verständnisvoller Weise entsprechen.

Funktionstüchtigkeit der Sprechorgane

Im Widerspruch zu älteren Ansichten ist zu sagen, daß die Sprechorgane des Stotterers intakt sind. Auch ein „angewachsenes Zungenbändchen" ist keineswegs – wie in Laienkreisen zuweilen noch angenommen wird – als Ursache für diese Sprechstörung anzusehen. Die Funktionstüchtigkeit der Sprechorgane wird u. a. daraus deutlich, daß nahezu alle Stotterer störungsfrei zu singen und meist auch zu flüstern vermögen. Sehr eindrucksvoll kann vielen Stotterern ihre Sprechfähigkeit im autogenen Training demonstriert werden, bei dem ihnen oft im Zustand der Entspannung – zumeist zur eigenen Überraschung – ein freies Sprechen gelingt.

Pedantische Erziehung

Die gegensätzlichen, sich widerstrebenden Impulse, unter denen ein Stotterer leidet, können unter den verschiedensten Bedingungen entstanden sein. Häufig ist zu beobachten, daß Stotterer eine recht kleinliche und pedantische Erziehung erfahren, durch die ihre kindgemäßen Bedürfnisse immer wieder eingeengt und beschränkt werden. Es wird ein zu hohes Maß an „Wohlerzogenheit" und „Bravheit" erwartet und ihre kindliche Spontaneität durch zu viele regulierende Vorschriften immer wieder gehemmt. Gleichzeitig werden alle Versuche des Kindes, sich gegen diese Einengung zur Wehr zu setzen und seine nach außen drängenden Impulse zu verwirklichen, stark mißbilligt und vielfach moralisch abgewertet. So steht das Kind in dem Konflikt zwischen seiner starken Bedürfnisspannung und den diesen Bedürfnissen entgegenstehenden, von ihm grundsätzlich akzeptierten Forderungen seiner Beziehungspersonen.

Mißbilligung aller aggressiven Impulse

Während unter den oben dargestellten Erziehungsbedingungen die Kinder vor allem keine Kritik und keine Widersetzlichkeit gegenüber ihren Eltern und Erziehern und deren Forderungen äußern dürfen, ist bei manchen Stotterern zu beobachten, daß ihnen die Vorstellung vermittelt wurde, alle aggressiven Verhaltensweisen seien schlecht und verwerflich. Diese Kinder sind dann auch Gleichaltrigen gegenüber nicht in der Lage, sich zu wehren, obwohl sie durchaus einen Durchsetzungswillen verspüren. Sie werden hin- und hergerissen zwischen ihrer Tendenz, auf den Angriff eines anderen spontan aktiv bzw. aggressiv zu reagieren, und dem Wunsch, dem Weltbild ihrer Beziehungspersonen zu folgen, welches von ihnen das Zurückdrängen dieser Impulse verlangt.

In Übereinstimmung mit diesen Bedingungsstrukturen wurde bei Stotterern häufig eine Störung der Ich-Entwicklung festgestellt. Die ersten bewußten und gezielten Willensäußerungen des Kindes, seine Versuche, selbständige Entscheidungen zu treffen und eine eigenständige Persönlichkeit zu entwickeln, wurden mißbilligt und verhindert. Dementsprechend wurde von einigen Autoren hervorgehoben, daß Stotterer von ihren Eltern und Erziehern in einer besonders starken Abhängigkeit gehalten und ständig bevormundet wurden.

Störung der Ich-Entwicklung

Aktueller Anlaß für das Auftreten des Stotterns kann nach dem oben Gesagten sein, daß ein Kind beispielsweise bei der Geburt eines Geschwisters eifersüchtig reagiert und daß seine an sich berechtigten Eifersuchtsäußerungen dann getadelt und als schlecht bewertet werden. Dieses Kind gerät dann in einen Zwiespalt: Auf der einen Seite stehen seine verständlichen Forderungen und der Wunsch, seine Eifersucht in eventuell aggressiven Verhaltensweisen abzureagieren; andererseits erlebt es die abwertenden Tadel durch seine Eltern und Erzieher und die Befürchtung, durch die Äußerung seiner Eifersuchtsgefühle noch mehr an Zuwendung zu verlieren.

Unterdrückte Eifersuchtsreaktionen

Nicht selten wird die Problematik eines Stotterers besonders an der Einstellung deutlich, die ihm sexuellen Fragen gegenüber vermittelt worden ist. Meist ist ihm dieser gesamte Bereich als etwas Unanständiges dargestellt worden. Seine Fragen dazu wurden entweder nicht oder nur sehr unzureichend beantwortet. Es wurde ihm die Vorstellung vermittelt, daß dies etwas ist, worüber man nicht redet. Das Kind hat gemerkt, daß diesem Bereich zwar offensichtlich eine hohe Bedeutung zukommt, daß es den Erwachsenen aber peinlich ist, darüber zu sprechen. Es möchte dann einerseits die Fragen, mit denen es sich im Verlauf seiner Entwicklung naturgemäß beschäftigt, beantwortet wissen, fürchtet aber andererseits den Unwillen der Erwachsenen auf sich zu ziehen, falls es über derartiges redet. Dieser Konflikt wird zumeist dadurch noch verschärft, daß das Kind aufgrund der Andeutungen der Erwachsenen glaubt, schon die gedankliche Beschäftigung mit diesem Problem sei etwas Schlechtes, und daß es deshalb Schuldgefühle entwickelt, mit denen es sich alleingelassen sieht. (Siehe auch: Sexuelle Verhaltensauffälligkeiten.)

Verdrängung sexueller Fragen

In anderen Fällen wird das Kind dadurch in einen Konflikt zwischen seinen gegensätzlichen, sich widerstrebenden Impulsen gedrängt, daß ihm von seinen Eltern und Erziehern falsche und verwirrende Vorstellungen über sich selbst vermittelt werden. So geschieht es zuweilen, daß Eltern aus einem persönlichen Ehrgeiz heraus ihrem Kinde eine überhöhte Vorstellung von sich selbst und von seiner intellektuellen Leistungsfähigkeit geben. In der Auseinandersetzung mit der Umwelt und mit den Leistungen der Gleichaltrigen in der Schule, stellt das Kind jedoch fest, daß diese Vorstellungen nicht den tatsächlichen Gegeben-

Vermittlung eines falschen Selbstbildes

heiten entsprechen. Es leidet darunter, daß die Eltern es nicht so annehmen, wie es ist, und daß die Eltern nach außen hin Dinge verbreiten, denen es nicht entsprechen kann. Zuweilen wird es sogar gehänselt wegen dieser Diskrepanz zwischen den Lobpreisungen seiner Eltern und seinen realen Leistungen. Das Kind gerät dann in den Konflikt zwischen dem Wunsch, die überhöhten Vorstellungen der Eltern zu korrigieren, und der Furcht, dadurch die Zuwendung der Eltern zu verlieren.

Unterdrückung aggressiver Impulse

Es ist nicht möglich, die verschiedenen Konfliktformen, die zu einem Stottern führen können, in ihrer Vielseitigkeit auch nur einigermaßen vollständig darzustellen. Fast immer jedoch liegt ein starker innerer Zwiespalt vor, und es werden Äußerungen und Klarstellungen zurückgedrängt, die das Kind außerordentlich stark bewegen und vielfach eine aggressive Tönung haben. Ein solcher Konflikt kann beispielsweise auch entstehen, wenn ein Kind immer wieder die Erfahrung machen muß, da sich seine Eltern innerhalb der Familie in wütenden Beschimpfungen und Drohungen gegenüber Verwandten oder Bekannten ergehen, bei der nächsten Gelegenheit diesen jedoch außerordentlich freundlich und fast unterwürfig begegnen. Das Kind, welches aufgrund einer Identifikation mit seinen Beziehungspersonen diese affektiv geäußerte Abneigung noch weitaus stärker übernimmt als der Erwachsene, sieht sich dann auf einmal gezwungen, ein seinem Erleben nach ganz folgerichtiges ablehnendes oder aggressives Verhalten zurückzudrängen. Vielfach macht es dann sogar die Erfahrung, daß es von seinen eigenen Eltern getadelt wird, wenn es nicht — seinem Empfinden zuwider — freundlich und zuvorkommend ist.

Furcht vor dem Stottern

Je mehr man einen Stotterer auf sein Stottern verweist, je mehr man ihn auffordert, doch langsam zu sprechen und sich zusammenzunehmen und aufzupassen, um so ängstlicher wird das Kind das Stocken seines Sprachflusses erwarten, und um so eher wird es zu Verkrampfungen seiner Sprachmuskulatur kommen. Zudem hat es die Erfahrung gemacht, daß es wegen seiner langsamen, stockenden Sprechweise immer wieder unterbrochen wird und nicht die Gelegenheit bekommt, sich wirklich auszusprechen. In gleicher Weise wirken alle Hänseleien und Verspottungen verstärkend und verfestigend auf das Stottern ein.

Weitere Störfaktoren im Kleinkindalter

Durch ein ungeduldiges und unwilliges Erzieherverhalten kann ein frühkindliches Stottern ausgelöst oder zumindest wesentlich mitbedingt werden. Innerhalb der normalen Sprechentwicklung gibt es eine Phase, in der das Kind zwar bereits einen starken Äußerungswillen entwickelt hat, jedoch aufgrund seiner bis dahin ungeschulten und ungeübten Sprechtechnik das, was es sagen will, ebenfalls noch nicht flüssig hervorzubringen vermag. Falls das Kind nun in dieser Phase von seinen Eltern und Erziehern immer wieder ungeduldig unterbrochen wird oder aufgrund eines starken Redebedürfnisses eines Erwachsenen nie dazu kommt, seine Gedanken zu Ende zu führen, wird es in eine ängstliche Verspanntheit geraten können, sobald es nur zu sprechen beginnt. Dies wird häufig noch dadurch verstärkt, daß ein Erwachsener auf die noch ungeschickte Sprechweise des Kindes unwillig reagiert und es dessentwegen schilt. Auf diese Weise kann ein Kind so verspannt und gehemmt werden, daß sich seine in dieser Phase noch stockende Sprechweise zu einem Stottern ausweitet, welches sich in der Folgezeit durch das gleichsinnige Verhalten der Umwelt verfestigt.

Was tun?

Je länger ein Stottern besteht, um so schwerer ist es zu beseitigen. Man sollte deshalb keine Zeit verlieren und fachkundigen Rat einholen. Die Kombination einer psychotherapeutischen Behandlung mit einer Sprachheiltherapie hat die besten Aussichten auf Erfolg.

Wesentlich wird es sein, dem Stotterer Mut zu machen und ihm deutlich werden lassen, daß sein Sprachfehler nicht auf einer Schädigung oder Mißbildung seiner Sprechorgane beruht. So wird man das Kind beispielsweise darauf aufmerksam machen, daß es ungestört singen kann. Ältere Kinder kann man eventuell mit Hilfe von Übungen, die dem autogenen Training ähneln, zu einer Entspannung führen, in der sie für kurze Zeitspannen frei sprechen können. Dieses Erlebnis kann besonders dann eine wertvolle Hilfe sein, wenn das Stottern schon längere Zeit besteht und das Kind selbst nicht mehr glaubt, daß ihm geholfen werden kann.

Die Personen der engsten Umgebung werden sich bemühen müssen, die richtige Einstellung gegenüber dem stotternden Kind zu finden. Das Kind darf möglichst nicht auf seinen Sprachfehler hingewiesen werden. Alle Ermahnungen zum Langsamsprechen oder zu Wiederholungen sind zu unterlassen. Vielmehr müssen Sie dem Kind geduldig zuhören und für eine ganz entspannte Gesprächsatmosphäre sorgen. Jeder Zeitdruck ist sorgfältig zu vermeiden. Unterbrechen Sie das Kind nicht, wenn es Ihnen etwas berichtet, und ermuntern Sie es zu ruhigen und ausführlichen Darstellungen.

Geduldig zuhören

Die dem Stottern des jeweiligen Kindes zugrunde liegenden Ursachen und in seiner unmittelbaren Umgebung vorzunehmende Umstellungen werden Sie gemeinsam mit dem behandelnden Psychologen oder Psychotherapeuten besprechen. Bemühen Sie sich ganz allgemein darum, Vorhaltungen, Vorwürfe und Tadel soweit wie eben möglich zu vermeiden. Bieten Sie ihm auch die Möglichkeit, seine aggressiven Impulse zu äußern, auch wenn diese sich gegen Sie selbst richten sollten. Gehen Sie verständnisvoll auf die Ursachen seiner Aggressionen ein und machen Sie die Zusammenhänge deutlich. Lassen Sie das Kind im

Aggressionen ausleben lassen

Spiel eine aggressive Rolle übernehmen, in der es frei agieren und schimpfen kann. (Nicht selten können diese Kinder laut und intensiv schimpfen, ohne zu stottern.) Auch sollte man sich darauf einstellen, daß diese Kinder im Verlauf einer psychotherapeutischen Behandlung Phasen starker Aggressionsäußerungen durchlaufen können.

Sprachheil-therapie

Eventuell wird Sie auch der Sprachheillehrer dazu auffordern, mit dem Kind ein emotionsfreies Sprechen, zum Beispiel mit einer hohen Kopfstimme oder im Flüsterton, zu üben. Oft können diese Kinder dann störungsfrei reden, weil nun die sehr gefühlsbestimmten, widerstrebenden Impulse weniger Wirkung auf die Sprechweise des Kindes haben.

Literatur:

4., 7., 18., 24., 26., 28., 30., 54., 55., 61., 66., 70., 74., 96., 102., 107., 123., 140., 155., 171., 209., 212., 213., 214., 264.

Weitere Stichworte:

Angst	Poltern
Eifersucht	Sprechverweigerung
Gehemmtheit	Stammeln
Sexuelle Verhaltensauffälligkeiten	Verzögerte Sprachentwicklung

Strebertum – Übertriebener Ehrgeiz

Alle Eltern und Erzieher freuen sich, wenn ihre Kinder einen Leistungswillen entwickeln und sich um Erfolge zum Beispiel auf schulischem, musischem oder sportlichem Gebiet intensiv bemühen. Doch gibt es Kinder, die einen übertriebenen Leistungsehrgeiz haben. Sie sind mit größter Verbissenheit und Ausschließlichkeit auf die angestrebten Leistungen ausgerichtet und können es nicht ertragen, wenn sie einen Fehler machen und wenn sie nicht die gewünschten Erfolge erreichen.

Für manche Kinder ist es zudem unerträglich, wenn sie in der Klasse oder in der Gruppe einmal nicht die besten sind oder in der Gunst eines Erwachsenen nicht die erste Position einnehmen. Sie neiden den anderen ihre Erfolge und versuchen häufig auch, sich bei den Erwachsenen „lieb Kind" zu machen, indem sie sich — vielfach in übertriebener Weise — um das bemühen, was die Erwachsenen ihrer Erfahrung nach positiv bewerten. Unter den Gleichaltrigen sind sie zumeist unbeliebt und gelten als „Streber" oder als „Spielverderber".

Bedeutung und Ursache:

So erfreulich der Leistungswille eines Kindes ist, so gefährlich kann es sein, wenn ein Mädchen oder ein Junge mit starker Ausschließlichkeit und Verbissenheit auf das Erbringen von außergewöhnlichen Leistungen ausgerichtet ist. Die großen Anstrengungen und Opfer, die das Kind auf sich nimmt, legen die Annahme nahe, daß das Erreichen dieser besonderen Leistungen für das Kind von sehr großer Bedeutung ist. Dementsprechend wird man in der Regel davon ausgehen müssen, daß sein Verhalten ein Hinweis darauf ist, daß es etwas entbehrt, was andere haben.

Und tatsächlich läßt sich immer wieder beobachten, daß ein Kind einen außerordentlichen Leistungsehrgeiz entwickelt, weil es Lob, Anerkennung und Aufmerksamkeit nur durch ungewöhnliche Leistungen und Erfolge erreicht oder erreichen zu können glaubt. Das Kind fühlt sich von den Erwachsenen oder von Gleichaltrigen nicht ganz angenommen und sucht deren Beachtung durch besondere Leistungen zu erringen.

Das Gefühl, nicht voll angenommen zu sein

Der Hintergrund für das Empfinden des Nichtangenommenseins kann sehr verschiedenartig sein. Häufig liegt dem zum Beispiel eine Geschwisterproblematik oder eine Rivalität in einer Heimgruppe zugrunde. Vielleicht wenden sich die Eltern und Erzieher diesem Kind spontan nicht so intensiv zu wie den anderen. (Siehe auch: Eifersucht.) In manchen Fällen kann der körperliche Mangel eines Kindes (Folgeerscheinungen einer Kinderlähmung, Mißbildungen, u. a.) Ursache dafür sein, daß das Kind sich benachteiligt fühlt und in der gesamten Umwelt nicht die Anerkennung findet, die es braucht.

Falls es nun durch seine Leistungen die gewünschte Beachtung und Bestätigung findet, wird der Wunsch nach immer neuen Erfolgen sein Handeln bestimmen. Wenn allerdings seine Leistungen nicht anerkannt werden und das angestrebte Ziel auch so nicht zu erreichen ist, wird es entweder mutlos und gehemmt werden oder durch ein übertriebenes Geltungsstreben die vermißte Aufmerksamkeit zu erregen suchen. (Siehe auch: Gehemmtheit; Faulheit — Mangelnde Anstrengungsbereitschaft; Albernheiten — Geltungsbedürfnis.)

Der Ehrgeiz der Eltern und Erzieher	Die Grundeinstellung der Eltern und Erzieher spielt eine entscheidende Rolle bei der Entwicklung des Leistungsverhaltens eines Kindes. Wenn der Leistungsaspekt sehr stark überbetont ist, wird das Kind ebenfalls diese Bewertung übernehmen, falls nicht gegensätzliche Einflüsse (zum Beispiel eine oppositionelle Haltung) diese Einstellungsprägung verhindern. Auch ohne daß direkte Forderungen an ein Kind gestellt werden, kann es doch ganz von dem Bewußtsein erfüllt sein, daß seine Eltern und Erzieher besondere Erfolge von ihm erwarten. Das Kind spürt die Erwartungshaltung seiner Beziehungspersonen. Besonders häufig trifft dies für das älteste der Geschwister oder ein Einzelkind zu. Dementsprechend fällt bei ihnen oft ein besonderer Leistungsehrgeiz auf. (Wenn sich allerdings der Ehrgeiz der Erwachsenen so äußert, daß sie auch mit guten Leistungen noch nie ganz zufrieden sind und schlechtere Ergebnisse ständig tadeln, dann kann es wiederum geschehen, daß dieses Kind mutlos und gehemmt wird und jede Anstrengungsbereitschaft verliert.)
Kontaktschwierigkeiten mit Gleichaltrigen	Zuweilen liegt dem übertrieben starken Ehrgeiz eines Kindes auch zugrunde, daß es sich von den Gleichaltrigen nicht voll angenommen fühlt. Es handelt sich hierbei um Kinder, die Hemmungen im Kontakt mit Gleichaltrigen haben, beispielsweise um Einzelkinder oder „Nesthäkchen". Da sie im Kreis der Kameraden von sich aus nicht genug beachtet werden, versuchen sie durch besondere Leistungen deren Aufmerksamkeit und Bewunderung zu erringen. Gelingt dies nicht, so werden sie sich bemühen, doch wenigstens bei den Erwachsenen, beispielsweise den Lehrern, besondere Anerkennung zu finden.
Gefahren des übertriebenen Ehrgeizes	Der übertriebene Leistungsehrgeiz und das Strebertum ist ein Zeichen für die seelische Unausgeglichenheit eines Kindes und verdient deshalb schon die Aufmerksamkeit der Eltern und Erzieher. Gleichzeitig birgt dieses Streben aber auch eine Reihe von Gefahren in sich, die in besonderem Maße dazu veranlassen sollten, den Kindern zu einer ausgeglicheneren Einstellung dem Leistungsbereich gegenüber zu verhelfen.

Zwar gibt es Kinder, die einen sehr starken Leistungsehrgeiz haben und doch recht gut in die Gruppe der Gleichaltrigen integriert sind; der Streber jedoch, der zumeist darauf bedacht ist, seine Sonderstellung in der Gunst der Erwachsenen nicht zu verlieren, ist bei seinen Kameraden unbeliebt. Er mißachtet immer wieder bestimmte Forderungen der Gruppe, um dem Erwachsenen zu gefallen, und wird häufig aus der Gemeinschaft der Gleichaltrigen ausgeschlossen. Er gerät in eine Außenseiterposition, die sich auf die Dauer so belastend auswirken kann, daß möglicherweise auch sein Leistungsverhalten darunter leidet.

Außenseiterrolle

Zudem ist zu beachten, daß ein solches Kind in ständiger Spannung und steter Angst vor einem Leistungsabfall lebt, welcher ja das Ausbleiben der für das Kind unentbehrlichen Anerkennung zur Folge haben würde. Deshalb kann ein solches Kind leicht in eine schwere Krise geraten, sobald es — zum Beispiel nach dem Übergang auf eine weiterführende Schule — nicht mehr in der Lage ist, die außergewöhnlichen Leistungen zu erbringen, oder wenn es sich plötzlich — beibeispielsweise nach einem Lehrerwechsel — Erwachsenen gegenübersieht, die gute Leistungen nicht so hoch bewerten. Wie schon aus dem oben Gesagten hervorgeht, droht diesen Kindern immer der Mißerfolg, das Nichterreichen ihres Zieles, was dann Mutlosigkeit und den Verlust jeder Anstrengungsbereitschaft zur Folge haben kann.

Angst vor dem Mißerfolg

Was tun?

Übertrieben ehrgeizigen Kindern muß von ihren Beziehungspersonen vor allem deutlich gemacht werden, daß sie nicht ihrer Leistungen wegen, sondern daß sie um ihrer selbst willen geliebt und anerkannt werden. Die Kinder müssen merken, daß man sie auch dann unverändert gern hat, wenn sie nicht so gute Leistungen erbringen.

Das Kind um seiner selbst willen annehmen

Dazu gehört selbstverständlich, daß ein Kind nicht geringer geachtet und nicht weniger geschätzt wird als andere und daß sich seine Eltern und Erzieher ihm ebenso uneingeschränkt zuwenden wie den anderen. (Siehe auch: Eifersucht.) Dabei ist zu beachten, daß Kinder mit einem körperlichen Mangel oder auch solche, die in früheren Jahren eine starke Ablehnung erleben mußten, häufig die verstärkte Zuwendung und Hilfe der Erwachsenen brauchen.

Grundsätzlich sollten sich Eltern und Erzieher zwar über jede Leistung ihres Kindes freuen, diese jedoch auch nicht überbewerten. Vor allem sollten sie sich davor hüten, den eigenen Ehrgeiz auf die Kinder zu übertragen. Schon der Wunsch: „Mein Kind soll es einmal besser haben als ich!", ist außerordentlich gefährlich. Das Kind spürt dann eine allzu

Den eigenen Ehrgeiz zurückstellen

ehrgeizige und hohe Erwartungshaltung seiner Beziehungspersonen. Natürlich soll es so weit gefördert werden wie möglich. Doch muß es seinen Weg doch schließlich selber finden.

Den Kontakt zu Gleichaltrigen fördern

Wichtig ist es, den unkomplizierten Kontakt und das freie Spiel des Kindes mit Gleichaltrigen zu fördern. Es muß lernen, soziale Erfolgserlebnisse („Ich werde anerkannt, weil ich ein guter Spielkamerad bin!") zu finden. Mit viel Verständnis werden die Erwachsenen ihm helfen müssen, eventuelle Hemmungen zu überwinden und eine ausreichende Selbständigkeit zu entwickeln. (Siehe auch: Gehemmtheit; Unselbständigkeit.)

Die Interessenbreite erweitern

In vielen Fällen wird es auch zweckmäßig sein, die Interessenbreite des Kindes zu erweitern, damit es eine allzu einseitige Ausrichtung auf besondere Einzelleistungen aufgeben kann. So wird man beispielsweise ein Kind, dessen Denken und Bemühen allzu ausschließlich auf gute Schulleistungen abzielt, dazu anregen, Sport zu treiben oder ein Musikinstrument zu spielen.

Literatur:

2., 95., 141., 148., 209.

Weitere Stichworte:

Eifersucht
Gehemmtheit

Albernheiten — Geltungsbedürfnis
Faulheit — Mangelnde Anstrengungsbereitschaft
Schlafstörungen
Unselbständigkeit

Tagträumen

Klaus ist ein stiller und scheuer Junge. Immer wieder zieht er sich zurück und möchte in Ruhe gelassen werden. Wenn er sich an seinen Tisch gesetzt hat, um Schulaufgaben zu machen, sieht man oft, daß seine Augen in die Ferne gerichtet sind und seine Gedanken weit abschweifen. Wenn man ihn dann anspricht, schrickt er regelrecht auf, reagiert etwas verlegen und ist bemüht, sich seinen Hausaufgaben wieder zuzuwenden. Doch kurze Zeit später findet man ihn abermals träumend über seinen Heften sitzen. Auch der Lehrer hat sich schon mehrfach beklagt, daß Klaus in der Schule unaufmerksam und offensichtlich mit seinen Gedanken immer woanders sei. Seine Mitschüler verspotten ihn als Träumer, so daß er deshalb schon weinend von der Schule nach Hause kam.

Bedeutung und Ursache:

Es gibt Kinder, die sich tagsüber ständig in ihre Wachphantasien zurückziehen. Sie sind dann unansprechbar und wortkarg und wirken wie abwesend. Wie Klaus in unserem Beispiel können sie sich auch in der Schule nicht mehr recht dem zuwenden, was gerade besprochen wird und lassen deshalb in ihren Schulleistungen nach. Von ihren Mitschülern werden sie wegen ihrer verträumten Art verspottet. Schließlich ziehen sie sich ganz von ihren Spielkameraden zurück und werden Außenseiter.

Der Träumer weicht vor der Wirklichkeit in seine Phantasievorstellungen aus. Er wendet sich von der Außenwelt ab und schafft sich eine eigene Welt in seinen Träumen, in der Wunschvorstellungen in Erfüllung gehen. Häufig spielt ein Kind in seinen Wachphantasien immer wieder die gleichen Situationen durch und variiert dasselbe Thema, an dem es möglicherweise jahrelang festhängt. In seinen Träumen gelingen ihm beispielsweise Leistungen, die ihm in Wirklichkeit versagt sind, und es findet dort die Anerkennung und Bestätigung, die es im wirklichen Leben nicht erfährt.

Flucht vor der Wirklichkeit

Die Trauminhalte sind zwar immer wieder ganz anders, doch ähneln sie sich in dem Grundthema:

Grundthema der Trauminhalte

Oft erleben sich die Kinder als Retter in der Not und kommen gerade demjenigen zu Hilfe, dessen Bewunderung und Anerkennung sie erstreben. Gleichbleibend ist zu beobachten, daß die Kinder in ihren

Träumen (und zum Teil nur noch in ihren Träumen!) sich glücklich fühlen, weil sie sich dort als ein angenommenes, anerkanntes und bewundertes Glied einer harmonischen Gemeinschaft erleben.

Träume als Ersatzbefriedigung

Diese Bedürfnisse, durch Träumereien eine Ersatzbefriedigung zu schaffen für das, was im wirklichen Leben versagt bleibt, sind meist so stark, daß das Kind sie nicht zu unterdrücken und zu verdrängen vermag. Die Träume steigen in ihm immer wieder auf, obwohl es selbst erlebt, wie es dadurch daran gehindert wird, Aktivität zu entfalten, in der Schule etwas zu leisten oder im Kreis der Gleichaltrigen mitzumachen wie alle anderen. Auch bewirkt der Übergang vom Traum zur Wirklichkeit stets eine erneute Enttäuschung für den Tagträumer, weil er sich dann wieder den tatsächlichen Verhältnissen seines Lebens gegenübergestellt sieht. Wenn dieses Kind dann zudem sein eigenes Verhalten, seine Flucht in die Traumwelt als negativ bewertet, empfindet es zusätzlich noch Scham- und Schuldgefühle; es leidet darunter, daß es sich so etwas Nichtigem, wie dem Traum, hingibt und seine Alltagspflichten vernachlässigt. Enttäuschungen und Schuldgefühle aber verstärken wiederum die Unerfreulichkeit seiner allgemeinen Lebenssituation.

Einengungen

Die Ursachen für das Tagträumen zu klären bedeutet, danach zu fragen, warum das wirkliche Leben so unerfreulich und problematisch scheint, daß das Kind vor der Wirklichkeit in die Traumwelt flüchtet. Es gibt nun vielfältige Bedingungen, die das zustande bringen können. So kann sich das Kind eingeengt und beengt fühlen. Es ist vielleicht zu sehr zur „Bravheit" erzogen worden und sieht sich nun daran gehindert, seine kindgemäßen Bedürfnisse in Spiel und Sport, im Herumtoben mit Gleichaltrigen sowie in der spontanen Freude am aktiven Handeln auszuleben. Stattdessen begegnet es allzuoft einengenden Forderungen, so daß es zu Spannungen zwischen seinen Wünschen und den sie überall beschränkenden Ver- und Geboten kommt.

Minderwertigkeitsgefühle

Auch Kinder, denen durch das Erzieherverhalten das Bewußtsein vermittelt wurde, klein, dumm und ohnmächtig zu sein, und die dadurch in ihrer Selbständigkeitsentwicklung und der Ausbildung altersgemäßer Fähigkeiten gehemmt wurden, erleben sich als minderwertig, sobald sie im Vergleich mit den Leistungen der Gleichaltrigen ihre Unterlegenheit erkennen. In ihren Tagträumen suchen sie sich wenigstens für kurze Zeit einen Ausgleich für ihre Minderwertigkeitsgefühle zu schaffen, indem sie in ihren Vorstellungen große, von allen bewunderte Leistungen vollbringen.

Verwöhnung

Wenn ein Kind allzusehr verwöhnt wurde, wird es ebenfalls nicht eine aktive und zupackende Lebenseinstellung entwickeln können. Es neigt vielmehr zur Passivität und Bequemlichkeit. Sobald dieses Kind allmählich in das Alter kommt, seine eigene Situation und seinen

Lebensweg zu überdenken, wird es unzufrieden mit sich selbst und unglücklich sein über seine Lebensumstände. In der Regel vermag es aber aufgrund seiner Fehlentwicklung nicht, die vor ihm stehenden Probleme energisch anzupacken, sondern es flüchtet sich dann in Wachphantasien.

Für manche Kinder ist auch das Gefühl der Einsamkeit und des Alleingelassenseins — das Bewußtsein, keinen Menschen zu haben, dem sie sich anvertrauen können — die Ursache für ihre Flucht in Tagträume. Auch Kinder, die für eine längere Zeit sich selbst überlassen waren (z. B. im Krankenhaus), die zu wenig Anregung erfuhren, schaffen sich leicht eine Traumwelt, in die sie sich zurückziehen.

Gefühl der Einsamkeit

Die Gründe dafür, daß ein Kind seine Lebenssituation als unerfreulich erlebt, sind so vielgestaltig, daß hier nur die wesentlichsten Erwähnung finden können. Hinzuweisen ist jedoch noch auf diejenigen Träumer, die sich nicht angenommen oder gegenüber anderen Kindern benachteiligt fühlen. Eine solche „Aschenputtel-Situation" findet sich bei Tagträumern immer wieder. (Man kann dies Märchen geradezu als sehr anschauliches Beispiel für die Thematik solcher Wachphantasien ansehen.) In jedem Fall aber sucht der Träumer in seinen Wachphantasien Trost und ist bestrebt, Kummer und Mißbehagen wenigstens für kurze Zeit aus seinem Bewußtsein zu verdrängen.

„Aschenputtel-situationen"

In der Pubertät findet man recht häufig eine verstärkte Neigung zum Tagträumen. In dieser Zeit, in der ein wesentlicher Schritt vom Kind zum Erwachsenen getan wird, muß das Kind seinen Erfahrungs- und Lebensbereich erweitern. Und je mehr es daran gehindert und eingeengt wird, um so stärker wird es in seine Wachphantasien ausweichen. Naturgemäß wird es sich jetzt in seinen Tagträumen gerade auch mit sexuell-erotischen Inhalten und Fragen beschäftigen, die seine Vorstellungen um so intensiver ausfüllen, je weniger es sachlich eindeutig darüber informiert wurde. Die Auseinandersetzung mit der Sexualität ist jedoch in der Regel nicht die eigentliche Ursache des Tagträumens, sondern dessen in dieser Zeit vorherrschende Thematik.

Träumereien in der Pubertät

Was tun?

Aufforderungen, das Träumen zu unterlassen, helfen gar nicht; denn die Wachphantasien werden doch wieder aufsteigen. Vorwürfe und Strafen lassen das wirkliche Leben für das Kind nur noch unfreundlicher erscheinen und treiben es eher stärker in seine Traumwelt hinein. Ebenso sinnlos ist es, das Kind gewaltsam aus seinen Wachphantasien reißen zu wollen, indem man es zu Aktivitäten zwingt und Maßnahmen ersinnt, die den sensiblen Träumer „abhärten" sollen.

Keine Zwangs-maßnahmen

Fragen nach den Ursachen	Die Frage, die Sie an sich zu stellen haben, ist vielmehr: Warum empfindet das Kind sein Leben als unerfreulich, als problematisch und als nicht zu bewältigen? In manchen Fällen werden Sie dabei feststellen, daß ein Kind seine gesamte Lebenssituation als ausweg- und hoffnungslos erlebt. Es hat keine realistischen Zielvorstellungen oder sieht nicht die Möglichkeit, sein Leben seinen Wünschen und auch seiner grundsätzlichen Begabung entsprechend zu gestalten.
Fachkundige Hilfe	Häufig ist es notwendig, die Hilfe eines Psychologen oder eines Psychotherapeuten heranzuziehen. Diesem wird es möglich sein, die Trauminhalte des Kindes zu erfahren und dadurch näheren Aufschluß über die speziellere Problematik des jeweiligen Kindes zu erhalten.
Zur Aktivität anregen	Grundsätzlich kommt es darauf an, bei dem Träumer das aufzubauen, was wir in seinem Verhalten vermissen. Man wird ihn also zu einer aktiven und zupackenderen Einstellung anregen. Dabei ist es wesentlich, den Träumer allmählich und ohne jeden Zwang zu einer Beteiligung an Spiel und Sport zu führen und ihm über Erfolgserlebnisse Freude an seinem Tun zu vermitteln. Nehmen Sie lebhaften Anteil an seinen Aktionen, planen Sie gemeinsame Unternehmungen, suchen Sie den Kontakt zu dem Kind und wecken Sie ein Gemeinschaftsgefühl. Achten Sie jedoch darauf, daß Sie das Kind nicht mit einem Übermaß an eigener Aktivität „überfahren" und dadurch die erwachenden Aktivitäts-Impulse des Kindes zerstören und es wieder mutlos machen.
Zielvorstellungen wecken	Entwickeln Sie gemeinsam mit dem Kind realistische Zielvorstellungen, auf die sich auszurichten ihm Freude macht. Schmieden Sie zusammen mit ihm Pläne für den nächsten Sonntag und für die nächsten Ferien, oder besprechen Sie mit ihm geplante Anschaffungen. Wecken Sie sein Interesse für die alltäglichen Dinge und erörtern Sie mit ihm auch seine Berufspläne und -möglichkeiten. Eventuell wirklichkeitsfremde Vorstellungen des Kindes sollten Sie freundlich und sachlich mit ihm diskutieren.

Literatur:

18., 55., 115., 138., 146., 148., 155., 200., 237.

Weitere Stichworte:

Angst
Eifersucht

Gehemmtheit
Faulheit — Mangelnde Anstrengungsbereitschaft
Unselbständigkeit

Ticartige Bewegungen

Als „Tic" bezeichnet man ein sich ständig wiederholendes, unwillkürliches Muskelzucken, das verschiedene Muskeln bzw. Muskelgruppen betreffen kann. Wohl am häufigsten sind Tics als Augenzwinkern und Grimassenschneiden zu beobachten. Zuweilen tritt aber auch ein ruckartiges Zurückwerfen des Kopfes auf. Seltener sind Tics der Atemmuskulatur, die sich als ständig wiederholendes Schniefen, Schnüffeln, Räuspern, Hüsteln oder Grunzen äußern, oder Tics der Armmuskulatur, zum Beispiel ein ständig wiederholtes ruckartiges Achselzucken.

Derartige ticartige Bewegungen sind außerordentlich störend sowohl für das Kind selber als auch für seine Umgebung. Die Erwachsenen neigen dazu, das Kind immer wieder aufzufordern, diese Bewegungen doch zu unterlassen, und es würde auch selbst gern frei sein von dieser lästigen Erscheinung. Die Muskelzuckungen sind jedoch unwillkürlicher Art und deshalb höchstens für einen kurzen Augenblick willentlich zu beeinflussen.

Zumeist lassen die Muskelzuckungen etwas nach, sobald das Kind sich intensiv mit einer ihm angenehmen Aufgabe beschäftigt, beispielsweise spielt oder liest. Sie treten verstärkt auf, wenn es im Gespräch oder bei unangenehmen Aufgaben in eine nervöse Verspannung gerät.

Bedeutung und Ursache:

Das Auftreten eines Tics bei ihrem Kinde sollten Eltern und Erzieher niemals leichtnehmen. Einmal besteht die Gefahr, daß das Kind deswegen von Gleichaltrigen gehänselt wird und so möglicherweise in eine Außenseiterrolle gerät. Vor allem aber ist jeder Tic als Zeichen einer psychischen Störung anzusehen.

Es gibt zwar ticartige Erscheinungen, die nur kurze Zeit anhalten und dann von selbst wieder verschwinden. In vielen Fällen aber bleiben die Tics bestehen und können eine starke Belastung für das Kind darstellen.

Als grundlegende Ursache für das Auftreten eines Tics muß ein Erzieherverhalten angesehen werden, durch das der Junge oder das Mädchen schon in früher Kindheit stark eingeengt wurde. Zumeist handelt es sich um eine sehr autoritäre und pedantische Erziehung, durch die die vitalen Bewegungsäußerungen des Kindes gebremst und behindert wurden. Diese Kinder trafen, wenn sie ihren natürlichen Bewegungsdrang ausleben wollten, ständig auf allzu eng gesetzte Ver-

Starke Einengungen und Beengungen

botsschranken. Ihre Eltern und Erzieher zeigten kein Verständnis für den kindgemäßen Bewegungsdrang. Stattdessen wurde ein Wohlverhalten von dem Kind gefordert, zu dem es altersmäßig noch gar nicht in der Lage war. Es stand stets unter dem Druck der allzu strengen Eltern, die das Kind mit ständig wiederholten Ge- und Verboten, Vorwürfen und Ermahnungen überschütteten (zum Beispiel: „Sitz gerade am Tisch!" „Halt doch endlich die Füße still!" „Rede nur, wenn du gefragt wirst!"). Die auf ein solches Erziehungsverhalten hin aufkommenden Trotzreaktionen wurden hart getadelt und bestraft.

Hervorbrechen verdrängter Bewegungs-impulse

In dieser Situation sah sich das Kind gezwungen, sein Verhalten ständig zu kontrollieren und zu überwachen. Es geriet in eine nervöse Spannung und suchte ängstlich jedes falsche Verhalten zu vermeiden. Aus Furcht vor Tadel und Strafe war es bestrebt, seine natürlichen Bewegungsimpulse zu unterdrücken. Gerade aber angesichts des angespannten und krampfartigen Bemühens, nur keine falsche Bewegung zu machen, bahnte sich schließlich die gestaute Aktivität als unwillkürlicher und willentlich nicht zu beeinflussender Tic den Weg nach außen.

Auslösende Bedingungen

Neben dieser grundlegenden Ursache, die bei fast allen Kindern, die an ticartigen Erscheinungen leiden, zu beobachten ist, tritt im Augenblick des Auftretens dieser Muskelzuckungen häufig auch noch eine auslösende Bedingung hinzu. Dabei kann es sich beispielsweise um Überforderungserlebnisse und besondere Belastungen in der Schule handeln. Ebenso kann — wie bei Jungen gar nicht selten zu beobachten ist — eine aktuelle Auseinandersetzung mit dem Problem der Onanie, zumeist auf der Grundlage falscher Informationen über gesundheitliche oder charakterliche Folgen, das Auftreten solcher Erscheinungen auslösen. (Siehe auch: Sexuelle Verhaltensauffälligkeiten.)

Was tun?

Jeder Hinweis auf die Muskelzuckungen und jeder Versuch, sie rein äußerlich zu korrigieren, alle Vorwürfe und Neckereien verstärken und verfestigen in der Regel den Tic. Man sollte im Gegenteil alles vermeiden, was das Kind aufregt und seine Aufmerksamkeit auf seine ticartigen Bewegungsimpulse verstärkt ausrichtet.

Spontaneität und Unbefangen-heit fördern

Vor allem aber ist es wichtig, den Druck zu lockern, der in der Erziehung ständig auf das Kind ausgeübt wurde. Das Kind muß wieder seine natürliche Spontaneität, Lockerheit und Unbefangenheit zurückgewinnen. Vielfach wird es überhaupt erst lernen müssen, solche Regungen auszuleben. In vielen Fällen genügt es deshalb nicht, die Beschränkungen aufzuheben, die das Kind erfuhr. Vielmehr wird es häufig nötig sein, das Kind zu ermutigen und anzuleiten, spontan, unbefangen und aktiv zu agieren. In diesem Sinne haben sich zuweilen rhythmische Bewegungsübungen als erfolgreich erwiesen.

Gleichzeitig muß das Kind eine liebevolle Behandlung erfahren, welche ihm das Gefühl vermittelt, daß es sich nicht mehr ständig zu fürchten braucht.

Darüber hinaus wird es in vielen Fällen nötig sein, herauszufinden, welcher aktuelle Anlaß das Auftreten des Tics ausgelöst hat, um von dort aus dem Kind zu helfen, wieder eine größere psychische Ausgeglichenheit zu finden. Dazu wird es nützlich sein zu beobachten, in welchen Situationen der Tic besonders stark auftritt.

Fragen nach dem aktuellen Anlaß

Oftmals ist es jedoch den Eltern und Erziehern nicht möglich, ohne fachkundige Beratung dem Kind ausreichend zu helfen. Da der Tic sich im Laufe der Zeit reflexartig verfestigt und deshalb um so schwerer zu behandeln ist, je länger er besteht, sollten Sie sich rechtzeitig an eine Erziehungsberatungsstelle, einen Psychologen oder Psychotherapeuten wenden.

Rechtzeitige Behandlung

Literatur:

4., 18., 55., 96., 148., 155., 170., 209., 263.

Weitere Stichworte:

Unruhe — Nervosität   Gehemmtheit

Trotz – Ungehorsam

Jeder, der heute mit der Erziehung von Kindern zu tun hat, wird sich eines Tages ernsthaft mit dem Problem des „Gehorsams" auseinandersetzen müssen. Er wird sich fragen, ob der unbedingte und direkte Gehorsam, das bedingungslose Unterwerfen des Kindes unter die Forderungen der Erwachsenen tatsächlich ein erstrebenswertes Erziehungsziel ist oder ob dieses nicht viel eher darin besteht, die Kinder statt zu ängstlicher Gebotserfüllung zu einer freien Verantwortlichkeit und zu von Einsicht getragener Anpassungsbereitschaft zu führen. Wenn wir letzteres bejahen, müssen wir uns von dem Ideal des „gehorsamen" und „artigen" Kindes trennen und uns vielmehr zur Aufgabe machen, aktive und einsichtige Kinder zu erziehen.

Bedeutung und Ursache:

Achtung vor dem Kinde

Jede verantwortungsbewußte Erziehung muß ausgehen von der Anerkennung der Eigenpersönlichkeit des Kindes. Diese Achtung vor dem kindlichen Partner erfordert, daß wir uns der besonderen Situation, in der das Kind aufgrund seines jeweiligen körperlichen und geistig-seelischen Entwicklungsstandes steht, bewußt werden und daß wir den altersbedingten Möglichkeiten und Bedürfnissen, die das Kind hat, Rechnung tragen, um keine unangemessenen Forderungen an das Kind zu stellen.

Sauberkeitserziehung

Dies gilt vom ersten Tage, an dem das Kind auf der Welt ist. Besondere Bedeutung erlangt es dann, wenn die Eltern mit der „Sauberkeitserziehung" beginnen. Nun wird in der Regel zum ersten Mal eine kategorische Forderung an das Kind erhoben (daß es seine Windeln nun nicht mehr beschmutzen dürfe), und das Kind lernt hierbei häufig zum ersten Male Ärger, Unwillen, Zorn oder gar Strafe seitens der Eltern kennen. Vielfach sind sich die Eltern nicht darüber klar, wann die körperliche Reife ihres Kindes soweit entwickelt ist, diese Forderungen in ungezwungener Weise erfüllen zu können. (Siehe auch: Bettnässen – Tagnässen – Einkoten.)

Unangemessene Forderungen

Auch die Eltern der vierjährigen Claudia, die trotz aller Ermahnungen nicht ruhig am Tisch sitzt und immer wieder zu sprechen beginnt, stellen unangemessene Forderungen an ihr Kind, welches diese ohne eine Vergewaltigung seines kindlichen Wesens nicht zu erfüllen vermag.

Und wie steht es mit dem dreijährigen Hans-Jürgen, der früher gar keine Schwierigkeiten machte und sich jetzt auf einmal ständig den Aufforderungen seiner Eltern widersetzt und trotzig ist? Nahezu jedes Kind macht im Laufe seiner Entwicklung solche „Trotzphasen" durch, in denen es zur Auseinandersetzung zwischen dem Willen des heranwachsenden, selbständiger werdenden Kindes und den Forderungen seiner Erzieher kommt. Im allgemeinen fällt die erste „Trotzphase" in das dritte Lebensjahr. Doch gibt es sowohl in zeitlicher Hinsicht wie in bezug auf Stärke und Ausprägung des Trotzes große Unterschiede. So kann das eine Kind schon früh, im zweiten Lebensjahr, eine derartige Umbruchphase seiner Entwicklung durchmachen, während ein anderes Kind erst mit vier Jahren zu trotzen beginnt. Während dieser Entwicklungsprozeß bei dem einen Kind nur im häufigen „Nein" und „Ich will aber nicht" zum Ausdruck kommt, ist die „Trotzphase" des anderen Kindes — bedingt durch das Erzieherverhalten — durch heftiges Schreien, Auf-dem-Boden-Wälzen und Toben gekennzeichnet.

Wie jedes entwicklungsbedingte Verhalten läßt auch das Kleinkind diese erste „Trotzphase" nach einiger Zeit hinter sich. Eine zweite, ähnlich krisenhafte Auseinandersetzung findet dann zumeist in der Pubertät statt, in der das Kind allmählich den Schritt in die Erwachsenenwelt tut.

„Trotzphasen" sind Entwicklungsphasen. Sie dienen der Ich- und Selbstwerdung des Kindes. Am deutlichsten ist dies bei dem zwei- bis vierjährigen Kind zu erkennen. Es entdeckt in dieser Zeit die Möglichkeit, selbst etwas wollen zu können, und ist darüber beglückt. Wie bei allem Neuentdeckten wird es nun beginnen, diese neue Fähigkeit zu üben. Natürlich weiß es zunächst noch nicht damit umzugehen, und dieses Wollen und Nichtwollen wird dann zunächst ganz zufällig und ungezielt eingesetzt. Da sich der eigene Wille am leichtesten dann erproben läßt, wenn man das, was die anderen wollen oder vorschlagen, verneint, beginnt nun die Phase des großen Verneinens, die manche Eltern zuweilen zur Verzweiflung bringt. Dabei stellt sich das Kind nun erstmals gegen seine Umwelt, in die es vorher harmonisch eingebettet war. Das Kind löst sich aus seiner starken Verbindung mit seinen Eltern, seinen Bezugspersonen und tritt ihnen nun mit dem „Nein" als Eigenpersönlichkeit entgegen.

Dieser notwendige Entwicklungsprozeß ist aber für das Kind keineswegs nur ein leichter, erfreulicher Vorgang. Vielmehr bringt dieser Prozeß der Loslösung eine erhebliche Beunruhigung und Verunsicherung mit sich, da das Kind allein und einsam ist, sobald es sich auf sich selbst stellt. So kommt es, daß die Kinder gerade in der Zeit, in der sie eine erste Selbständigkeit finden und sich mit ihrem „Nein" gegen die Eltern stellen, von Zeit zu Zeit mit heftiger Dringlichkeit die liebevolle

Zuwendung der Eltern fordern, daß ihr gerade sich entwickelndes Ich jetzt in besonderem Maße den liebevollen, schützenden Halt der Mutter, des Vaters braucht.

Unterschied-
liche
Ausprägung

Bedenkt man, daß das Trotzen des Kindes der Ausdruck für die erste Ich-Entwicklung, für die erste Selbstwerdung des Kindes ist, wird man auch verstehen, daß sich dieses Trotzen in sehr unterschiedlicher Stärke ausprägen kann. Wenn nämlich die Verselbständigung und die Entwicklung des eigenständigen kindlichen Willens von Anfang an von den Eltern gefördert wird, wenn die ersten Trotzreaktionen nicht auf Unwillen, Ärger oder gar Bestrafungsreaktionen stoßen, sondern auf ein verständnisvolles, den eigentlichen Hintergrund dieses Tuns erkennendes und das Kind in seinem unbewußten Streben förderndes Verhalten, dann werden die extremen Trotzformen kaum auftreten. (Heute glaubt man sogar, daß diese „Trotzphasen" nicht, wie früher angenommen, zwangsläufige Entwicklungsstationen sind, sondern daß ein Erzieher diesen Entwicklungsprozeß leiten kann, ohne daß ausgesprochene „Trotzphasen" überhaupt auftreten.) Stellt sich dagegen der kindlichen Ich-Entwicklung ein autoritäres Erziehungsverhalten der Eltern entgegen, welches dem kindlichen Willen keinen Raum gibt, dann wird sich das Kind häufig durch Schreien, Auf-dem-Boden-Wälzen und ähnliche dramatische Äußerungen gegen diese Einengung auflehnen.

Nicht jedes Ausbleiben einer starken Trotzphase ist allerdings ein Zeichen für eine verständnisvolle Erziehung. Vielmehr gibt es auch jene Fälle, in denen der Wille des Kindes durch eine starre, autoritäre Haltung der Eltern frühzeitig „gebrochen" wurde, so daß das Kind nicht mehr den Mut zu eigener Initiative, zu eigenem Wollen besitzt. Diese Kinder werden sich später häufig nicht durchsetzen können und durch ihre Abhängigkeit und Beeinflußbarkeit auffallen. Darüber hinaus kann diese Hemmung der Willensentfaltung zu psychischen Erkrankungen führen. (Siehe auch: Gehemmtheit.)

Verfestigte
Trotzhaltung

Ein solches Kind kann seine Trotzhaltung aber auch beibehalten. Das unbewußte Empfinden, in seiner Entwicklung gehemmt und behindert worden zu sein, wird sich eventuell in aggressiven Verhaltensweisen äußern. Wenn derartige Erziehungseinflüsse lange bestehen, kann solchen Kindern auch in ihrem späteren Leben ein angepaßtes Verhalten nicht gelingen; ständig werden sie in Spannungen und Schwierigkeiten geraten und eventuell zu den ewig Oppositionellen gehören. (Siehe auch: Aggressivität.)

Was tun?

Keine unan-
gemessenen
Forderungen

Alle Forderungen, die wir an unsere Kinder stellen, müssen bestimmt sein von der Achtung vor der Eigenpersönlichkeit des Kindes und von der Rücksicht auf seinen jeweiligen körperlichen und geistig-seelischen

Entwicklungsstand. Es dürfen vor allem keine unangemessenen Forderungen an das Kind gestellt werden.

Wie erwähnt, geschieht dies zum Beispiel sehr häufig während der „Sauberkeitserziehung", wenn viel zu früh von dem Kind gefordert wird, daß es seine Ausscheidungsvorgänge wie ein Erwachsener regele.

Eine unangemessene Forderung ist es auch, wenn man von einem spielenden Kleinkind verlangt, es solle sofort aufstehen und unverzüglich zum Essen kommen. Das Spiel ist für das Kind eine wichtige Tätigkeit, bei der es lernt und die als seine Form der „Arbeit" anzusehen ist. Darum muß auch der Erzieher das Spiel des Kindes ernst nehmen. Er muß zudem berücksichtigen, daß ein Kind sehr stark in seinem Spiel aufgeht, und sollte es nicht plötzlich da herausreißen. Meist kann sich ein Kind nur langsam von seinem Spiel lösen und ist deshalb nicht als „ungehorsam" zu bezeichnen, wenn es nicht sofort dem Ruf zum Essen folgt.

Trotzdem soll auch das Kleinkind lernen, pünktlich zum Essen zu kommen. Ein bewährter Weg dahin ist: Sagen Sie dem Kind fünf oder zehn Minuten vorher schon Bescheid. Dann kann es sich darauf einrichten, wirklich gleich zu kommen, wenn das Essen fertig ist. Kleinen Kindern sollten wir unsere Forderungen möglichst noch erleichtern, indem wir sie spielerisch einkleiden. Sie werden beispielsweise bereitwillig zum Essen erscheinen, wenn der Teddy oder das Pony, mit dem es zuvor spielte, nun auch großen Hunger hat und zum Essen geht.

Verständnis für den kindlichen Entwicklungsstand

Manchmal ist zu beobachten, daß beispielsweise ein vierjähriges Kind sich weigert, irgend etwas zu tun, weil es angeblich eine den Erwachsenen ganz unverständliche Furcht hat. Viele Eltern versuchen dann, den Kindern ihre Angstvorstellungen mit Vernunftgründen auszureden. Doch haben sie damit eigentlich nie Erfolg. Sie werden dann leicht ärgerlich, fordern das Kind auf, sich nicht so „anzustellen", und befehlen ihm schließlich, die Forderungen trotz seiner „albernen" Furcht zu erfüllen. Das Verhalten des Kindes ist jedoch keineswegs „albern". Das Unterscheidungsvermögen zwischen seinen Vorstellungen und dem, was wirklich möglich ist, ist in diesem Alter noch so gering, daß es leicht durch phantastische Verkennungen geängstigt wird. Wenn das Kind eine solche Ihnen unverständliche Furcht zeigt, sollten Sie nicht versuchen, Ihre Forderungen durchzusetzen. Zeigen Sie Verständnis und helfen Sie ihm dabei, Wirkliches und Vorgestelltes zu unterscheiden und richtig einzuordnen.

Manche Eltern sind allzu früh darum bemüht, daß ihre Kinder immer „Guten Tag" sowie „Danke" sagen und die „schöne Hand" geben. Bei einem Zwei- bis Dreijährigen sind auch dies ganz unangemessene Forderungen. Lassen Sie es selbst entscheiden, wann es „Guten Tag" sagen will. Ihr Kind lernt vornehmlich durch Ihr Vorbild. Wenn es beobachtet, daß Sie stets freundlich grüßen und die rechte Hand geben, dann wird es das bald übernehmen. (Siehe auch: Fremdeln.)

Vorbild

Alle Eltern und Erzieher sollten sich stets vor Augen halten, daß das Kind am meisten an ihrem Vorbild lernt. Es dürfen also keine Forderungen gestellt werden, denen sich die Erwachsenen nicht selbst unterwerfen. Die wenigen Ausnahmen von dieser Regel müssen dem Kind verständlich gemacht und erklärt werden.

Einsicht vermitteln

Es ist unerläßlich, die Einsicht in den Sinn und die Bedeutung bestimmter Forderungen zu vermitteln und Verständnis dafür zu wecken. Es ist erstaunlich, was Kinder begreifen, wenn man kindgemäß formuliert. Häufig können auch kleine Geschichten und auf die Kasperlefiguren übertragene Situationen zum Verständnis beitragen. Zugleich sollten Sie die Kinder darauf hinweisen, daß auch Erwachsene sich an Regeln halten müssen.

Grenzen als Orientierungshilfen

Wenn auch die Erfahrungsmöglichkeiten der Kinder möglichst wenig beschränkt werden sollen und der eigene Wille des Kindes Beachtung finden muß, so braucht das Kind doch ebenso notwendig bestimmte Grenzsetzungen und muß lernen, sich an die bestehenden Ordnungen anzupassen. Ein Kind wäre überfordert, wenn ihm keine Grenzen gesetzt und damit keine Orientierungshilfen gegeben würden. Allerdings sollten diese Grenzen sehr weit gesteckt sein. Sobald ihm in diesem Rahmen ausreichend Freiheit und Ungebundenheit eingeräumt wird, wird es sich in besonderen Situationen den eindeutigen Forderungen der Erzieher fügen.

Keinen Machtkampf

Die Erziehung eines Kindes verläuft nie ganz reibungslos. Jedes Kind erprobt von Zeit zu Zeit, wo die Grenze ist, die ihm von den Eltern und Erziehern gesetzt wird. Je eindeutiger und konsequenter ihm diese gezeigt wird, um so schneller sind solche Phasen überwunden. Zugleich ist außerordentlich wesentlich, daß die Erzieher immer ruhig und ausgeglichen reagieren. Sobald sie in Zorn geraten und das Kind vielleicht sogar wütend schlagen, verlieren sie die Überlegenheit, die das Kind von ihnen erwartet. Ein Machtkampf, in dem Wille gegen Wille steht, hat meist zur Folge, daß die Erwachsenen schließlich ihre Forderungen mit Gewalt durchsetzen müssen. Alle Gewaltmaßnahmen aber können das Kind verängstigen oder Aggressionen wecken.

Logische Folgen

Zeigen Sie einem Kind die Konsequenzen seines Tuns. Jedes Handeln hat logische Folgen. Wenn das Kind auf seinem Willen besteht, sollten Sie es gewähren lassen; aber es ist selbstverständlich, daß es die Folgen tragen muß. Das versteht und akzeptiert es auch.

Wenn das Kleinkind, mit dem Sie in die Stadt fahren wollen, beispielsweise seinen Mantel nicht anziehen will, dann muß es eben (leider!) zu Hause bleiben. Zeigen Sie ihm dabei, wie sehr es Ihnen leid tut, daß es wegen seines Verhaltens nun nicht mitfahren kann. Denn dies ist ja keine von Ihnen auferlegte Strafe, sondern lediglich die Konsequenz seines Tuns. In der Regel wird es allerdings nachgeben, wenn es merkt, daß Sie eine eindeutige und konsequente Haltung einnehmen.

Wenn Ihr Kind trotz Ihrer sachlichen Hinweise mit seiner neuen Eisenbahn unvorsichtig umgeht, wird diese bald kaputt sein. Dies Ereignis bedarf keines Kommentars Ihrerseits. Denn bald wird das Kind feststellen, daß es nun mit diesem schönen Spielzeug nichts mehr machen kann, und es wird wahrscheinlich zu Ihnen kommen und unglücklich darüber sein. Verzichten Sie jetzt auf jeden Hinweis, daß sie doch früh genug gemahnt hätten, sondern trösten Sie das Kind. Sagen Sie, wie sehr Ihnen das leid tut, aber antworten Sie auf alle Wünsche nach einem Ersatz, daß man nun bis zum nächsten Geburtstag oder Weihnachten warten müsse. Gelingt es Ihnen, dieses Verhalten konsequent durchzuhalten, so wird Ihr Kind bemerken, daß es die logische Folge aus seiner Unvorsichtigkeit ist, jetzt kein so schönes Spielzeug mehr zu haben, und es wird dies akzeptieren. Hätten Sie dieselbe logische Folgerung als Strafe formuliert, dann hätte Ihr Kind den Verlust des Spielzeugs nicht als Folge seines eigenen Handelns, sondern lediglich als einen unfreundlichen Akt des Stärkeren angesehen. Es hätte aus diesem Erlebnis nichts Positives gelernt; vielmehr wäre das Verhältnis zwischen Kind und Erzieher gestört worden.

Erleichtern Sie dem Kind seine Entwicklung zur Selbständigkeit und Eigenständigkeit und vermeiden Sie Machtkämpfe, indem Sie folgendes beachten:

Erklären Sie dem Kind die Notwendigkeit und den Sinn jeder Ihrer Forderungen. Gelingt es Ihnen, bei Ihrem Kind Verständnis dafür zu wecken, wird es ihm viel leichter fallen, dieselben zu befolgen. Gleichzeitig vermitteln Sie ihm damit Einsichten, durch die es schon früh zu einem selbständigen, angepaßten Verhalten gelangt.

Einsichten vermitteln

Nach Möglichkeit sollte man Kindern Gelegenheit geben, ihren Willen zu üben und selbst Entscheidungen zu treffen. Lassen Sie es wählen, welches von zwei Kleidungsstücken es anziehen will, ob es Milch oder Kakao trinken möchte, ob es im Haus oder im Garten spielen will. Gerade in den Phasen, in denen das Kind seinen Willen erproben und unbedingt durchsetzen möchte, können Sie Auseinandersetzungen durch das Anbieten solcher kleiner Alternativen vermeiden.

Alternativen anbieten

Zuweilen neigt ein Kind dazu, auf einem einmal geäußerten Entschluß unbeirrt zu bestehen. Der Erwachsene, der die Schwierigkeiten versteht, die ein Kind bei seiner Selbständigkeitsentwicklung durchmacht,

Kompromisse erdenken

wird nicht starr an einer Gegenforderung festhalten. Er wird Kompromisse erdenken, die dem Kind einen Ausweg anbieten, so daß es — ohne immer als der Schwächere nachgeben zu müssen — doch den Wunsch der Erwachsenen erfüllt und den guten Kontakt erhält, den es braucht. Wenn ein Kind beispielsweise nach Hause kommend sein Dreirad erblickt und nun fest darauf besteht, noch einmal damit zu fahren, kann man ihm einen Kompromiß anbieten und erlauben, rasch noch einmal bis zur nächsten Laterne zu fahren. Es muß dann nicht völlig auf seinen Wunsch verzichten und kommt doch pünktlich zum Essen.

Nicht beachten   Besonders wenn ein Kind sich in eine starke Trotzreaktion hineinsteigert, wenn es sich auf dem Boden wälzt und um sich schlägt, sollten Sie es möglichst wenig beachten. Solche massiven Reaktionen verlieren ihren Sinn, wenn kein Zuschauer da ist, und werden dann schnell unterlassen.

Aufgaben stellen   Übertragen Sie den Kindern so früh wie möglich selbständige Aufgaben und geben Sie ihnen damit Gelegenheit, den eigenen Willen zu erproben und zu schulen. (Siehe auch: Unselbständigkeit.)

Literatur:

28., 52., 56., 83., 90., 117., 118., 148., 156., 163., 172., 173., 177., 192., 194., 200., 201., 209., 245., 254., 271.

Weitere Stichworte:

Frechheit — Widersetzlichkeit   Bettnässen — Tagnässen — Einkoten
Aggressivität   Fremdeln
    Gehemmtheit
    Unselbständigkeit

Ungeschicklichkeit

Frank fällt durch seine Ungeschicklichkeit auf. Sowohl beim Ballspielen als auch beim Klettern ist er nicht so wendig und beweglich wie seine gleichaltrigen Spielkameraden. Er fällt oft hin und bleibt beim Laufen immer hinter den anderen zurück, so daß diese ihn auslachen und hänseln. Zwar hatte der Turnlehrer auch einmal Franks Eltern angesprochen und sie auf die Ungeschicklichkeit ihres Sohnes hingewiesen. Doch diese hatten nur geantwortet, das sei doch wohl nicht so wichtig; viel wesentlicher sei es, daß Frank in den anderen Fächern gute Leistungen erbringe.

Bedeutung und Ursache:

Wenn Sie feststellen, daß Ihr Kind ungeschickt ist, daß es nicht so gut spielen und turnen kann wie seine gleichaltrigen Kameraden oder sich bei allen praktischen Arbeiten wenig gewandt zeigt, sollten Sie das keineswegs leicht nehmen, denn zumeist muß ein Kind unter seiner Ungeschicklichkeit erheblich leiden. Beim Spiel mit seinen Freunden wird es oft ausgelacht und gehänselt. In der Gruppe oder in der Klasse kann es zum Außenseiter werden. Denn unter Kindern gilt derjenige etwas, der ein guter Sportler ist. Er wird in der Gruppe anerkannt, seine Freundschaft wird gesucht, während der Ungeschickte meist weniger beliebt ist und nur schwer Freunde gewinnt.

Unter diesem Erleben leidet das Selbstvertrauen und das Selbstwertgefühl des Kindes. Wenn es erst einmal festgestellt hat, daß es weniger geschickt ist als seine Kameraden, und wenn man es wegen seiner Ungeschicklichkeit auslacht, wird es sich selbst allmählich immer weniger zutrauen und die Freude daran verlieren, überhaupt noch mit seinen Kameraden zu spielen.

Dieses fehlende Selbstvertrauen wird leicht ausstrahlen. Oft wird ein Kind durch solche Mißerfolgserlebnisse insgesamt verunsichert; es traut sich dann auch auf anderen Gebieten nichts mehr zu und wird dann auch dort schlechtere Leistungen erbringen. Zugleich besteht im Kleinkindalter auch noch eine direkte Wechselwirkung zwischen der körperlichen Geschicklichkeit und der geistigen Wendigkeit eines Kindes. Man weiß heute, daß in den ersten Lebensjahren eine Förderung der Geschicklichkeit einhergeht mit einer Förderung der geistigen Entwicklung.

Es ist also durchaus nicht gleichgültig, ob ein Kind körperlich geschickt oder ungeschickt ist. Was kann nun die Ursache für die Ungeschicklichkeit eines Kindes sein?

Einengung und Fehlen von Anregungen	In hohem Maße ist die Geschicklichkeit eines Kindes davon abhängig, wie weit es besonders im Kleinkindalter die Möglichkeit hatte, seine körperlichen Fähigkeiten zu entwickeln und zu üben. Ungeschickte Kinder sind häufig gerade in den ersten Lebensjahren in ihrem natürlichen Bewegungsdrang gehemmt worden. Statt daß sie in ihrem Drang, die Dinge anzufassen und erste Tasterfahrungen zu machen, in ihrem Wunsch, zu krabbeln, zu laufen, zu klettern und zu springen, angeregt und angeleitet wurden, stießen sie immer wieder auf Verbote. Das kann durchaus verständliche Gründe haben: In hellhörigen Etagenwohnungen haben die Eltern — vielleicht aufgrund ihrer Erfahrungen — Bedenken, daß sich Hausbewohner beschweren könnten. Andere Eltern haben die Sorge, das Kind würde die Wohnungseinrichtung beschädigen, und sie geben sich nicht die Mühe, dem Kind wenigstens einen Raum einzurichten, in dem es sich frei bewegen kann. Oftmals haben Eltern und Erzieher aber auch nicht genügend Zeit, so daß sich das kleine Kind viel zu lange im Laufställchen aufhalten muß, in dem seine Bewegungsmöglichkeiten stark eingeengt werden.

Die körperliche Geschicklichkeit eines Kindes kann sich ebenfalls nicht entwickeln, wenn sich die Eltern allzu leicht von dem Lärm und der Unruhe herumtobender Kinder gestört fühlen und wenn sie von ihrer Tochter und ihrem Sohn vornehmlich Bravheit und Stillsitzen verlangen.

Auch durch eine Überängstlichkeit der Eltern und Erzieher werden Kinder in der Einübung ihrer körperlichen Bewegungen gehindert. Vielfach trauen die Erwachsenen den Kindern viel zu wenig zu und hemmen deswegen immer wieder ihren Bewegungsdrang. Zuweilen ist aber ein Kind auch selbst schon früh so furchtsam, daß es sich gar nicht traut, seine Bewegungsfähigkeit zu üben. (Siehe auch: Gehemmtheit; Furchtsamkeit.)

Mangel an Verständnis	Das Kind braucht bei allen Versuchen, zu Leistungen zu kommen, die Hilfe und Anerkennung seiner Eltern und Erzieher. Wenn es nun erleben muß, daß diese über seine ganz natürliche alters- und entwicklungsbedingte Ungeschicklichkeit, über sein Noch-nicht-Können lächeln oder es sogar auslachen, dann wird es den Mut zu weiterer Übung und Erprobung verlieren, und es wird auf diese Weise im Laufe der Zeit ungeschickt.

Ebenso gefährlich ist die Ungeduld mancher Erzieher, die dazu neigen, immer wieder den zunächst noch ungeschickten und unsicheren Handlungsverlauf eines Kindes abzubrechen und eine Handlung, die das Kind beabsichtigt, entweder selbst durchzuführen (zum Beispiel das Kind viel zu lange zu füttern) oder aber völlig zu verbieten. Sie haben nicht die notwendige Geduld, ein Kind bei seinen Versuchen gewähren zu lassen und seine ersten Bemühungen anzuerkennen und zu verstärken. Das Kind aber erlebt immer wieder nur seine Unfähigkeit und Ungeschicklichkeit; es wird unsicher und mutlos, so daß es sich allmählich immer weniger zutraut.

Der Mangel an Übung körperlicher Fähigkeiten kann auch durch längere Krankheiten erzwungen worden sein. Dann ist ein solches Kind, wenn es wieder gesund ist, häufig ungeschickter als seine gleichaltrigen Spielkameraden. Und ohne besondere Hilfe durch die Erwachsenen kann es leicht geschehen, daß es den Vorsprung an Geschicklichkeit und Wendigkeit, den die anderen Kinder inzwischen gewonnen haben, nie mehr ganz aufholt. **Krankheiten**

Schließlich kann Ungeschicklichkeit auch auf körperlichen Schäden beruhen, wie zum Beispiel auf Haltungsschäden, einer Fußschwäche oder frühkindlichen hirnorganischen Schädigungen.

Die Ungeschicklichkeit mancher Kinder äußert sich jedoch nicht generell, sondern nur in bestimmten Bereichen. Beispielsweise kann ein Kind, welches beim Fußballspielen geschickt und gewandt ist, sehr unbeholfen sein, wenn es darum geht, Bastelarbeiten auszuführen. Ein anderes Kind, das ein auffallendes handwerkliches Geschick zeigt, ist demgegenüber bei sportlichen Wettkämpfen immer unter den letzten. Diese Unterschiede werden zumeist dadurch bedingt, daß das Kind bestimmte Interessen entwickelt und dort seine Fähigkeiten intensiv geschult hat. Oft ist es durch die Erwartungshaltung der Eltern und Erzieher auf dieses Gebiet besonders ausgerichtet worden und hat in diesem Bereich auch eine besondere Förderung erfahren. **Ungeschicklichkeit nur in bestimmten Bereichen**

Besondere Bedeutung kommt in dieser Hinsicht dem Spielzeug zu, welches ein Kind von seinen Eltern und Erziehern zur Verfügung gestellt bekommt. Beispielsweise wurden und werden Mädchen in der Entwicklung technischer Fertigkeiten und Geschicklichkeiten dadurch entscheidend behindert, daß sie schon im Kleinkindalter weniger technisches Spielzeug geschenkt bekommen und ihr Interesse beispielsweise stärker auf ein Spiel mit Puppen ausgerichtet wird. Durch den frühen Umgang mit Spielzeug-Autos und Spielzeug-Baggern, mit Baukästen und Handwerkszeug lernt das Kind jedoch neben ersten technischen Fertigkeiten ein Selbstverständnis im Umgang mit diesen Dingen und erfährt zugleich eine sein späteres Verhalten prägende Interessenausrichtung. **Spielzeug**

Was tun?

Wir sahen, daß Ungeschicklichkeit in den meisten Fällen auf einem Mangel an ausreichender Übung beruht. Die Eltern müssen also dem Kind genügend Möglichkeiten schaffen, eine Geschicklichkeit zu erwer- **Übungsmöglichkeiten schaffen** ben. Dies beginnt schon im ersten Lebensjahr damit, daß ihm genügend Raum zum Krabbeln gegeben wird. Schränken Sie den Bewegungsdrang Ihres Kindes möglichst wenig durch Verbote ein. Schulen Sie sein Risikobewußtsein, indem Sie es auf Gefahren hinweisen, jedoch nicht überängstlich sind. Ein Mißlingen, ein kleiner Sturz gehört dazu. (Siehe auch: Furchtsamkeit.)

Gemeinsame Spiele

Geben Sie in jedem Lebensalter Ihrem Kind Anregungen zum Training seiner körperlichen Geschicklichkeit. Ermutigen Sie es und sprechen Sie ihm Anerkennung aus für jeden kleinen Schritt, den es in Richtung auf ein geschicktes Verhalten tut. Machen Sie gemeinsame Spiele und freuen Sie sich mit ihm über seine Erfolge. Denken Sie auch daran, daß Ihr Kind vor allem an Ihrem Vorbild lernt. Vermeiden Sie jedoch alle Überforderungen und zwingen Sie es vor allem zu nichts. Nur wenn das Kind Freude am Spiel und Turnen hat, übt es auch von sich aus spontan weiter und wird nicht durch Hemmungen und Furchtsamkeit verstört.

Gymnastik

Im Kindergarten gibt es zumeist viele Möglichkeiten für Ihr Kind, im Spiel mit anderen seine Geschicklichkeit zu erproben und zu üben. Schicken Sie es auch in Kleinkinder-Turnstunden, in Rhythmik- und Gymnastikstunden oder in einen Sportverein.

Förderung auch für kranke Kinder

Falls Sie jedoch eine auffallende Ungeschicklichkeit bei Ihrem Kind beobachten, sollten Sie zu einer Erziehungsberatungsstelle gehen, wo ein Psychologe und ein Arzt feststellen werden, welche Ursache bei Ihrem Kind vorliegt. In allen Fällen — auch wenn körperliche Erkrankungen oder Schädigungen gegeben sind — können die Kinder durch geeignete Maßnahmen wesentlich gefördert werden.

Spiele

Hinsichtlich der Spiele, die Sie gemeinsam mit Ihrem Kind durchführen sollten, ist Ihrem Einfallsreichtum keine Grenze gesetzt. Beispielsweise können Sie mit einem Kleinkind üben, auf einem Bein zu hüpfen oder etwas zu balancieren. Gewöhnen Sie es auch schon frühzeitig an den Umgang mit dem Ball und leiten Sie es schon in einem Alter von drei Jahren zum Fangen und Werfen an. Bei der Auswahl des Spielzeugs sollten Sie daran denken, welche Fertigkeiten des Kindes noch besonders gefördert werden müssen. Rollschuhe und Schlittschuhe sind beispielsweise besonders geeignet, dem Kind ein gutes Körpergefühl zu vermitteln.

Frühzeitig sollte man dem Kind auch schon das erste Handwerkszeug zur Verfügung stellen. Leiten Sie es zudem auch zum Kneten, Basteln und Werken an. Nähere Hinweise und Anregungen dazu finden Sie in

Spielbüchern. Machen Sie das Kind auch schon früh mit dem Wasser vertraut, damit es keine Furcht entwickelt und spätestens in den ersten Volksschuljahren das Schwimmen erlernt.

Literatur:

23., 31., 51., 85., 100., 106., 108., 111., 129., 149., 159., 189., 195., 209.

Weitere Stichworte:

Furchtsamkeit
Gehemmtheit
Unreife

Unordnung

Der Mangel an Ordnung ist eine der häufigsten Klagen der Erzieher über ihre Kinder. Immer wieder kommt es deswegen zu Auseinandersetzungen. Es werden Ermahnungen und Vorwürfe ausgesprochen, die jedoch in der Regel nur wenig helfen.

Es ist deshalb nützlich zu überlegen, welche Ursachen die Unordnung eines Kindes haben kann und wie sein Ordnungssinn zu wecken ist.

Bedeutung und Ursache:

Entwicklung des Ordnungssinnes

Wenn ein Kleinkind ständig seine sämtlichen Spielsachen um sich herum verstreut, so kann man noch nicht sagen, daß dieses Kind unordentlich ist. Denn einerseits braucht das Kleinkind noch eine Fülle von Dingen, mit denen es sich auseinandersetzt; es kann sich noch nicht sehr lange mit einer Sache beschäftigen und muß immer wieder zu diesem und zu jenem greifen können. Andererseits ist es selbst auch noch nicht in der Lage, eine Ordnung zu schaffen, zu planen und einzuhalten. Der Ordnungssinn des Kindes entwickelt sich erst allmählich, und seine Ausprägung ist abhängig von dem Verhalten der Eltern und Erzieher.

Das Ordnunghalten lernt ein Kleinkind, indem es zunächst beobachtet, wie die Erwachsenen ihre und auch seine Sachen aufräumen. Es begreift allmählich, daß jedes seiner Sachen einen bestimmten Platz hat. Je älter es wird, um so mehr sollte es spielerisch zu den Aufräumarbeiten herangezogen werden, wobei Eltern und Erzieher anfangs damit rechnen müssen, daß es dabei immer wieder die Aufgabe des Aufräumens aus dem Blick verliert und mit einem Gegenstand, den es gerade in die Hand genommen hat, zu spielen anfängt. Mit vier Jahren sollte das Kind dann aber schon in der Lage sein, kleinere Aufräumarbeiten selbständig durchzuführen. Auch in den folgenden Jahren braucht es jedoch noch sehr viel Anleitung und Hilfe, um beispielsweise in seinem Zimmer oder bei seinen Schulsachen Ordnung zu halten. Das Kind muß lernen, gewisse Ordnungsvorstellungen und Ordnungsprinzipien zu begreifen, es muß ein Überschauvermögen und ein systematisch planendes Denken entwickeln.

Vorbild der Erzieher

Erfährt nun ein Kind eine derartige Anleitung und Schulung nicht, wird es später nur schwer Ordnung halten können. So wird es nicht verwundern, wenn Kinder unordentlich sind, die aus einem ungünstigen Milieu stammen, in deren Umgebung niemand Wert auf Ordnung und

Gepflegtheit legt. Generell wird man dem Vorbild, welches Eltern und Erzieher geben, größte Bedeutung zumessen müssen. Kinder, deren Erzieher selbst unordentlich und fahrig sind, deren Erzieher selbst niemals wissen, wo sie etwas hingelegt haben, können einen hinreichenden Ordnungssinn nicht entwickeln. Bei diesen Kindern kann man dann sehr häufig beobachten, daß sie — sobald sie in eine geordnete Umwelt kommen — die geregelten Verhältnisse dort schätzen und häufig auch bereit sind, an deren Aufrechterhaltung mitzuwirken. Allerdings sind sie fast nie in der Lage, ihre gute Absicht völlig selbständig durchzuführen, sondern brauchen noch Anleitung und Führung, die sie bisher nicht in ausreichendem Maße hatten.

Auch Kinder, die allzusehr verwöhnt werden, haben nicht gelernt, selbständig Ordnung zu halten. Meist finden sie ganz allgemein nicht zu einer ausreichenden Selbständigkeit. Es fehlt ihnen auch bei anderen Aufgaben ein systematisches, planendes Arbeitsverhalten. **Verwöhnung**

Wenn Ordnungsprinzipien jedoch in einer unangemessenen Weise aufgestellt werden und wenn das Kind durch einen pedantisch auf Ordnung bedachten Erzieher ständig in seinem Spielverhalten gestört wird, so kann das Kind eine oppositionelle Haltung gerade diesen Anforderungen gegenüber entwickeln. Es verliert die Lust an allen Ordnungs- und Aufräumungsarbeiten und steht in ständigem Konflikt zwischen den übertriebenen Ordnungsanforderungen der Erzieher und seinen eigenen Bedürfnissen. Das Ordnunghalten wird für solche Kinder zu einer unangenehmen Pflicht, der sie möglichst auszuweichen suchen. **Unangemessene Ordnungsanforderungen**

Zuweilen geschieht es, daß ein bisher ordentliches und ordnungsliebendes Kind sehr nachlässig wird. Wenn nicht ein starker Wechsel im Erzieherverhalten eingetreten ist, wird man in solchen Fällen annehmen müssen, daß der Verhaltensumschwung des Kindes auf einer besonderen Belastung beruht. Diese Belastung kann sowohl eine körperliche als auch eine psychische Ursache haben. So kann dem Kind beispielsweise aufgrund einer körperlichen Erkrankung „alles zuviel werden". Entsprechend wirken sich auch psychische Belastungssituationen, besondere Konflikte innerhalb der Familie oder in der Schule oder auch innere Auseinandersetzungen mit bestimmten Problemen aus. So beispielsweise berichten oft Eltern oder Erzieher von Kindern, die in die Pubertät eingetreten sind, daß ihr Kind plötzlich so unordentlich und nachlässig geworden sei. **Belastungssituationen**

Lehrer klagen gelegentlich darüber, daß ein Kind ständig seine Bücher und Hefte vergißt. Wie oben angeführt, kann dies daran liegen, daß dieses Kind noch nicht in der Lage ist, ohne Unterstützung seiner Eltern **„Vergeßlichkeit"** vorauszudenken und zu planen. Abgesehen von den Fällen, in denen dies bewußt und absichtlich geschieht, ist es darüber hinaus aber auch möglich, daß die Vergeßlichkeit auf einem Verdrängungsmechanismus beruht, weil das Kind den Mißerfolg fürchtet und unbewußt ausweichend reagiert, um sich der Leistungsbeurteilung zu entziehen.

Was tun?

Nicht starre Prinzipien durchsetzen

Zur Ordnung wird ein Kind um so leichter erzogen, wenn man nicht versucht, starre Prinzipien durchzusetzen, sondern vielmehr auf die besonderen Bedürfnisse und entwicklungsbedingten Fähigkeiten achtet und danach seine Forderungen an das Kind ausrichtet. Nach Möglichkeit sollte nur zu bestimmten Zeiten, eventuell nur abends aufgeräumt werden, weil das Kind im Spiel frei nach seinen eigenen Wünschen mit seinen Spielsachen umgehen können muß und sein Spielverhalten nicht ständig durch Ordnungsaufgaben unterbrochen werden darf.

Nicht zu früh fordern

Verlangen Sie Aufräumleistungen von Ihrem Kind nicht zu früh. Ihr Dreijähriges wird beispielsweise beim Aufräumen immer wieder ins Spielen kommen und die Aufgabenstellung völlig vergessen. Zeigen Sie Verständnis für dieses Verhalten. Das Kind muß erst langsam ein Aufgabenbewußtsein entwickeln und lernen, die notwendige Konzentration und Ausdauer aufzubringen. Machen Sie das Aufräumen bei Kindern dieses Alters zu einem gemeinsamen Spiel und loben Sie jede ordnende Handlung des Kindes.

Keine Vorwürfe

Auch wenn die Erziehung zur Ordnung viel Geduld von Ihnen verlangt, sollten Sie doch niemals dem Kind seine Unordentlichkeit vorwerfen. Dadurch würde es vollends die Freude an seinen Bemühungen verlieren und allmählich das Aufräumen als unangenehme Last empfinden.

Wenn ein bisher recht ordnungsliebendes Kind plötzlich auffallend nachlässig wird, sollten Sie überlegen, ob es sich mit bestimmten Problemen auseinandersetzt oder ob es eventuell körperlich krank ist. (Siehe auch: Konzentrationsmangel; Unruhe — Nervosität.) Wenn das Kind jedoch aus einer Bequemlichkeitshaltung heraus unordentlich ist, sollten Sie ihm die logischen Folgen seines Tuns aufzeigen. (Siehe auch: Trotz — Ungehorsam.) Vermitteln Sie zudem besonders dem älteren Kind die Einsicht, warum gewisse Ordnungen für ein geregeltes

Zusammenleben unerläßlich sind, das Miteinander erleichtern bzw. überhaupt erst ermöglichen. Machen Sie zudem deutlich, daß Sie selbst sich an gewisse Ordnungsprinzipien halten, und geben Sie ein entsprechendes Vorbild.

Literatur:

3., 46., 76., 94., 95., 125., 136., 147., 148., 152., 155., 170., 209.

Weitere Stichworte:

Konzentrationsmangel   Trotz — Ungehorsam
Unruhe — Nervosität

Unreife

Aus dem Vergleich mit anderen Kindern gewinnen Eltern ihr Wissen darum, ob ihr Sohn oder ihre Tochter altersgemäß entwickelt ist oder nicht. Auf ganz ähnliche Weise, nur präziser und gesicherter, haben Psychologen für die verschiedenen Altersgruppen und für unterschiedliche Fähigkeiten Durchschnittswerte ermittelt. Wenn nun ein Kind die Merkmale seiner Altersgruppe nicht annähernd erreicht, so liegt bei ihm ein Entwicklungsrückstand (Unreife) vor.

Unreife kann sich in verschiedenen Bereichen menschlichen Verhaltens zeigen. So gibt es Kinder, die schon äußerlich nicht der Erwartung entsprechen, die wir im Blick auf ihr Alter haben: sie sind vielleicht zu klein und erscheinen kindlicher. Auch an der motorischen Geschicklichkeit kann man Rückstände der **körperlichen Reife** erkennen: an sportlichen Minderleistungen, die beispielsweise durch eine körperliche Schwäche und eine zu geringe physische Ausdauer und Belastbarkeit bedingt sind. Auch eine feinmotorische Ungeschicklichkeit läßt Entwicklungsverzögerungen erkennen: wenn z. B. ein Vierjähriger noch nicht knöpfen oder ein Achtjähriger noch keine Schleife binden kann. (Siehe auch: Ungeschicklichkeit.)

Ein anderer Bereich, in dem sich Unreife erweisen kann, ist die **soziale Reife** eines Kindes. Zunächst lernt es im Rahmen seiner Familie mit anderen auszukommen, sich einzuordnen und durchzusetzen. Später muß es auch in Spielgemeinschaften, im Kindergarten oder in der Schule dieses schon geübte Kontaktverhalten realisieren. Albernheiten, Furchtsamkeit, das Kleinkindalter überdauerndes Daumenlutschen oder ausgesprochene Unselbständigkeit können z. B. auf sozial-emotionale Entwicklungsrückstände deuten.

Verzögerungen der **intellektuellen Reife** werden wohl besonders in der Schule auffallen, obwohl sie z. B. im Blick auf die Entwicklung der Sprache gut schon vorher beobachtet werden können. (Siehe auch: Verzögerte Sprachentwicklung.) Auch die Art, in der ein Kind eine Arbeit durchführt, gibt Hinweise auf den von ihm erreichten geistigen Leistungsstand.

Im Einzelfall muß genau festgestellt werden, wozu einer reif oder unreif ist. Es kann nämlich sein, daß nur die Entwicklung bestimmter Fähigkeiten verzögert ist. Man spricht dann von einer Teil-Retardierung. Es ist aber ebenso möglich, daß die ganze kindliche Persönlichkeit zurückgeblieben (total retardiert) ist.

Bedeutung und Ursache:

Unreife kann als eine sehr wesentliche Bedingung für das Zustande-
kommen sehr vieler Verhaltensauffälligkeiten von Kindern angesehen
werden. Das gilt insbesondere für jene Fälle, in denen etwa durch die
Verzögerung eines Teilbereiches der Persönlichkeit — bei sonst alters-
entsprechender Reife — Entwicklungsdisharmonien entstehen. So kann
ein Zwölfjähriger schon geschlechtsreif, sozial und intellektuell aber
noch sehr kindhaft sein. Dadurch treten Spannungen innerhalb des
seelischen Strukturgefüges auf.

Als ein breit angelegter Entwicklungsvergleich von Kind zu Kind kann   Schulreife
die Einschulung verstanden werden, die in körperlicher, sozialer und
intellektueller Hinsicht besondere Anforderungen stellt.

Unter gleichaltrigen Kindern wird sich ein Schulneuling nur behaupten
können, wenn er z. B. auch **körperlich** entsprechend leistungsfähig ist.
Er muß also gesund, seiner Sinne mächtig (vor allem des Gehörs und
Gesichts!) und altersgemäß entwickelt sein. Als ungefähre Maße gelten:
Größe ca. 1,20 m, Gewicht über 40 Pfund. Er befindet sich im Zahn-
wechsel und hat in der Regel schon vier bis fünf der bleibenden Zähne.
Diese Angaben sind natürlich nur Durchschnittswerte. Gewisse Abwei-
chungen nach oben (etwa 1,25 m; 48 Pfund) oder unten (etwa 1,15 m; 36
Pfund) liegen noch im Normbereich.

Mit dem Eintritt in die Schule weitet sich die Welt des Kindes vor allem
sozial aus. Es erlebt nun bewußt und gewollt den Übergang in die Welt
der „großen" Kinder. In den ersten Tagen sieht der Schulanfänger darin
eine der wesentlichsten Änderungen seines bisherigen Lebens: vielen
Gleichaltrigen zu begegnen, mit denen er ein vielfältiges Gemein-
schafts- und Vergleichsverhalten entwickelt. Der Vergleich — und damit
eine gewisse Konkurrenz — setzt übrigens schon sehr früh ein, lange
vor der ersten Benotung durch den Lehrer: bei der Platzwahl, beim
gegenseitigen Betrachten der Schulsachen, in der Zusammenarbeit mit
dem Lehrer, beim Spiel auf dem Pausenhof, bei Drängeleien während
des Sichaufstellens usw. Ein schulreifes Kind nimmt diesen Wettbewerb auf und lernt dabei, sich selbst einzuschätzen, zu behaupten und
ins neue Feld einzuordnen.

Manche Kinder halten am ersten Schultag ängstlich die Hand der Mutter
fest, wollen diese nicht fortlassen und beginnen laut zu weinen, wenn
sie allein bei dem Lehrer und den vielen fremden Kindern zurückbleiben. Noch lange wollen sie sich täglich bringen lassen, schwänzen oder
trödeln, sobald sie allein gehen müssen. Selbst wenn sie sich im Laufe
der Zeit an die neue Umgebung gewöhnen, bleiben solche Kinder oft
schwierig. Zum Beispiel zeigen sie bei den Arbeiten nur wenig
Anstrengungsbereitschaft und Ausdauer, sind so unruhig, daß sie ihre

Nachbarn erheblich stören und gehören auch leistungsmäßig (selbst trotz recht guter Intelligenz) zu den schwachen Schülern. (Siehe auch: Schlechte Schulleistungen.) Sie sind einfach noch nicht sozial reif genug für die Schule.

Ohne Frage müssen aber auch bestimmte **intellektuelle** Fähigkeiten entwickelt sein, die eine erfolgreiche Verarbeitung der Lehrinhalte ermöglichen. So muß die sprachliche Entwicklung zumindest so weit gediehen sein, daß das Kind dem Unterrichtsgespräch folgen und an ihm aktiv teilnehmen kann. Das Gedächtnis soll Geschehnisse und Erkenntnisse aufnehmen, dauerhaft bewahren und zur Wiedergabe bereithalten können. Das Kind hat nun auch zu unterscheiden zwischen dem, was es durch seine Phantasie in seiner Einbildung erlebt, und dem, was da wirklich vorhanden ist und vorgeht. Es muß sogar in der Lage sein, Realitäten nicht nur konkret zu verstehen, sondern sie auch als Symbol, im bloßen Zeichen zu erfassen: als Merkmale, Begriffe, Ideen oder Muster.

Über die Erfassung hinaus sind die Realitäten — seien sie nun tatsächlich konkret oder nur symbolhaft gegeben — schließlich von ihm auch zueinander in bedeutsame Beziehungen zu setzen. So müssen Gesetzmäßigkeiten gefunden, Zusammenhänge erkannt und Ableitungen hergestellt werden etc. Das alles erfordert konzentratives Verhalten und eine aktive Zuwendung zur Welt.

Schulunreife

Sind diese Fähigkeiten und die entsprechende Arbeitshaltung bei einem Kind nicht ausreichend entwickelt, so ist es eben noch nicht schulreif. (Siehe auch: Konzentrationsmangel; Schlechte Schulleistungen.)

Wird ein Kind eingeschult, bevor es schulreif ist, so wird es im Leistungsvergleich mit anderen Kindern schlecht abschneiden. Es kann sich anstrengen wie es will, den Entwicklungsvorsprung der Mitschüler kann es nicht völlig ausgleichen. Zwangsläufig werden sich aus der ständigen Überforderung Mißerfolge einstellen. Mit der Wiederholung von Mißerfolgen zwingt sich dem Kind — und meist auch seinen Eltern und Erziehern — der Verdacht auf, es sei nicht begabt genug. So erhält es keine Fremdbestätigung und verliert an Selbstvertrauen und Zuversicht; es wird leicht lustlos und verstimmt, was es noch zusätzlich hindert, zu Erfolgen zu kommen.

Übergang auf weiterführende Schulen

Eine ähnliche Problematik ergibt sich, wenn ein Schüler zu früh auf eine weiterführende Schule überwechselt. Normalerweise geschieht der Übergang nach dem 4. Grundschuljahr (immer die erforderliche Begabung vorausgesetzt). Ist die — jetzt vorwiegend intellektuelle — Entwicklung etwas verzögert, so ist der Wechsel auch nach dem 5. Schuljahr noch ohne weiteres möglich.

Reifungsverzögerungen können viele Ursachen haben. Kinder, die häufig und längerdauernd krank sind, bleiben zumindest körperlich (weil sie z. B. geschwächt sind), aber auch sozial (weil die Gelegenheiten zur aktiven Auseinandersetzung mit anderen sehr begrenzt sind) und schließlich intellektuell (weil nur beschränkte Anregungen und Aktionen möglich sind) in ihrer Entwicklung mindestens partiell zurück. — Es gibt daneben auch Störungen im Hormonhaushalt, die ebenfalls die körperliche Reife verlangsamen können.

Körperliche Ursachen

Eine der häufigsten Ursachen für Unreife ist in einer Erziehung zu suchen, die ungenügende Entwicklungsanreize und Aktivitätsimpulse vermittelt. Kinder sollen sich nicht selbst überlassen bleiben. Wenn Eltern und Erzieher mit ihnen reden oder mit ihnen spielen, haben sie Gelegenheit, neue Erfahrungen zu sammeln, etwas zu lernen oder zu üben. Ein Kind lernt das meiste in anregendem Kontakt mit anderen. Ist dieser Kontakt seiner Dauer oder Intensität nach unzureichend, so lernt es nicht genug, um die für sein Alter möglichen Reifungsfortschritte zu machen. Am deutlichsten wird das an der sprachlichen Entwicklung.

Vernachlässigende Erziehung

Sprechen lernt das Kind nur dadurch, daß es Sprache hört, daß es angesprochen und auch angeregt wird, sich selbst zu äußern. Da fast alle Denkvorgänge sich sprachlich vollziehen, bewirkt die Förderung des Sprechens auch eine Förderung des Denkens. Sprache ist aber auch immer Ergebnis und Ausdruck menschlicher Kontakte. Überdies vermittelt sie durchaus nicht nur Denkinhalte, sie ist ebenso geeignet, Zuständlichkeiten, Gefühlen und Affekten Ausdruck zu verleihen. Schon durch die Tatsache des Angesprochenwerdens befindet man sich in einer Partnersituation.

Vernachlässigte Kinder entbehren echte Partnererlebnisse. Deshalb sind sie sozial-emotional retardiert, meist auch intellektuell. Da sie selten jemanden haben, der ihnen hilft, müssen sie sich selber helfen. Diese „Selbständigkeit" kann dazu führen, daß sie motorisch recht geschickt — also durchaus mindestens altersgemäß — entwickelt sind. Mit der sozial-emotionalen Teilretardierung ist dann aber wieder eine Entwicklungsdisharmonie gegeben, die zusätzliche Probleme mit sich bringt.

Auch verwöhnende Eltern und Erzieher hindern ihre Kinder daran, sich fortzuentwickeln. Sie räumen möglichst alle Steine aus dem Wege und setzen durch das geringe Maß ihrer Forderungen zu wenige Aktionsanreize. So halten sie die Kinder künstlich unfähig und damit unselbständig. Diese lernen nicht, ihrerseits für andere da zu sein, zu helfen und zusammenzuarbeiten, und bleiben zumindest sozial unreif.

Verwöhnende Erziehung

Kinder können ebenso durch autoritäre und pedantische wie durch überängstlich-gewissenhafte Erzieher eingeengt werden. Sie dürfen nicht tun, was sie möchten, und sie müssen sich — wenn auch aus ver-

Einengende Erziehung

schiedenen Gründen — streng an die Verhaltensanweisungen der Erwachsenen halten. Das kann zur Folge haben, daß sie sich motorisch nicht altersgemäß entwickeln können, weil sie allzu ruhig, brav und vorsichtig zu sein haben. Sie dürfen nicht rennen, schreien, raufen oder Fußball spielen. Damit ist aber auch der Erweiterung ihres Erfahrungs- und Erkenntnisbereiches eine so enge Grenze gezogen, daß auch die intellektuelle Entwicklung zurückbleiben kann. Sozial werden sie ebenfalls bald einen deutlichen (meist unaufholbaren) Rückstand zu ihren Altersgefährten haben. Sie können ihre eigene Entscheidungsfähigkeit nicht erproben und werden in so großer Abhängigkeit gehalten, daß sie nicht lernen, echte Partnerbeziehungen und -bindungen herzustellen.

Überfordernde Erziehung

Man kann von Kindern in jeder Hinsicht zu viel verlangen. Wenn z. B. der sportliche Ehrgeiz der Eltern von einem Kind ständig Höchstleistungen erwartet, so kann es — besonders nach Mißerfolgen — sich in einer Form des unbewußten Protestes überhaupt weigern, Anstrengungen auf sich zu nehmen, wodurch der gegenteilige Effekt erreicht wird: es bleibt in seiner körperlichen Entwicklung hinter seinen Möglichkeiten zurück.

Besonders ältere Kinder werden häufig dazu angehalten, ihre jüngeren Geschwister zu beaufsichtigen und zu versorgen. Ihre eigenen Bedürfnisse nach Versorgtsein und Geborgenheit kommen dabei zu kurz. Sie haben auch nicht genug Gelegenheit, die Gesellschaft Gleichaltriger zu suchen, sich einzugliedern und andere soziale Fähigkeiten als jene der Rücksichtnahme auszubilden.

Schulisch überforderte Kinder können mit ihren Leistungen in der Regel trotz aller Mühe nicht den Anforderungen genügen, die an sie gestellt werden. So kann es geschehen, daß sie schließlich resignieren und sich auf die Entschuldigung zurückziehen: „Das kann ich nicht!" Wenn sie das erst einmal von sich behaupten, glauben sie auch bald selbst daran. Sie trauen sich dann weniger zu, als sie leisten könnten, und erreichen folglich nicht den Leistungsstand, der ihrer Entwicklung an sich entspräche.

Konflikt- situationen

In gewissen Konfliktsituationen, mit denen ein Kind nicht fertig wird, geschieht es zuweilen, daß es sich plötzlich kleinkindhaft verhält. Ein Schulkind kann wieder den Daumen nehmen, wenn es in Pflege gegeben wird, weil beispielsweise die Mutter ins Krankenhaus muß. Oder ein Fünfjähriger macht wieder das Bett naß, nachdem er ein Geschwister bekommen hat. (Siehe auch: Bettnässen — Tagnässen — Einkoten.) Diese Kinder fallen also zurück auf eine Entwicklungsstufe, die sie überwunden hatten. Durch diesen Rückschritt (auch Regression genannt) verhalten sie sich kleinkindhafter (unreifer, als es ihrem Alter entspricht). Diese Flucht ins Wieder-klein-Sein ist wohl verbunden mit dem Bedürfnis, liebevoll umsorgt zu werden.

Regressionen können sich aus jedem aktuellen Konflikt ergeben, der das Kind in unerträgliche Spannungen setzt, denen es ausweichen und entfliehen möchte. Angst kann das auslösende Moment sein, ebenso Eifersucht oder die Belastung durch einen erlebten Elternkonflikt (wie Streit, Trennung).

Eine Regression kann auch durch eine Erkrankung ausgelöst werden, die einen Klinikaufenthalt und damit eine Trennung von den Bezugspersonen notwendig macht. Schon im Elternhaus reagieren Kinder empfindlich auf Umgestaltungen ihres gewohnten Lebensbereiches, insbesondere dann, wenn die Änderung sich auf die personale Zusammensetzung der Familie bezieht (Tod oder Geburt eines Geschwisters, Scheidung der Eltern etc.). Es läßt sich deshalb leicht ermessen, wie verwirrend und beängstigend besonders für kleine Kinder ein Wechsel aus dem Elternhaus in eine Klinik sein muß. In einer völlig fremden Umgebung begegnen sie vielen fremden Menschen (in weißen Kitteln). Hinzu kommen Schmerzen, Alleinsein, unbekannte und ungewohnte Geräusche am Tage und besonders in der Dunkelheit. Bis dahin lebhafte, kontaktfreudige und immer interessierte Kinder werden empfindlich, weinerlich, scheu und still. Manchmal treten auch Schaukelbewegungen des Kopfes auf. (Siehe auch: Kopfwerfen.)

Klinik-
aufenthalt

Was tun?

Ob ein Kind schulreif (oder für eine weiterführende Schule geeignet) ist oder nicht, läßt sich zuverlässig nur von Fachleuten feststellen: vom Arzt (körperliche Reife) sowie vom Psychologen und Pädagogen (soziale und intellektuelle Reife). Für die Eltern und Erzieher von Schulanfängern gibt es immerhin einige leicht nachprüfbare Anhaltspunkte.

Einschulung

Zunächst muß festgestellt werden, ob das sechsjährige Kind die vorhin angegebenen Durchschnittsmaße seiner Altersgruppe etwa erreicht. Eine verhältnismäßig simple Kontrollmöglichkeit ist das sogenannte „Philippinermaß". (Angeblich wird es auf den Philippinen zur Bestimmung der Schulreife verwendet.) Ein schulfähiges Kind soll danach den rechten Arm über den Kopf legen und dabei mit der Hand das linke Ohr erreichen können. Diese Faustregel ist für eine grobe Orientierung durchaus tauglich.

Sie sollten auch beobachten, ob Ihr Kind sich aktiv mit anderen Kindern auseinandersetzt. Dazu gehört friedliches gemeinsames Tun ebenso wie sportlicher Wettbewerb oder Streit. Das Kind sollte den Kontakt zu Erwachsenen seiner Umgebung und auch zu Kindergruppen suchen und sich in Gemeinschaftsspiele eingliedern können.

Schließlich muß ein Schulanfänger eine einfache Geschichte, nachdem sie ihm vorgelesen worden ist, mit dem gleichen Ablauf und sinnlogischen Zusammenhang erzählen können. Er muß ebenso in der Lage sein, mehrere gleichzeitig erteilte einfache Aufträge zu behalten und auszuführen.

Man beobachte auch, ob das Kind bereit ist, sich anzustrengen, ob es ein Aufgabenbewußtsein hat und ob es sich bei gewissen Tätigkeiten selbst kontrollieren und gegebenenfalls verbessern kann.

Körperliche Schulung

Werden körperliche Entwicklungsverzögerungen festgestellt, so ist zunächst durch eine ärztliche Untersuchung jede mögliche Erkrankung auszuschließen. Im übrigen muß für gesunde Ernährung, hinreichende Pflege und ausreichenden Schlaf gesorgt werden. Darüber hinaus sollte ein Kind genügend Raum drinnen und draußen haben. Wichtig sind geeignete Spiel- und Sportgeräte. Volkshochschulen und Sportvereine bieten Gymnastik-, Turn- und Trainingskurse zur systematischen Körperschulung an. (Siehe auch: Ungeschicklichkeit.)

Soziale Schulung

In der Familie gibt es zahlreiche Gelegenheiten, erwünschte soziale Einstellungen und Fähigkeiten zu erlernen und zu üben. Das Zusammenleben erfordert die Schaffung und Einhaltung einer Ordnung, die das Miteinander erst möglich macht. Zu dieser Ordnung gehören dauerhafte Bindungen, sowie Rechte und Pflichten für jeden einzelnen. Ein Verhalten, das sich innerhalb der Familie bewährt hat, wird in der Regel in anderen Gruppen (Spielgemeinschaften, Kindergarten, Schule etc.) ebenso verwirklicht werden können.

Ein Gemeinschaftsspiel — sei es nun zwischen wenigen Partnern (Familie) oder in größeren Gruppen (Kindergarten, Schule, Heim) — ist überdies vorzüglich geeignet, jene Eigenschaften und Fähigkeiten zu wecken und zu schulen, die das Kind sozial reif werden lassen. Es lernt dabei, Kontakte zu pflegen, Hemmungen ab- und Bindungen aufzubauen. Der Spielleiter wird auch Wettbewerbsbedingungen zu schaffen wissen, durch die Rücksichtnahme, aber auch Selbstdurchsetzung und Selbstüberwindung geübt werden.

Intellektuelle Schulung

Im Gemeinschaftsspiel wird nebenher auch der sprachliche Kontakt gepflegt. Dies geschieht hier manchmal noch intensiver als in verschiedenen Formen des direkten Gesprächs. Es gibt viele Spiele, die zum Sprechen zwingen. Das ist so erwünscht, weil Sprecherziehung immer auch Denkerziehung ist. (Siehe auch: Verzögerte Sprachentwicklung.)

Eltern und Erzieher sollten sich die grundsätzliche Einstellung zu eigen machen, möglichst wenig zu verbieten, dafür lieber mehr anzuregen. Kinder müssen ihre Erfahrungen sammeln dürfen, um ihren Kenntnis-

und Aktionsbereich erweitern zu können. Zu diesem Zweck gibt es eine Fülle förderlicher Spielgelegenheiten, die man gemeinsam betreiben kann.

Besonders geeignet sind natürlich alle Denkspiele, um die intellektuelle Entwicklung anzuregen (Rätsel-, Such-, Rate-, Kombinierspiele etc.). Nicht zu unterschätzen sind auch alle Arten musischen Tuns, die nicht nur den Verstand, sondern insbesondere auch das Gemüt, die schöpferische Phantasie anregen und die Konzentrationsfähigkeit stärken.

Lassen Sie sich z. B. von Kindergärtnerinnen darüber beraten, welches Spielmaterial für Ihr Kind zweckmäßig sein mag. Für Kleinkinder ist das Montessori-Arbeitsmaterial geschaffen: Farbtafeln zur Entwicklung des Farbsehens; für andere Sinnesübungen Tastbrettchen, Karten mit geometrischen Formen, Gewichtsbrettchen, verschiedene stereometrische Körper usw. — Auch „Lego"-Steine, „Plastikant"- oder „Baufix"-Material sowie Puzzle-Spiele sind vielseitig verwendbare Spielgaben. „Memory", „Spitz paß auf", „Domino", „Hütchenspiel", „Mühle", „Halma", Mosaike zum Legen oder Stecken, Zeichenmaterialien, Kasperlefiguren sind einige der weit verbreiteten entwicklungsfördernden Spielzeuge, die u. a. zu empfehlen wären. Seit einigen Jahren haben sich für Grundschüler speziell „logische Blöcke" bewährt, über deren Verwendung auch Kindergärtnerinnen und manche Lehrer Auskunft geben können.

Literatur:

3., 4., 7., 18., 24., 27., 29., 37., 38., 41., 53., 59., 61., 70., 85., 88., 91., 92., 94., 96., 103., 108., 112., 114., 129., 133., 147., 154., 155., 157., 161., 169., 171., 186., 195., 211., 214., 218., 229., 230., 239., 243., 246., 271.

Weitere Stichworte:

Schlechte Schulleistungen	Albernheiten — Geltungsbedürfnis
Ungeschicklichkeit	Angst
Unselbständigkeit	Gehemmtheit
Verzögerte Sprachentwicklung	Konzentrationsmangel

Unruhe – Nervosität

Unter den zehnjährigen Schülern einer Großstadtbevölkerung fand Harnack, daß etwa 45 v. H. der Jungen und 31 v. H. der Mädchen als „insgesamt motorisch unruhig" zu charakterisieren sind. Als „ausgesprochen unruhig" (hypermotorisch) sind 17,4 v. H. der Jungen, aber nur 6,8 v. H. der Mädchen bezeichnet worden (also jeder 6. Junge und jedes 15. Mädchen!).

Motorische Unruhe ist eine der häufigsten Verhaltensauffälligkeiten, wie z. B. Erziehungsberatungsstellen immer wieder feststellen. (Dies gilt nicht nur für Großstadtbezirke!) Das Verhalten verschiedener, so gekennzeichneter Kinder kann sich unter Umständen sehr voneinander unterscheiden, da der Begriff „nervös" sehr vieldeutig ist.

Wir meinen hier solche Kinder, die immer in meist lärmender Bewegung sind, ständig zappeln und umtriebig herumlaufen, die von einer Sache zur anderen springen und nirgends ruhig und konzentriert verweilen, die alles anfassen, Vasen und Gläser umstoßen und die gesamte Umgebung in ständiger Aufregung halten.

Allerdings darf mit einer solchen Unruhe und Nervosität keineswegs der ganz natürliche Bewegungsdrang eines Kindes verwechselt werden, der wesentlich stärker ist als der der Erwachsenen. Wenn also ein z. B. vierjähriges Kind noch nicht während der gesamten Mahlzeit still am Tisch zu sitzen vermag, dann ist das keineswegs ein Zeichen von Nervosität. (Gegenteilig würde eine solche Forderung eine möglicherweise gefährliche Einengung des natürlichen Bewegungsdranges eines Kindes darstellen.)

Bedeutung und Ursache:

Die „Nervosität" der Kinder — deren wesentliches Merkmal die Unruhe und Umtriebigkeit ist — kann für Eltern und Erzieher zu einem ernsten Problem werden. Denn einerseits belasten solche Kinder ihre Umwelt in oft erheblichem Maße, so daß sie häufig unerwünscht sind und abgelehnt oder gar bestraft werden. Andererseits aber wird die Unruhe dieser Kinder durch Ermahnungen, Vorhaltungen oder Strafen nur noch verstärkt.

Bewegung als Ausdrucksgeschehen

Es ist wohl zweckmäßig, sich zunächst klarzumachen, wie enge Beziehungen zwischen seelischen Empfindungen und Bewegungsabläufen bestehen, um zu erkennen, daß die Unruhe Ausdruck für eine psychische Erregtheit ist. Wenn jemand zornig ist, können wir das an der Heftigkeit und Unbeherrschtheit seiner Bewegungen, an seiner Mimik und auch am Ausdruck seiner Stimme erkennen. — Zustände der Trauer, der Freude oder der Furcht finden ebenfalls im Verhalten eines Menschen ihren bewegungsmäßigen Ausdruck. Wenn man von „Regungen" spricht, meint man seelische Vorgänge, verbindet sie begrifflich aber gleich mit Bewegungsvorstellungen. Auch in dem Begriff „Zuneigung" ist Seelisches als Form einer Bewegung aufgefaßt.

Man erkennt daran, wie eng die Verbundenheit von seelischem Erleben und körperlichen Bewegungsvorgängen ist. Das gilt in besonderem Maße für das Kind, welches seine Gefühle in Mimik, Gestik, ja in allen Körperbewegungen viel unmittelbarer zum Ausdruck bringt und sowohl seine Empfindungen als auch seine Bewegungen noch nicht so stark zu kontrollieren vermag wie ein Erwachsener.

Ein guter Erzieher wird sich die Aufgabe stellen, die ungerichtet spontanen Bewegungsimpulse des Kindes auf erwünschte Ziele auszurichten, statt die Unmittelbarkeit der Äußerung zu hemmen, wie es noch oft geschieht. Er wird es als gefährlich ansehen, wenn ein Kind vor allem dazu angehalten wird, auf Kommando still zu sein, aufs Wort zu gehorchen, „gebremst" zu spielen, brav warten zu können und auf Wunsch jede Aktivität aufzugeben. Denn das Bedürfnis nach Bewegung, wie es besonders gesunde Kinder verspüren, wird dort häufig bis zur nervösen Erregbarkeit gesteigert, wo man es gewaltsam zu unterdrücken versucht. Die Folge sind dann gelegentliche Bewegungsstürme oder eine ständig erhöhte Unruhe eines Kindes, welches dann häufig als „Zappelphilipp" bezeichnet wird. (Wer die Aktivität eines Kindes konsequent und über längere Zeit unterdrückt, wird es unter Umständen allerdings so sehr hemmen, daß es sich gewissermaßen ins „Schneckenhaus" zurückzieht, nicht mehr neugierig und unternehmungsfreudig ist, sondern resigniert und einfach untätig bleibt. (Siehe auch: Gehemmtheit; Faulheit — Mangelnde Anstrengungsbereitschaft.)

Hemmung der kindlichen Aktivität

In diesem Zusammenhang ist zu überlegen, warum Jungen wesentlich häufiger durch „Nervosität" auffallen als Mädchen. Ganz offensichtlich spielen hier gesellschaftliche und erzieherische Bedingungen eine wesentliche verursachende Rolle. Denn Jungen und Mädchen werden immer noch sehr unterschiedlich erzogen: Jungen werden zu vorwiegend expansiven Aktivitäten herausgefordert und von den Erwartungshaltungen der Erwachsenen vielfach stärker als Mädchen in aggressive Verhaltensweisen (des Eroberns, Sichwehrens, Kämpfens, Sichdurchsetzens, Sich-nichts-Gefallenlassens usw.) gedrängt. So ist es eigentlich kein Wunder, daß die Jungen dann bei der Entfaltung ihres (herausgeforderten!) Tätigkeitsdranges öfter an die Grenzen des Erlaubten geraten als Mädchen.

Jungen und Mädchen

Je enger diese Grenzen gezogen sind, desto öfter wird es Zusammenstöße mit den Erziehern geben. Je mehr einerseits die Aktivität herausgefordert wurde und je geringer andererseits das Verständnis für den kindlichen Bewegungsdrang ist, desto stärker wird das Kind zwischen den verschiedenartigen Anforderungen seiner Erzieher und der Gesellschaft hin- und hergerissen und um so unruhiger und nervöser wird es werden.

Überforderungen

Im Grunde lassen sich eigentlich alle Ursachen, die Nervosität und Unruhe bewirken, auf Formen der Überforderung zurückführen. Wenn ein Kind zu viel leisten muß oder nicht ganz gesund ist, kann es den Erwartungen nicht genügen, die andere stellen oder die es selbst an sich stellt. Es ist überfordert. Es steht dann in ständiger Aktionsbereitschaft, kann aber nicht auf das (unerreichbare) Endergebnis hin gezielt handeln. Deshalb bricht in solchen Fällen vielfach die gestaute Energie in ungezielten Bewegungen durch; sie äußert sich als „nervöse Unruhe".

In anderen Fällen, z. B. denen der Müdigkeit, reicht wohl die Restenergie nicht mehr aus, die Aktivität fortdauernd auf ein Ziel zu konzentrieren. Die Aktivität wird ungerichtet, und Unruhe ist die Folge. In diesem Sinne werden z. B. kleine Kinder — wie jeder Erzieher leicht beobachten kann — umtriebig, wenn sie zu lange aufgeblieben sind oder wenn sie krank sind.

Nervöse Erzieher

Wenn ein Erzieher selbst sehr nervös oder gar jähzornig ist, wird er nicht die für jede Erziehung so notwendige gleichbleibend bejahende Zuwendung und Führung durchhalten können. Mal wird das Kind in solchen Fällen von kleinlicher Aufsicht und strengen Forderungen in Atem gehalten, mal bleibt es sich selbst überlassen. Mal läßt ein solcher Erzieher alles durchgehen, mal explodiert er bei geringfügigen Anlässen. Kind und Erzieher erhöhen dann ständig gegenseitig ihre nervöse Gespanntheit: Die Schwierigkeiten des Erziehers machen das Kind schwieriger, und die kindliche Unruhe wirkt wieder verstärkend auf die Nervosität des Erziehers zurück. Ein Teufelskreis!

Eltern-konflikte

In jeder Familie wird es gelegentlich Auseinandersetzungen geben — auch zwischen den Eltern. Es ist nicht zu verhindern, daß Kinder etwas davon erfahren; vielleicht sind sie sogar unmittelbare Zeugen. Das ist nicht so schlimm, wenn die Auseinandersetzungen sachlich und mit der nötigen gegenseitigen Achtung und Toleranz erfolgen. Kinder sollen ruhig erkennen, daß man verschiedener Ansicht sein kann; aber sie müssen zugleich auch lernen, wie eine Auseinandersetzung wieder beigelegt wird. Unausgetragene, also schwelende, die Stimmung drückende Konflikte zwischen Eltern sind dagegen für das Kind sehr belastend, weil sie in ihm Spannungen erzeugen, die sich nicht lösen. Wieder ist eine nervöse Unruhe die Folge.

Zuweilen neigen Erzieher in bester Absicht dazu, ständig das Spiel oder die Arbeit des Kindes zu unterbrechen, indem sie korrigierend und ermahnend eingreifen. Dadurch wird das Kind aber immer wieder aus der Entwicklung eigener Gestaltungen herausgerissen. Vielfach soll es dann ständig neue Spielideen oder Arbeitsvorschläge des bevormundenden Erwachsenen verwirklichen. Das Kind aber findet niemals Ruhe bei seinem Spiel oder seiner Arbeit, es kann nie ungestört bei der Sache sein, es wird unruhig und nervös werden. (Allerdings kann auch zuweilen ein Mangel an Anregungen zu unruhigen Verhaltensweisen führen; siehe dazu: Albernheiten — Geltungsbedürfnis.)

Ständiges Eingreifen

Wenn das Zuhause ungeordnet, laut und unstet ist, kann ein Kind darin schwerlich zur inneren Ruhe und Ausgeglichenheit finden. Ein Schulkind braucht zum Beispiel ein Zimmer, in dem es ungestört arbeiten kann und in dem es nicht ständig von anderen Kindern, beispielsweise seinen Geschwistern, oder auch von Erwachsenen gestört wird. Häufig liegt die Ursache für die Nervosität eines Kindes darin, daß sein Recht auf eine ungestörte Arbeitszeit von den Erwachsenen nicht voll anerkannt wird. Solche Kinder werden ständig durch Bitten um die Erledigung kleiner Aufgaben aus ihrer Arbeit herausgerissen, oder es wird sogar von ihnen erwartet, daß sie während der Arbeitszeit auf ihre Geschwister aufpassen.

Gestörte Arbeitszeit

Lärm kann krank machen. Nicht nur auf der Straße ist das Kind vielen Sinnesreizen ausgesetzt. Diese treffen uns auch in den Wohnungen, über Radio und Fernsehen. Kinder sind aber allen diesen Reizen in ihrer verwirrenden Fülle und Aufdringlichkeit neugierig und offen zugewandt. Leicht fühlen sie sich von überallher angerufen, aufgefordert und bedrängt, so daß sie nicht die Zeit finden, sich mit den Reizen intensiv auseinanderzusetzen und sie wirklich zu verarbeiten.

Reizüberflutung

Diese unverarbeiteten Eindrücke leben dann in dem Kind weiter; seine Erregbarkeit wird gesteigert, und diese äußert sich beim Kind in der Regel dann in den verschiedenen Formen motorischer Unruhe. (Siehe auch: Konzentrationsmangel.)

In diesem Zusammenhang sei darauf hingewiesen, daß auch das Sprachverhalten ein kompliziertes Bewegungsgeschehen ist und daß die Unruhe und Nervosität des Kindes häufig auch in Sprechstörungen zum Ausdruck kommt. (Siehe auch: Poltern; Stammeln.)

Sprechstörungen

Auch körperliche Erkrankungen, z. B. Hirnschädigungen, können Ursache für Nervosität und Unruhe sein. In solchen Fällen werden in erster Linie medizinische Therapievorschläge zu berücksichtigen sein. Gleichzeitig können erzieherische Maßnahmen jedoch dabei helfen, die Unruhe dieser Kinder zu mildern.

Hirnschädigungen

Was tun?

Anregung
und Schulung

Das falsch verstandene Ideal von Wohlerzogenheit und Gehorsam kann Erwachsene dazu veranlassen, die spontanen Bewegungsimpulse eines Kindes ständig zu unterdrücken. Unruhe und Nervosität sind vielfach die Folge. In solchen Fällen wird man einem Kind vor allem zunächst Möglichkeiten dazu anbieten müssen, seinen gestauten Bewegungsdrang auszuleben. Dies sollte zunächst ganz ungestüm und ungezielt erfolgen. Erst allmählich wird man das Kind dann anleiten, seine Bewegungsimpulse zu steuern und auf Ziele auszurichten. Alle Arten von Sport sind hierzu beispielsweise sehr geeignet. (Siehe auch: Ungeschicklichkeit.)

Rhythmik

Am leichtesten und zugleich am wirksamsten läßt sich der natürliche Bewegungsdrang der Kinder über die Rhythmik auffangen und ungezwungen formen. Der Rhythmus hat eine spontan regulierende Funktion. Es wohnt ihm das einfachste zweipolige Ordnungsgesetz inne, nämlich das der Spannung und Lösung, des Führens und Folgens. Im Mitvollzug gestaltet er zwanglos den Bewegungsablauf. Dieses Ordnungsgesetz wirkt aus sich, wird nicht auferlegt von außen, scheint absichtslos. Dennoch stellt es hohe Ansprüche an die Empfindsamkeit und das Einfühlungsvermögen, an Einordnung, Konzentration und Reaktionsfähigkeit des Kindes. (Rhythmik-Stunden werden häufig von Sportvereinen und Volkshochschulen durchgeführt.)

Überforderun-
gen vermeiden

Wenn ein Kind unruhig und nervös ist, muß darauf geachtet werden, daß es vor allem im außerschulischen Bereich nicht überfordert wird. Es sollte zumindest eine Zeitlang von allen Aufgaben und Pflichten innerhalb der Familie freigestellt werden. Gleichzeitig ist dafür zu sorgen, daß es genügend Schlaf findet und die Mahlzeiten einigermaßen regelmäßig einnimmt. Eventuell ist auch eine ärztliche Untersuchung notwendig, um festzustellen, ob das Kind vielleicht wegen einer körperlichen Krankheit nicht voll leistungsfähig ist. Falls diese Maßnahmen nicht weiterhelfen, sollte im Gespräch mit den Lehrern des Kindes geklärt werden, ob die schulischen Anforderungen für das Kind möglicherweise zu hoch sind.

Die Nervosi-
tät des
Erziehers

Hat ein unruhiges Kind nervöse (oder jähzornige) Erzieher, sollten sich diese klarmachen, daß die Nervosität des Kindes nicht isoliert auftritt, sondern eher eine Folge ihres eigenen Verhaltens ist. Zumeist macht nicht zunächst das unruhige Kind seine Eltern nervös, sondern der nervöse Erzieher das Kind unruhig. Die Unruhe des Kindes kann deshalb nicht behoben werden, wenn nicht gleichzeitig die Ursachen für die Nervosität des Erziehers angegangen werden. (Dies wird sicherlich oft sehr schwierig sein, so beispielsweise, wenn die Erregbarkeit des Erziehers auf einer Überforderung und zu starken Belastung beruht.)

Die Stimmungslage, die innerhalb der Familie oder der Heimgruppe vorherrscht, beeinflußt ein Kind in starkem Maße. Die Ausgeglichenheit und Gelassenheit der Eltern und Erzieher ist für die Kinder von größter Bedeutung. Konflikte müssen möglichst schnell bereinigt werden. So sollte man darauf achten, daß das Kind nicht das Erleben von Verstimmung und Spannung mit in den Schlaf nehmen muß.

Ausgeglichenheit und gemeinsames Tun

Gleichzeitig ist es auch wichtig, die Kinder im gemeinsamen Spiel zur Aktivität anzuhalten. Eltern und Erzieher sollten täglich mindestens eine Stunde einplanen, wo sie sich ungeteilt dem Kind widmen können und mit ihm gemeinsam etwas tun.

Gleichzeitig braucht das Kind aber auch ausreichend Gelegenheiten, ungestört zu spielen und zu arbeiten. Das Kind muß viele Erfahrungen selbst machen, und es muß auch immer mal wieder unabhängig sein können von den Erwachsenen und vor allem von demjenigen, der ständig neue Spielideen anbietet und neue Arbeitsvorschläge macht.

Respekt vor der Arbeit des Kindes

Jedes Kind braucht zudem einen Platz, an dem es ungestört spielen oder arbeiten kann. Zugleich sollten sich Eltern und Erzieher immer vergegenwärtigen, daß das Spiel des Kleinkindes und die Arbeit des Schulkindes genauso wichtig und genauso ernst zu nehmen sind wie die Arbeit eines Berufstätigen.

Die Reizüberflutung wird man nicht ganz von den Kindern fernhalten, aber man wird sie mindern können. Das kann beispielsweise damit beginnen, daß Eltern und Erzieher die Fernsehsendungen auswählen, die ihre Kinder sehen dürfen. Das Vorschulkind sollte in der Regel nur die für Kinder dieses Alters speziell gestalteten Sendungen anschauen und zugleich immer nur gemeinsam mit einem Elternteil oder einem anderen Erwachsenen die Sendungen betrachten, damit es Unverstandenes und Ängstigendes mit diesem besprechen kann. Schulkinder sollten nur sehr wenige und ausgewählte Sendungen des Abendprogramms anschauen. Viele Filme übersteigen noch ihr Begriffsvermögen und ihre erlebnismäßigen Verarbeitungsmöglichkeiten. Durch allzu vieles Fernsehen würde der notwendige Schlaf nicht nur verkürzt, sondern möglicherweise durch Beunruhigungen auch gefährdet.

Reizminderung

Literatur:

3., 4., 13., 18., 53., 55., 70., 94., 96., 99., 114., 135., 155., 159., 197., 209. 222., 237.

Weitere Stichworte:

Konzentrationsmangel
Kopfwerfen
Schlafstörungen
Schlechte Schulleistungen

Unselbständigkeit

„Worauf würden Sie bei der Erziehung eines Sechsjährigen besonderen Wert legen?"

Diese Frage stellten vor einigen Jahren — so berichtet Prof. Metzger — Mitarbeiter des Psychologischen Instituts der Universität Münster 110 Müttern von Schulanfängern. Ergebnis: „45 v. H. aller Mütter erklärten Artigkeit, Gehorsam und Wohlerzogenheit zum Ziel ihrer Erziehung. Echte gesellschaftliche Tugenden wie Hilfsbereitschaft, Verträglichkeit, Kameradschaftlichkeit und Anständigkeit brachten es auf 15 v. H."

„Selbständigkeit, Mut und Durchsetzungsvermögen dagegen waren nicht gefragt: Ganze 3,5 v. H. der Mütter nannten diese wichtigen Eigenschaften als Erziehungsziel. Viele dieser Mütter hielten Selbständigkeit für überflüssig."

Bedeutung und Ursache:

Die Bedeutung einer Erziehung der Kinder zur Selbständigkeit wird von vielen Erwachsenen verkannt. Und doch erwarten dieselben Erwachsenen von den Kindern, daß sie später in der Lage sind, die Verantwortung für ihr Tun zu übernehmen und die Gestaltung ihrer Zukunft im Bewußtsein einer selbständigen Eigenverantwortlichkeit in die Hand zu nehmen. Aber wie sollen diese Kinder ein echtes Verantwortungsbewußtsein entwickeln, wenn sie nicht von Anfang an zur Selbständigkeit hin erzogen werden?

Verantwortungsbewußtsein

Doch nicht nur unter diesem Gesichtspunkt wird die Wichtigkeit einer Erziehung zur Selbständigkeit deutlich. Selbständigkeit müssen die Kinder auch entwickeln, um spätestens im Augenblick der Einschulung den neuen Anforderungen, die an sie gestellt werden, gerecht werden zu können.

Soziale Reife

Prof. Metzger berichtet weiter über die oben angeführte Untersuchung. Und noch etwas stellte sich dabei heraus: „Die Kinder der Mütter, die Selbständigkeit ablehnen, waren größtenteils ,sozial schulunreif'. Sie weinten, als sie alleine in der Schule bleiben sollten, konnten nicht stillsitzen und den Mund halten. Auf dem Schulhof entpuppten sie sich als Mauerblümchen oder als Spielverderber."

Das heißt aber nicht weniger, als daß diese Kinder, deren Eltern ihre Erziehung zur Selbständigkeit vernachlässigt hatten, in geistig-seelischer Hinsicht hinter der Normalentwicklung zurückgeblieben waren.

Intellektuelle Entwicklung

Schließlich muß noch hervorgehoben werden, daß eine Erziehung, die die Selbständigkeitsentwicklung der Kinder einschränkt, zugleich ihre Erfahrungsmöglichkeiten einengt und somit auch die intellektuelle Entwicklung der Kinder hemmt. So darf es nicht wundern, daß die beiden amerikanischen Psychologen Wendt und Winterbottom von der Universität Michigan und Harvard in einer Untersuchung feststellten, daß Kinder, die zur Selbständigkeit erzogen waren, sich nicht nur besser in die Klasse einfügten, sondern auch die besseren Schüler waren.

Prof. Metzger folgerte deshalb: „Es lohnt sich also, wenn die Eltern bereit sind, ihr eigenes Regiment ein wenig einzuschränken, und den Kindern Gelegenheit zu eigenen Erfahrungen geben."

Die Selbständigkeitsentwicklung eines Kindes, die — wie wir sahen — die gesamte geistig-seelische und intellektuelle Entwicklung eines Kindes wesentlich mitbeeinflußt, hängt ab von dem gesamten Erziehungsstil, dem das Kind seitens seiner Eltern und Erzieher ausgesetzt ist. Es gibt nun vor allem zwei Erziehungsstile, unter denen sich die Selbständigkeit eines Kindes nicht ausreichend entfalten kann.

Autoritärer Erziehungsstil

Einmal handelt es sich dabei um den autoritären Erziehungsstil, der durch das Überlegenheitsbewußtsein der Erziehungspersonen bestimmt ist. Dem Kind wird vermittelt, daß es noch „klein", „unverständig" und „dumm" sei. Es wird dazu erzogen, sich unterzuordnen, und es wird nicht zu einer Einsicht in Werte und Ordnungen geführt. In einer solchen Erziehung nimmt die Strafe einen breiten Raum ein. So handelt das Kind aus Furcht und nicht aus einer Erkenntnis der Zusammenhänge. Im Grunde ist diese Erziehung geprägt durch einen Mangel an Achtung vor der Eigenpersönlichkeit des Kindes, dessen Entwicklung dadurch gehemmt wird. Dem Kind wird nicht die Möglichkeit zu eigenen Erfahrungen und selbständigem Begreifen gegeben, sondern es wird durch eine Fülle von starren Gesetzen und Verboten eingeengt.

Verwöhnender Erziehungsstil

Der andere Erziehungsstil, der die Selbständigkeitsentwicklung des Kindes hemmt, ist der verwöhnend-entmutigende. Auch hierbei wird dem Kind ständig vermittelt, wie klein es noch sei und was es alles noch nicht könne. Mit übergroßer, mißverstandener Zärtlichkeit und Liebe wird ihm alles abgenommen, und es wird an jeder selbständigen Handlung gehindert. Das Kind soll geschützt und vor allen negativen Erfahrungen bewahrt werden. Es lebt sozusagen in einem goldenen Käfig. Jeder seiner Wünsche wird erfüllt und der Realitätssinn des Kindes so verfälscht, daß es bald annimmt, es könne alles, was es sich wünscht, auf einfachste Weise durch Schreien, Heulen und später auch durch Kranksein bzw. Krankscheinen erreichen. Ein solches Kind entwickelt ebensowenig eine realistische Arbeitshaltung wie die Fähigkeit, sich sozial einzuordnen.

Oft haben diese Eltern und Erzieher den Wunsch, sich das Kind „als Baby" zu erhalten. Sie glauben vielfach, „alles" für ihr Kind zu tun und sich für ihr „Ein und Alles" aufzuopfern. In Wirklichkeit tun sie aber alles nur für sich selbst! Sie nehmen auf die wahren Bedürfnisse des Kindes keine Rücksicht und lieben mehr sich selbst als das Kind. Häufig leben solche Eltern in der Vorstellung, daß „ihr Kind es einmal besser haben solle als sie selber". Sie übertragen damit eigene Wünsche und nicht überwundene Enttäuschungen auf das Kind, welches dadurch an der Entwicklung einer eigenen, selbständigen Persönlichkeit gehindert wird.

Was tun?

Selbständigkeit kann sich nur bei solchen Kindern entwickeln, die einem verständnisvollen Erziehungsstil ausgesetzt sind, welcher geprägt wird durch die Achtung vor der individuellen Persönlichkeit des Kindes und durch den das Kind als gleichwertiger Partner anerkannt wird. Solche Eltern handeln aus dem Vertrauen in die Bereitschaft des Kindes, Werte und Ordnungen anzuerkennen, die ihm einsichtig vermittelt werden, und freiwillig Verpflichtungen zu übernehmen. Sie verzichten auf einen durch Ge- und Verbote bestimmten „Drill" und ermöglichen dem Kind, auch durch eigene Fehler und Mißerfolgserlebnisse selbständig Einsichten zu sammeln. Der Erwachsene zeigt dann bei aller Liebe und das Kind umgebenden Wärme eine sachliche Einstellung, die die Eigenpersönlichkeit des Kindes achtet.

Verständnisvoller Erziehungsstil

Es gibt einen einfachen Grundsatz, den Eltern und Erzieher befolgen sollten, um die Selbständigkeit ihrer Kinder zu fördern:

Selbst handeln lassen

Man soll für ein Kind niemals etwas tun, was es selbst tun kann.

So einfach dieser Grundsatz ist, so schwierig ist er häufig zu befolgen. Denn oft ist es für den Erzieher sehr viel bequemer, einem Kind etwas abzunehmen, als es dies selbst tun zu lassen.

Alles, was ein Kind erstmalig tut, geschieht noch unsicher und ungeschickt. Es gehört sehr viel verständnisvolle Liebe dazu, ein Kind bei diesen ersten ungeschickten Handlungen zu unterstützen, ihm vielleicht nur eine kleine Hilfe zu geben und auch Mißerfolge zu ertragen und hinzunehmen. So haben beispielsweise viele Kinder schon sehr früh den Wunsch, allein zu essen. Natürlich wird bei den ersten Versuchen das meiste danebengehen, und natürlich wäre es viel bequemer, das Kind zu füttern. Aber jedes Kind braucht eigene Erfahrungen. Mit jedem geglückten Versuch, den Sie mit Lob begleiten und über den Sie sich mit ihm freuen, gewinnt es mehr Geschicklichkeit und Selbstvertrauen.

Der Laufstall	Es ist sicherlich einfacher und bequemer, ein Kind im Krabbelalter in ein Laufställchen zu sperren. Aber in diesem „Gefängnis" kann es nur begrenzte Erfahrungen sammeln; es kann z. B. nicht lernen, wo in der Wohnung die gefährlichen Stellen sind und was man alles nicht anfassen darf. Lassen Sie das Kind darum möglichst viel frei herumkrabbeln. Ohne Schwierigkeiten können Sie einem Einjährigen zeigen, wie es mit den Füßen vorweg sicher vom Sofa heruntergelangen kann. Jede Wohnung ist leicht so einzurichten, daß sich ein Kind ohne besondere Gefährdung frei bewegen kann. Förderung der Selbständigkeit, der körperlichen Geschicklichkeit und der intellektuellen Fähigkeiten gehen Hand in Hand. Das eine beeinflußt das andere. — Und abgesehen davon: Krabbeln ist für ein Kind sehr förderlich zur Entwicklung einer starken Rückenmuskulatur. Es ist damit eine wirkungsvolle vorbeugende Maßnahme gegen spätere Haltungsschäden. (Siehe auch: Ungeschicklichkeit.)
Altersgemäße Rechte und Pflichten	Denken Sie immer an den einen Grundsatz: Man soll niemals für ein Kind etwas tun, was es selbst tun kann. Lassen Sie das Kind also früh lernen, allein zu essen, sich allein anzuziehen, allein zur Toilette zu gehen und sich allein zu waschen. Man sollte ihm auch möglichst früh kleine Pflichten und Aufgaben übertragen (eventuell morgens den Tisch zu decken oder kleine Einkäufe zu machen). Versuchen Sie nicht, das Kind in allem zu bevormunden, sondern lassen Sie es beispielsweise selbst entscheiden, was es spielen, was es anziehen, ob und wieviel es essen will. Lassen Sie das Kind auch früh genug — möglichst schon vor der Schulzeit — allein einen Ausflug zu Verwandten oder Bekannten machen. Das Kind braucht solche Erfahrungen.
Urteilskraft fördern	Fördern Sie die Urteilskraft des Kindes, indem Sie z. B. gemeinsam mit ihm Einkäufe machen (besonders bei Anschaffungen für das Kind selbst), es dabei nach seinem Urteil fragen und dieses nach Möglichkeit auch berücksichtigen. Lassen Sie die Meinung des Kindes in Diskussionen gelten, auch wenn sie der Ihren nicht entspricht. Tun Sie seine Überlegungen nicht einfach ab, sondern gehen Sie darauf ein, als wenn ein Erwachsener sie äußerte. Nur so kann das Kind lernen, sich z. B. auch in der Schule durchzusetzen.
Fehler machen lassen	Versperren Sie dem Kind nicht jede Gelegenheit, einen Fehler zu machen und daraus zu lernen. Lassen Sie dem Fehler nicht eine Strafe folgen, sondern lassen Sie das Kind die Folgen seines Fehlers erkennen und tragen. Eine solche Erziehung, zu der eine konsequente Haltung der Eltern und Erzieher nötig ist, ist keineswegs eine „weiche" Erziehung. Es ist ja oft sehr viel härter, die Folgen, die sich zwangsläufig aus einem Fehler ergeben, zu tragen, als eine Strafe auf sich zu nehmen. Strafe ist im Grunde eine Bevormundung und Mißachtung

des Kindes und führt zur Unselbständigkeit. Demgegenüber kann dem Kind leicht verständlich gemacht werden, daß es die Folgen seines Tuns zu tragen hat. Es wird damit zur Einsicht geführt und kommt einen großen Schritt weiter in Richtung auf seine Selbständigkeit und Selbstverantwortlichkeit. (Siehe auch: Trotz — Ungehorsam.)

Eine gute Möglichkeit, ein Kind zur Selbständigkeit zu erziehen, besteht auch darin, ihm möglichst frühzeitig ein kleines Taschengeld zu geben, über das es absolut frei verfügen kann. Wenn das Kind zum Beispiel mühsam eine etwas größere Summe zusammengespart hat und nun dieses Geld für eine ganz sinnlose Sache ausgeben will, sollten Sie es zwar nachdrücklich warnen, den Kauf aber nicht einfach verbieten. Es merkt sicher selbst sehr bald, wie unsinnig es mit dem mühsam Ersparten umgegangen ist. Wahrscheinlich ist es dann unglücklich und kommt mit seinem Kummer zu Ihnen. Trösten Sie das Kind und sagen Sie ihm ruhig, daß Ihnen auch schon mal etwas Ähnliches passiert ist. Weisen Sie jedoch ohne jeden Triumph und ohne Verärgerung darauf hin, daß nun nichts anderes zu machen sei, als von neuem mühsam mit dem Sparen zu beginnen. Zeigen Sie dem Kind also, daß Sie auch vor einer Entscheidung Respekt haben, die es trotz Ihrer Warnungen getroffen hat. Machen Sie jedoch zugleich die Endgültigkeit solcher Entscheidungen deutlich. Auf diese Weise wird das Kind dann lernen, selbständig und verantwortungsbewußt mit Geld umzugehen.

Taschengeld

Literatur:

3., 6., 8., 23., 30., 44., 45., 46., 53., 76., 77., 84., 98., 112., 118., 129., 133., 155., 209., 230., 240., 257.

Weitere Stichworte:

Ungeschicklichkeit
Unreife
Gehemmtheit

Verzögerte Sprachentwicklung

Zuweilen stellen Eltern und Erzieher fest, daß ihr Kind noch sehr viel weniger oder undeutlicher und in weniger vollständig gebildeten Sätzen spricht als andere Kinder seines Alters. Sie sind beunruhigt und fragen sich, ob in dieser Verzögerung seiner Sprachentwicklung ein Anzeichen einer geringeren Begabung zu sehen ist.

Bedeutung und Ursache:

In der Regel wird man diese Eltern beruhigen können. Denn man weiß, daß Kinder, die erst verhältnismäßig spät zu sprechen anfangen oder die über relativ lange Zeit in einer Kleinkindersprache reden, das Fehlende unter günstigen Voraussetzungen häufig sehr rasch nachholen und später eine gute intellektuelle Leistungsfähigkeit entwickeln können.

Und doch sollte die Beobachtung, daß ein Kind in seiner sprachlichen Entwicklung etwas zurückgeblieben ist, die Eltern und Erzieher zu einer besonderen Aufmerksamkeit veranlassen. Denn einmal ist es möglich, daß dem Kind die organischen Voraussetzungen zu einem reibungslosen Erlernen der Sprache fehlen. Zum anderen weist eine verzögerte Sprachentwicklung darauf hin, daß dieses Kind zumindest in sprachlicher Hinsicht zu wenig oder nicht in der richtigen Weise angeregt wurde und daß man über eine Förderung der Sprachfähigkeit seine allgemeinen intellektuellen Fähigkeiten anheben könnte.

Bedeutung der Umwelt-einflüsse

Die Sprachentwicklung eines Kindes ist in starkem Maße von den Umwelteinflüssen abhängig. Prof. Hildegard Hetzer untersuchte die sprachlichen Leistungen einmal von Kindern, die aus einem günstigen Milieu stammten, in dem sich die Eltern intensiv mit ihren Babys beschäftigten, und zum anderen von solchen, die unter relativ ungünstigen Bedingungen, beispielsweise in Heimen aufwuchsen, in denen aufgrund des Personalmangels nur selten mit dem einzelnen Kind gesprochen wurde. Sie verglich, wieviele Wörter den Kindern jeweils mit einem Jahr zur Verfügung standen und wie viele sie in den folgenden Monaten dazulernten. Die Kinder der ersten Gruppe gebrauchten mit einem Jahr 7 Wörter, die Kinder der zweiten Gruppe dagegen keins. Mit eineinhalb Jahren erhöhte sich die Leistung der ersten Gruppe auf 91, im Gegensatz zu 4 Wörtern in der zweiten Gruppe. Im Alter von zwei Jahren beherrschten die Kinder aus günstigem Milieu bereits 216 Wörter, während die Kinder aus ungüstigem Milieu erst 27 gelernt hatten.

Diese Untersuchung veranschaulicht sehr eindrucksvoll die Abhängigkeit der Sprachentwicklung vom Sprachmilieu, in dem das Kind aufwächst. So muß sich beispielsweise die Sprachentwicklung eines Kindes verzögern, wenn mit ihm nicht häufig genug gesprochen wird und es folglich nicht genug Gelegenheit hat, die Wörter zu hören, die es aufnehmen und selbst anwenden soll. Das Kind muß sich von Anfang an in die Sprache einhören und es muß allmählich erkennen, daß bestimmte Wörter immer demselben Gegenstand zugeordnet werden. *(Zu geringer sprachlicher Kontakt)*

Das Erlernen der Sprache wird für das Kind erleichtert, wenn die Erwachsenen sehr klar und deutlich sprechen. Demgegenüber wird die Sprachentwicklung erschwert, wenn die Erwachsenen die zuweilen zwar sehr reizvollen, aber doch letztlich mißlungenen Sprechversuche des Kindes übernehmen und sich mit ihm in einer Babysprache unterhalten (beispielsweise „Toto" statt Auto, „Milli" statt Milch oder „Lade" statt Schokolade sagen). Das Kind lernt auf diese Weise Falsches und muß deshalb später wieder umlernen. *(Ungünstiges Sprachvorbild)*

Ebenso ungünstig ist es, wenn die Erwachsenen dem Kind nicht genug Gelegenheit geben, seine Fähigkeiten auf sprachlicher Ebene zu üben. Dem begegnet man immer wieder, wenn Eltern und Erzieher nicht die Geduld aufbringen, das anfangs noch stockend und schwer verständlich sprechende Kind ausreden zu lassen und ihm in aller Ruhe zuzuhören. In solchen Fällen kann es zuweilen geschehen, daß ein Kind sich auf sehr einfache sprachliche Formen beschränkt und sich weitgehend durch Gesten zu verständigen sucht. *(Ungeduld der Eltern und Erzieher)*

Wenn ein Kind in seiner sprachlichen Entwicklung zu wenig gefördert wird, erfährt es oft auch in seiner allgemeinen Entwicklung zu wenig Anregungen oder wird durch andere Faktoren in seiner gesamten Entwicklung gehemmt! Eine verzögerte Sprachentwicklung wird deshalb häufig bei solchen Kindern beobachtet, die auf allen oder mehreren Ebenen nicht einen altersgemäßen Reifestand erreicht haben. Die Ursachen, die zur Unreife führten, sind dann zugleich die Ursachen der verzögerten Sprachentwicklung. (Siehe auch: Unreife.) *(Allgemeine Unreife)*

Die sprachliche Entwicklung eines Kindes sollte noch aus einem weiteren Grund sehr sorgfältig beobachtet werden. Denn zuweilen ist die Verzögerung der Sprachentwicklung ein Hinweis darauf, daß das Kind nicht über eine zureichende Hörfähigkeit verfügt. Schon eine leichte Schwerhörigkeit bedingt, daß das Kind die Wörter nicht scharf von einander unterscheiden kann und deshalb auch nicht lernt, sie richtig nachzusprechen. Das rechtzeitige Erkennen schwerer Hörfehler kann darüber entscheiden, ob das Kind überhaupt je das Sprechen erlernt. *(Hörschwäche)*

Auch eine Sehschwäche kann die Ursache für eine Verzögerung der Sprachentwicklung sein. Denn das Kind lernt den Sinn eines von dem Erwachsenen gesprochenen Wortes verstehen, indem es das Wort *(Sehschwäche)* einem Gegenstand zuordnet. Je ungenauer das Kind nun diesen Gegenstand wahrnimmt, um so schwieriger wird es sein, den Sinn eines Wortes zu erfassen.

Was tun?

Zu dem
Säugling
sprechen

Um die Sprachentwicklung des Kindes zu fördern, sollten Eltern und Erzieher schon zu dem Säugling möglichst viel sprechen. Das Kind muß sich allmählich in die Sprache einhören. Es spielt keine Rolle, daß das Kind von dem Gesagten anfangs gar nichts oder später kaum etwas versteht. Zunächst wird es im wesentlichen nur den Ausdruck des Gesagten aufnehmen, doch allmählich auch schon einzelne, sich besonders häufig wiederholende Wörter zu unterscheiden lernen. Dabei ist es am sinnvollsten, zu dem Kind über das zu sprechen, was man gerade tut. So können Sie ihm erzählen, daß Sie ihm jetzt seine Milch warm machen, daß Sie es waschen und anschließend rasch abtrocknen, damit es nicht friert.

Klar und
deutlich reden

Wesentlich ist immer, daß Sie ganz klar und deutlich sprechen. Verzichten Sie darauf, eine Kindersprache einzuführen oder die Wortentstellungen Ihres Kindes nachzuahmen. Achten Sie auch darauf, daß nicht ständig mehrere Personen gleichzeitig auf das Kind einreden. Das Kind muß sich ganz auf eine Stimme konzentrieren können. Gleichzeitig sollten sie sich zunächst bemühen, vorwiegend einfache Wörter zu benutzen, und keine ehrgeizigen Versuche unternehmen, dem Kind sehr schwierige Wörter beizubringen.

In Ruhe
zuhören

Das Kind kann nur dann seine Sprechfähigkeit ausreichend üben, wenn Sie seine Sprechversuche, seine Bemühungen, Ihnen einen Wunsch deutlich zu machen oder ein kleines Erlebnis zu schildern, geduldig anhören. Auch sollten Sie es immer wieder dazu anregen, sich sprachlich zu äußern. Allmählich werden Sie das Kind dann anleiten, möglichst deutlich und korrekt zu sprechen. Dabei dürfen Sie ihm jedoch nicht durch ein Übermaß an Korrekturen die Freude am Sprechen nehmen. Am günstigten ist es, wenn Sie ein von dem Kind falsch ausgesprochenes Wort ganz zwanglos noch einmal richtig wiederholen, ohne ihm durch besondere Hinweise Mißerfolgserlebnisse zu vermitteln.

Allmähliche
Schulung der
Ausdrucks-
fähigkeit

In den ersten Jahren wird Ihnen auffallen, daß Ihr Kind immer voraussetzt, daß Sie wissen, wovon es gerade spricht, auch wenn Sie selbst an seinen kleinen Erlebnissen nicht teilhaben konnten. Anfangs werden Sie sich darum bemühen müssen, die unvollständig ausgedrückten Gedanken des Kindes nachzuvollziehen, ohne es durch allzu viele, evtl. ungeduldige Fragen zu verwirren. Erst allmählich, mit der zunehmenden sprachlichen Sicherheit und Gewandtheit des Kindes, werden Sie es

dann von Zeit zu Zeit dazu anhalten, sich noch klarer und exakter auszudrücken und Beziehungssetzungen in seinen Berichten selbst vorzunehmen.

In einigen Fällen, in denen eine Verzögerung der Sprachentwicklung   Frühzeitige
auffällt, wird es notwendig sein, das Kind auf seine Hör- und Sehfähig-   Untersuchung
keit untersuchen zu lassen. Eine solche Untersuchung sollte möglichst   der Hör- und
schon innerhalb der ersten drei Lebensjahre erfolgen. Denn den stark   Sehfähigkeit
hörgeschädigten Kindern kann nur dann ausreichend geholfen wer-
den, wenn mit ihnen in den ersten Lebensjahren über Hörhilfen eine
Sprachheiltherapie durchgeführt wird. Prof. Hellbrügge ist der Ansicht,
daß der größte Teil der 34 000 Taubstummen (die über Hörreste verfügen) weder taub noch stumm zu sein brauchten, wenn ihre Hörbehin-
derung in der frühen Kindheit diagnostiziert worden wäre. Er hat die
Erfahrung gemacht, daß diese Kinder sprechen lernen, wenn die Hörhilfen in den ersten Lebensjahren gegeben werden, daß sie aber
taubstumm bleiben, wenn die gleichen therapeutischen Maßnahmen
erst später erfolgen.

Literatur:

4., 18., 38., 55., 60., 66., 70., 74., 79., 80., 96., 97., 98., 110., 114., 123., 124.,
133., 146., 148., 159., 170., 188., 200., 205., 209., 234., 261.

Weitere Stichworte:

Unreife   Poltern
                                     Sprechverweigerung
                                     Stottern

Weglaufen

Es ist nicht selten, daß Kinder aus dem Elternhaus oder aus Kinderheimen weglaufen. Zuweilen sehen sich Eltern durch ein solches Verhalten ihrer Kinder völlig überrascht. In anderen Fällen kam es zuvor innerhalb der Familie zu heftigen Auseinandersetzungen; das Kind verhielt sich aggressiv und widersetzlich und es setzte sich immer mehr von seinen Familienangehörigen ab und zog sich zurück. Manchmal ging dem Weglaufen auch ein gelegentliches oder wiederholtes Bummeln oder Schuleschwänzen voraus.

Kinder, die weglaufen, sind selten jünger als sieben bis acht Jahre. Am häufigsten ist es unter den Dreizehn- bis Vierzehnjährigen.

Bedeutung und Ursache:

Meist ist das Zuhause eines Kindes der Ort, an dem es sich sicher und geborgen fühlt, wo es versorgt wird und Zuwendung findet und wo es auch in Belastungs- und Krisensituationen Hilfe erfährt. Wenn ein Kind nun eines Tages nicht nach Hause zurückkehrt und wegläuft, wird man deshalb davon ausgehen müssen, daß schwerwiegende Ursachen sein Vertrauen in seine Eltern und Erzieher gestört haben oder daß nie ein wirkliches Vertrauensverhältnis bestanden hat. Ein Kind, das in einer Umgebung aufwächst, die ihm Zuwendung und Verständnis entgegenbringt, fühlt sich zugehörig und auf vielfältige Weise eingegliedert und gebunden. Es wird dort Hilfe erwarten können und kaum eine solche Vertrauenslosigkeit empfinden, daß es sein Zuhause aufgibt.

Vernachlässigende Erziehung

Wenn ein Kind jedoch in seiner Familie schon als Kleinkind wenig Zuwendung erfahren hat, wenn es sich nicht angenommen fühlt und wenn es sogar nur unzureichend versorgt wurde, ist seine Bindung an das Zuhause zwangsläufig wenig stark ausgeprägt. Vernachlässigte (verwahrloste) Kinder brauchen gewöhnlich keine großen Barrieren zu überwinden, wenn sie weglaufen. Sie müssen nicht befürchten, daß sie eine geliebte Person betrüben. Sie haben kaum einmal erfahren, daß ihre Eltern sich ihretwegen beunruhigen, und erlebnismäßig sind sie der Überzeugung, daß sie ihnen gleichgültig sind.

Wenn die Erziehung zudem noch vorwiegend strafend und willkürlich ist, können sie das Zuhause unerträglich finden und das Gefühl haben, überall müsse es besser sein als gerade dort, wo sie sich befinden. Unter derartigen Bedingungen kann dann schon ein geringfügiger Anlaß den letzten Anstoß zum Weglaufen geben. Häufig ist es aber auch elnfach das Erlebnis der Bindungslosigkeit, die Angst vor dem Allein-sein und dem Alleingelassenwerden, welches das Kind zu einem sol-chen Schritt veranlaßt.

Viele Eltern machen sich nicht klar, daß ihre eigenen Konflikte auch die Kinder belasten könnten. Ganz sicher erleben diese aber jede Ausein-andersetzung, die nicht bald beigelegt wird, als außerordentlich be-drohlich. So läßt sich beobachten, daß relativ oft Kinder von Eltern weglaufen, die kurz vor ihrer Scheidung stehen bzw. bei denen die Absicht, sich zu trennen, offen vor den Kindern ausgesprochen wurde. Auch schwelende Streitigkeiten zwischen den Eltern sind für Kinder unerträglich — besonders dann, wenn sie in den Streit hineingezogen werden. Sie sollen Stellung beziehen und werden von beiden Seiten zur Parteinahme herausgefordert. So erleben sie sich hin und hergezogen, schwanken gleichzeitig zwischen Bindung und Ablehnung. Oft bleibt den Kindern nur, aus dem unerträglichen Konflikt wegzulaufen.

Konflikte zwischen Familien-mitgliedern

Eine stark autoritäre Erziehung schafft relativ wenig tragfähige mit-menschliche Beziehungen. Der autoritäre Erzieher wird vielmehr als eine Instanz erlebt, die Einordnung und Anpassung erzwingt und ein dem Kind unangemessenes Ordnungssystem vertritt. Auch wenn ein solcher Erzieher das Kind liebt, so erlebt dieses ihn doch als ver-ständnislos, als sehr distanziert und fern. Eine autoritäre Erziehung ist zudem zumeist auch eine vorwiegend strafende, so daß das Kind leicht eine ambivalente oder oppositionelle Einstellung entwickelt.

Autoritäre Erziehung

In jedem Fall fühlt es sich sehr stark eingeengt und bevormundet und findet nur wenig Gelegenheit, Eigenaktivitäten zu entwickeln. Das älte-re Kind, welches in zunehmendem Maße außerfamiliäre Erfahrungen sammelt, wird diese Einengung immer stärker empfinden. Es kann dann schließlich diese starren Regulierungen und Behinderungen einer altersgemäßen Entwicklung so unerträglich finden, daß es von Zuhause wegläuft.

Als einengend kann auch eine verwöhnende Erziehung erlebt werden. Die Kinder haben nicht genügend Erfahrungen gesammelt, weil ihnen von ihren Eltern und Erziehern immer wieder alles abgenommen wurde. Dadurch hat sich weder eine hinreichende Anstrengungsbereitschaft und Durchsetzungsfähigkeit noch ein ausreichendes Verantwortungs-bewußtsein entwickelt.

Verwöhnende Erziehung

Wenn ihnen Konflikte, Auseinandersetzungen, Schwierigkeiten oder auch nur Unbequemlichkeiten drohen, neigen sie deshalb zu Aus-weichreaktionen. Da sie vielfach noch empfinden, daß die etwas un-realistischen Eltern nicht in der Lage seien, ihnen wirklich zu helfen, kommt es dann auch bei ihnen zum Weglaufen. Die Verwöhnungssi-tuation hat meist einen gewissen Egoismus hervorgerufen, so daß die

Beunruhigung der Eltern für sie kein Hinderungsgrund ist. Zudem haben sie auch nur selten die Konsequenzen ihres Weglaufens zu tragen, weil die Eltern auch dann wieder dazu neigen, ihnen alle Unannehmlichkeiten zu ersparen.

**Schule-
schwänzen**

Schwierigkeiten in der Schule sind häufig der Anlaß, daß Kinder entlaufen. Möglicherweise haben sie Kontaktschwierigkeiten in der Klasse oder müssen in leistungsmäßiger Hinsicht ständig Mißerfolge erleben, so daß sie förmlich Angst und Furcht vor dem Schulbesuch entwickeln. Es kann sein, daß das Kind sich — vielleicht aufgrund seiner Frechheit und Widersetzlichkeit — von den Lehrern nicht angenommen sieht. Es kann aber auch sein, daß es ihm nicht gelingt, sich in die Klassengemeinschaft einzugliedern und daß es als Außenseiter ständig gehänselt oder verspottet wird. Ebenso kann ihm unerträglich werden, daß es nie und in keinem Fach zu schulischen Leistungserfolgen kommt und nicht einmal von Zeit zu Zeit Bestätigung erfährt. Gerade bei vernachlässigten und auch bei verwöhnten Kindern tritt oft hinzu, daß sie durch die Einflüsse ihrer Umwelt kein Pflichtbewußtsein und keine Anstrengungsbereitschaft entwickelt haben, welches sie auch in Belastungssituationen zum Durchhalten motivieren könnte.

Derartige Bedingungen führen oft dazu, daß das Kind diesen Belastungen auszuweichen sucht und deshalb die Schule schwänzt. Wenn es dann allerdings erfahren hat, daß die Eltern auf sein Schuleschwänzen nur strafend reagieren, kann das Kind derart verzweifelt sein und sich mit seinen Problemen so sehr alleingelassen fühlen, daß es nach dem Schuleschwänzen nicht mehr nach Hause zurückkehrt.

**Furcht
vor Strafe**

Zuweilen sind aber auch die schulischen Mißerfolge selbst und die unwillige, verärgerte und strafende Reaktion der Eltern auf die schlechten Leistungen und unzureichenden Zeugnisse Ursache für das Weglaufen. Möglicherweise rechnet das Kind mit einem Liebesentzug und fürchtet, die vielleicht sowieso schon unzureichende Zuwendung endgültig zu verlieren. Darüber hinaus müssen manche Kinder mit Zwangsmaßnahmen rechnen; sie werden dann täglich zur Arbeit gezwungen, und ihre Spielzeiten werden stark eingeschränkt. Die schulischen Schwierigkeiten der Kinder werden also nicht aufgefangen, und es wird diesen Mädchen und Jungen nicht verständnisvoll geholfen. Schließlich kann es dazu kommen, daß sie nach einer erneuten schlechten Leistung aus Furcht vor den Zwangsmaßnahmen nicht mehr nach Hause kommen.

In ähnlicher Weise können bei entsprechenden Erziehungseinflüssen alle Fehlhandlungen eines Kindes — wie zum Beispiel ein Stehlen — zur Folge haben, daß es aus Furcht vor Strafe wegläuft.

**Eingliederung
in eine neue
Umwelt**

Als besonders schwierig muß es angesehen werden, wenn ein Kind — besonders ein vernachlässigtes und verhaltensgestörtes — in eine neue Umgebung eingegliedert werden soll. In der neuen Umgebung müssen sich Bindungen erst langsam entwickeln. Das Kind muß allmählich in vielfältigen kleinen Bestätigungen erfahren, daß es angenommen und in seiner Art akzeptiert wird. Solange dieser Prozeß noch nicht abgeschlossen, eine stabile Bindung geschaffen und ein vielfältiges Beziehungsfeld aufgebaut ist — dies kann je nach der Schwere der kindlichen Störung und den äußeren und inneren Voraussetzungen der neuen Umgebung unterschiedlich lange dauern —, kann es immer wieder leicht zu einem Weglaufen kommen.

Gerade kurz nach einer Heimeinweisung ist diese Gefahr verhältnismäßig groß. Man stelle sich vor, was es beispielsweise für ein kontaktgestörtes Kind bedeutet, sich in eine solche Umgebung einzufügen und mit den Kameraden auseinanderzusetzen. Nicht nur in der Gruppe muß es seinen Platz finden und teils erkämpfen; gleichzeitig kommt es zumeist auch in eine neue Klassengemeinschaft, in der es sich einfügen und durchsetzen muß. Zudem begegnet vor allem das bislang vernachlässigte Kind Ordnungs- und Verhaltensrichtlinien, die ihm größtenteils völlig neu sind und die es erst zu verstehen und anzunehmen lernen muß.

Heim-
einweisung

Ohne daß auf alle Probleme eingegangen werden kann, die sich in Zusammenhang mit einer Heimeinweisung oder beispielsweise der Eingliederung eines Heimkindes in eine Pflegefamilie ergeben, sei noch darauf hingewiesen, daß das Kind in den allermeisten Fällen doch noch Bindungen — wenn auch zumeist unzureichende — an seine Familie, seine Mutter oder sonstige Beziehungspersonen (Geschwister, Großeltern, weitere Verwandte) empfindet. Besonders solange noch keine neue Bindung aufgebaut werden konnte, kann es leicht geschehen, daß ein Kind aus dem Heim wegläuft, um diese Kontaktpersonen aufzusuchen.

Was tun?

Das Weglaufen beruht auf sehr vielfältigen und tiefgreifenden Störungen. Meistens liegen gleichzeitig Schwierigkeiten familiärer und schulischer Art vor. Ohne fachkundige Beratung werden die Probleme nicht zu lösen sein. Eine Korrektur dieser Verhaltensauffälligkeit verlangt aber auch immer eine Umstrukturierung der Umwelt und eine Umstellung des Erzieherverhaltens. In manchen Fällen wird man nicht darauf verzichten können, eine Milieuänderung vorzunehmen.

Eine erste Vorklärung kann erfolgen, indem man die Fragen stellt: „Wovor ist das Kind weggelaufen?" und „Wohin ist das Kind gelaufen?" Es ist dabei zu untersuchen, warum ein Kind sein derzeitiges Milieu so unerträglich und so wenig helfend und stützend erlebt, daß

Vorklärungen

es nicht dorthin zurückkehrt. Gleichzeitig ist zu überlegen, wohin es gelaufen ist und ob es noch irgendwo Bindungen hat, die ihm etwas bedeuten.

Grundlegende Einflußnahmen

Wichtig wird es sein, daß Eltern und Erzieher viel Verständnis für das Kind aufbringen und ihm bei der Bewältigung seiner Schwierigkeiten zu helfen suchen. Man wird die Eigenaktivität des Kindes fördern und es gleichzeitig zu einer Eigenverantwortlichkeit und Selbständigkeit führen müssen. Auch die schulischen Probleme sind zu überdenken; es ist zu fragen, ob das Kind überfordert wird, ob es eventuell umgeschult werden muß und ob Maßnahmen zu treffen sind, damit es gezielt bestimmte Ausbildungslücken aufzuarbeiten vermag. (Siehe auch: Schlechte Schulleistungen.)

Weitere Verhaltensauffälligkeiten

In der Regel werden auch noch weitere Verhaltensauffälligkeiten zu beobachten sein, die Hinweise auf die besondere Problematik des Kindes geben. Die Maßnahmen dürfen jedoch nicht übereilt erfolgen, sondern müssen zuvor sorgfältig abgeklärt werden.

Anregungen für die Eingliederung in eine Heimgruppe

Besonders im Heim wird es darum gehen, neue Bindungen aufzubauen und dem Kind bei der Eingliederung in die Gemeinschaft zu helfen. Als sehr wirksam hat sich dabei erwiesen, wenn man ein geeignetes Kind der Gruppe auffordert, den Neuankommenden während der ersten Wochen in die für ihn fremde Umgebung einzuführen und sich für ihn verantwortlich zu fühlen. Von Anfang an sollten dem Neuling selbst auch Aufgaben übertragen werden, die ihn zwar nicht überfordern dürfen, die ihm jedoch eine Rolle in der Gruppe zuweisen und ihm gleichzeitig beweisen, daß man Vertrauen zu ihm persönlich und Zutrauen in seine Leistungsfähigkeit hat. Besonders kleine Verantwortlichkeiten, die seine emotionale Seite ansprechen — wie zum Beispiel die Sorge um ein Tier —, tragen zum Aufbau eines haltgebenden Bezugssystems bei.

Bei dem einen Kind wird man im übrigen besonders die Selbständigkeitsentwicklung anregen, während bei dem anderen Kind der Entwicklung eines Verantwortungsbewußtseins vordringliche Beachtung gelten muß. Insbesondere dann, wenn gleichzeitig mehrere Kinder neu in eine Gruppe eintreten, kommt es leicht zu Schwierigkeiten, da die Gruppe dadurch wesentlich umstrukturiert wird. Es hat sich in solchen Fällen bewährt, die Kinder in besondere Planungen, beispielsweise die Vorbereitung eines Festes, einzubeziehen und jedem Kind besondere Aufgaben zuzuweisen. Auf diese Weise können die Kinder auf ein erfreuliches Ziel ausgerichtet werden, welches ihr Interesse bindet. Gleichzeitig formt sich in dieser Zeit die Gruppenstruktur, auf die der Erzieher unter solchen Bedingungen zudem am leichtesten einen gewissen Einfluß nehmen kann.

Literatur:

3., 5., 9., 18., 24., 28., 37., 46., 53., 55., 57., 69., 70., 94., 122., 147., 155., 170., 171., 172., 181., 198., 209., 218., 219., 229., 230., 239., 268.

Weitere Stichworte:

Egoismus   Lügen
Schlechte Schulleistungen   Stehlen
Unselbständigkeit

Literatur-Nachweis

Das folgende Verzeichnis enthält nur Buchveröffentlichungen in deutscher Sprache. Es stellt eine Auswahl aus einschlägigen Büchern dar, erhebt also nicht den Anspruch auf Vollständigkeit.

Auf in Zeitschriften erschienene Beiträge wird grundsätzlich nicht verwiesen, weil ein solcher Nachweis dann umfangreicher werden müßte, als hier vertretbar wäre.

Abkürzungen: Tabu == Taschenbuch.

A = nach Ansicht der Autoren vornehmlich für Leser, die pädagogisch-psychologisch ausgebildet sind.

V = für Leser mit einigen pädagogisch-psychologischen Vorkenntnissen.

1. Achelis-Lehbert: Du und das Kind, Stuttgart o. J.

A 2. Aebli, A. u. a.: Über den Egozentrismus des Kindes, Stuttgart 1968

A 3. Aichhorn, A.: Verwahrloste Jugend, Bern/Stuttgart 1969, 6. Aufl.

A 4. Asperger, H.: Heilpädagogik, Wien/New York 1965, 4. Aufl.

V 5. Balls, J.: Kinder ohne Liebe, München 1969

A 6. Bang, R.: Psychologische und methodische Grundlagen der Einzelfallhilfe, München/Basel 1968, 4. Aufl.

A 7. Baumgartel/Friedmann/Steinitz: Lexikon der Erziehung, Wien 1956

8. Becher, W.: Kind und Geld, Hoheneck 1960

9. Becker, W.: Kleine Strolche — Große Ganoven, München 1969

10. Beer, U.: Familien und Jugendsoziologie, München 1953

11. Beer, U.: Geheime Miterzieher der Jugend, Düsseldorf 1964, 6. Aufl.

12. Beer, U.: Umgang mit Massenmedien, Düsseldorf 1964

13. Belser/Küppers: Aber sie können sich nicht konzentrieren, Reihe: Bedrohte Jugend — Drohende Jugend, München/Basel, Heft 44 (Tabu)

A 14. Bergler, R.: Kinder aus gestörten und unvollständigen Familien, Weinheim 1964, 2. Aufl.

V 15. Berna, J.: Schulschwierigkeiten als Folge seelischer Störungen, München 1961

A 16. Berna, J.: Erziehungsschwierigkeiten und ihre Überwindung, Bern 1964

17. Bernart, E.: Sorgenkinder der Volksschule, München 1958

A 18. Biermann, G.: Handbuch der Kinderpsychotherapie, 2 Bde., München 1969

19. Bitter, W.: Vorträge über das Vaterproblem, Stuttgart 1954
20. Bittner/Schmid-Cords: Erziehung in früher Kindheit, München 1968
21. Bogards, W.: Methodische Behandlung der Rechenschwäche, Berlin 1964
22. Bopp, L.: Das ängstliche Kind, Reihe: Bedrohte Jugend — Drohende Jugend, München/Basel, Heft 5 (Tabu)
23. Bopp, L.: Warum Pechvogel?, Reihe: Bedrohte Jugend — Drohende Jugend, München/Basel, Heft 12 (Tabu)
24. Bornemann/Mann-Tiechler (Hrsg.): Handbuch der Sozialerziehung, 3 Bde., Freiburg/Br. 1963
25. Bornemann, E.: Erziehungsberatung — Ein Weg zur Überwindung der Erziehungsnot, München/Basel 1963
26. Brachfeld, O.: Minderwertigkeitsgefühle, Stuttgart 1953
27. Brand, P.: Schulreife und Milieu, Frankfurt/M. 1955
28. Brandt, G. A.: Psychologie für soziale Berufe, Berlin 1963, 3. Aufl.
29. Brehme/v. Bracken: Das Kind in gesunden und kranken Tagen, Stuttgart 1951
30. Brezinka, W.: Erziehung als Lebenshilfe, Stuttgart 1961, 2. Aufl.
31. Brocher, T.: Eine kleine Elternschule, Stuttgart 1962
32. Brückmann, W.: Unsere Kinder in ihrer Hand — Die Lehrer, Berlin o. J. (Tabu)
33. Bühler, Ch. u. a.: Kindheitsprobleme und der Lehrer, Wien 1958
34. Bühler, Ch.: Der menschliche Lebenslauf als psychologisches Problem, Göttingen 1959, 2. Aufl.
35. Bühler, Ch./Bilz: Das Märchen und Die Phantasie des Kindes, München 1958
36. Bühler, Ch.: Psychologie im Leben unserer Zeit, München/Zürich 1962
37. Burmeister, E.: Geborgenheit für das Heimkind, Berlin/Frankfurt/M. 1964
38. Busemann, A.: Psychologie der Intelligenzdefekte, München/Basel 1963, 2. Aufl.
39. Busemann, H.: Kindheit und Reifezeit, Frankfurt 1965
40. Clyne, M. B.: Schulkrank?, Stuttgart 1969
41. Cordt/Walter: Die Schulreifeuntersuchung, Düsseldorf 1962
42. Correll, W.: Pädagogische Verhaltenspsychologie, München/Basel 1965
43. Correll, W.: Lernstörungen beim Schulkind, Donauwörth 1969, 5. Aufl.
44. Debrunner, A.: Freiheit und Vertrauen in der Erziehung — Eine Untersuchung über ängstliche Kinder und deren Familiensituation, Bern/Stuttgart 1964
45. de l'Aigle, A.: Elternfibel, Hamburg 1952, 3. Aufl.
46. Dienelt, K.: Erziehung zur Verantwortlichkeit, Wien 1955

A   47. Dietrich, G.: Entwicklungsstand und Persönlichkeitsverfassung, München/Basel 1966

V   48. Dembicki, L.: Psychologie, Bodman/Bodensee 1969

      49. Dirks, H.: Psychologie, Gütersloh 1960

      50. Dirks, R.: Das Kind — das unbekannte Wesen, Frankfurt/M. 1967 (Tabu)

A   51. Dohrmann, P.: Heilpädagogisches Werken, Berlin 1960, 2. Aufl.

      52. Dreikurs/Soltz: Kinder fordern uns heraus — wie erziehen wir zeitgemäß?, Stuttgart 1966, 2. Aufl.

A   53. Dührssen, A.: Heimkinder und Pflegekinder in ihrer Entwicklung, Göttingen 1958

A   54. Dührssen, A.: Psychotherapie bei Kindern und Jugendlichen, Göttingen 1960

A   55. Dührssen, A.: Psychogene Erkankungen bei Kindern und Jugendlichen, Göttingen 1969, 7. Aufl.

      56. Dürr, O.: Ist gehorchen so schwer?, Stuttgart 1962

A   57. Dworschak, R.: Der Verwahrloste und seine Helfer, München/Basel 1969

A   58. Eckstein, L.: Pädagogische Situationen im Lichte der Erziehungsberatung, Bern 1962

      59. Ell, E.: Ist unser Kind schulreif?, Reihe: Bedrohte Jugend — Drohende Jugend, München/Basel, Heft 40 (Tabu)

V   60. Engelmeyer, O.: Erfolg und Mißerfolg in der Schule, Donauwörth 1950

V   61. Engelmayer, O.: Pädagogische Entwicklungs- und Lebenshilfe, München 1956, 3. Aufl.

V   62. Engelmayer, O.: Das Kindes- und Jugendalter, München 1964/1966

      63. Erikson, E. H.: Kindheit und Gesellschaft, Stuttgart 1961

V   64. Erni, M.: Das Vaterbild der Tochter, Einsiedeln 1965

A   65. Federn-Meng: Praxis der Kinder- und Jugendpsychologie, Stuttgart 1960

A   66. Fernau-Horn: Die Sprechneurosen, Stuttgart 1969

      67. Fischle-Carl: Erziehen mit Herz und Verstand, München o. J. (Tabu)

V   68. Flitner/Scheuerl: Einführung in pädagogisches Denken und Sehen, München 1967

A   69. Flitner, A. u. a.: Brennpunkte gegenwärtiger Pädagogik, München 1969

      70. Frankl/v. Gebsattel/Schultz (Hrsg.): Handbuch der Neurosenlehre und Psychotherapie, München 1957, 5 Bde.

      71. Fricke, J.: Verzeichnis der Erziehungsberatungsstellen in der Bundesrepublik Deutschland und in Westberlin, Hannover 1964, 7. Aufl.

      72. Fuchs, W. R.: Knaurs Buch vom neuen Lernen, München 1969

      73. Fuchs/Grube: Geschlechtliche Erziehung, Düsseldorf 1962

A   74. Führing/Lettmayer: Die Sprachfehler des Kindes und ihre Beseitigung, Wien 1958, 2. Aufl.

75. Furck, C. L.: Das pädagogische Problem der Leistung in der Schule, Weinheim 1961

76. Furck, C. L.: Aufgaben der Erziehung im Bereich der Familie, Weinheim 1964

77. Gebhardt, G.: Zwischen Fünf und Fünfundzwanzig, Frankfurt/M. 1964

V   78. Gebhardt, G.: Wenn Mutter allein erzieht, Frankfurt/M. 1965

79. Gesell, A.: Säugling und Kleinkind in der Kultur der Gegenwart, Bad Nauheim 1967, 6. Aufl.

80. Gesell, A.: Das Kind von fünf bis zehn, Bad Nauheim 1964, 5. Aufl.

81. Gesell, A.: Jugend, die Jahre von zehn bis sechzehn, Bad Nauheim 1964, 2. Aufl.

82. GEW: Die überforderten Schüler, Essen 1958

83. Ginott, H. G.: Eltern und Kinder, Hamburg 1969 (Tabu)

84. Ginott, H. G.: Eltern und Teenager, München 1969

85. Gööck, R.: Das große Buch der Spiele, Gütersloh 1964

A   86. Götte, M.: Strafbedürfnis, Strafprovokation und erzieherisches Handeln, München/Basel 1965

87. Götzinger, W.: Kinder kritzeln, zeichnen, malen, München 1952

A   88. Groth, S.: Kinder ohne Familie, München 1965

89. Gügler, A.: Euer Sohn in der Entwicklungskrise, Reihe: Bedrohte Jugend — Drohende Jugend, München/Basel, Heft 6 (Tabu)

V   90. Häberlin, A.: Der Ungehorsam, Bern o. J.

V   91. Hadrika, F.: Kinder ohne Eltern, Probleme berufstätiger Eltern, Wien 1960

92. Haffter, C.: Kinder aus geschiedenen Ehen, Bern 1960

93. Hamburger, F.: Über den Umgang mit Kindern, Stuttgart/Wien 1958

94. Hanselmann, H.: Sorgenkinder daheim, in der Schule, in der Anstalt, in der menschlichen Gesellschaft, Zürich 1954

95. Hanselmann, H.: Eltern-Lexikon, Zürich 1956

V   96. Hanselmann, H.: Einführung in die Heilpädagogik, Zürich 1958, 5. Aufl.

V   97. Hansen, W.: Die Entwicklung des kindlichen Weltbildes, München 1955, 4. Aufl.

98. Hardegger, J. A.: Handbuch der Elternbildung, 2 Bde., Einsiedeln/Zürich/Köln 1966

A   99. Harnack, G. A. v.: Nervöse Verhaltensstörungen beim Schulkind, Stuttgart 1958

100. Hecker, E.: Bewegung heilt, Gütersloh 1960

A   101. Heckhausen, H.: Hoffnung und Furcht in der Leistungsmotivation, Meisenheim a. Gl. 1963

A   102. Heese, G.: Zur Verhütung und Behandlung des Stotterns, Berlin 1967, 3. Aufl.

V   103. Hellbrügge/Rutenfranz/Graf: Gesundheit und Leistungsfähigkeit im Kindes- und Jugendalter, Stuttgart 1960

104. Hemsing, W.: Wenn Kinder in der Schule versagen, Reihe: Bedrohte Jugend — Drohende Jugend, München/Basel, Heft 37 (Tabu)

105. Hermann, E.: Das einzige Kind, Reihe: Bedrohte Jugend — Drohende Jugend, München/Basel, Heft 23 (Tabu)

106. Herzka, St.: Spielsachen für das behinderte Kind, Basel 1964

A   107. Hess, M.: Stammelnde Kinder, Solothurn 1969, 2. Aufl.

108. Hetzer, H.: Spiel und Spielzeug für jedes Alter, Lindau 1950, 4. Aufl.

109. Hetzer, H.: Erziehungsfehler, Lindau 1954

A   110. Hetzer, H. (Hrsg.): Pädagogische Psychologie (Bd. 10, Hdb. d. Psychol.), Göttingen 1959

111. Hetzer, H.: Gutes Spielzeug, Ravensburg 1960

112. Hetzer, H.: Spielen lernen — Spielen lehren, München 1969

V   113. Hoellering, A.: Zur Theorie und Praxis der rhythmischen Erziehung, Berlin 1968, 2. Aufl.

114. Hofmeier/Schwidder/Müller: Alles über Dein Kind, Bielefeld o. J., 3. Aufl.

115. Holt, J.: Chancen für unsere Schulversager, Freiburg/Br. 1969

116. Holzamer, K.: Das Kind vor Radio und Fernsehen, Reihe: Bedrohte Jugend — Drohende Jugend, München/Basel, Heft 34 (Tabu)

117. Horn, H.: Erziehung ohne Autorität?, Essen 1963

118. Hovasse, C.: Durch Autorität zur Freiheit, Stuttgart 1969

119. Ilg/Ames: Erziehung — leicht gemacht, Bad Nauheim 1963

A   120. Ingenkamp, K.: Schulkonflikt und Schülerhilfe, Weinheim/Bergstraße 1965

A   121. Ingenkamp, K.: Lese- und Rechtschreibschwäche bei Schulkindern, Weinheim/Bergstraße 1967

A   122. Joray, R.: Bandenbildung und Bandendelikte, Basel 1961

A   123. Jussen, H.: Handbuch der Heilpädagogik in Schule und Jugendhilfe, München 1967

A   124. Kainz, F.: Die Sprachentwicklung im Kindes- und Jugendalter, München 1965

125. Kasztantowicz, U.: Erziehen und heilen, Donauwörth 1966

126. Keilhacker, M.: Kind und Film, Reihe: Bedrohte Jugend — Drohende Jugend, München/Basel, Heft 39 (Tabu)

V   127. Kemmler, L.: Erfolg und Versagen in der Grundschule, Göttingen 1967

A   128. Kemper, W.: Enuresis, Heidelberg 1949 / München 1969

129. Kiphard, E. J.: Unser Kind ist ungeschickt, Reihe: Bedrohte Jugend — Drohende Jugend, München/Basel, Heft 52 (Tabu)

A   130. Kirchhoff, H.: Verbale Lese- und Rechtschreibschwierigkeiten im Kindesalter, Basel 1964, 3. Aufl.

V   131. Kirchhoff, H.: Versager in der Grundschule, Hamburg/New York 1965

A   132. Kirchhoff/Pietrowicz: Neues zur Lese- und Rechtschreibschwäche, Basel 1967, 2. Aufl.

V   133. Kirk/Johnson: Die Erziehung des zurückgebliebenen Kindes, München/Basel 1964

V   134. Klauer, K. J.: Lernen und Intelligenz, Weinheim 1969

A   135. Klink, J. G.: Schwererziehbarkeit und Erziehungsschwierigkeiten in der Schule, Hamburg 1962

136. Knehr, E.: Erziehen in Freiheit zur Ordnung, Stuttgart (Korntal) 1968, 3. Aufl.

137. Knehr, E.: Von Eltern für Eltern — Praktische Psychologie im Erziehungsalltag, Stuttgart (Korntal) 1969, 3. Aufl. (Tabu)

A   138. Kobi, E. E.: Tagträumen bei Kindern und Jugendlichen, Bern/Stuttgart 1963

A   139. Kobi, E. E.: Das legasthenische Kind, Solothurn 1967, 2. Aufl.

140. Kramer, J.: Wenn Kinder stammeln, Reihe: Bedrohte Jugend — Drohende Jugend, München/Basel, Heft 11 (Tabu)

141. Kretschmer, A. M.: Lernen, Lernen, Wien 1968 (Ratgeber für Eltern und Erzieher)

V   142. Küchenhoff/Steinbrecher: Pflegekinder, München 1965

143. Kunkel, W.: Richtige Erziehung, Gütersloh 1961

V   144. Landolf, B.: Kind ohne Vater, Bern/Stuttgart 1968

145. Lam, B.: Kinder teilen/tauschen/schenken, München/Basel 1966

146. Lehmann, P. G.: Von 0—14, Gütersloh 1969

V   147. Lennhoff, F. G.: Problem-Kinder, München/Basel 1967

V   148. Lexikon der Pädagogik (4 u. 1 Bde.), Freiburg/Br. 1962

149. Lindner, G.: Freude am Werken, Gütersloh 1964

150. Linke, B.: Wir und die Kinder, Freiburg/Br. 1969

V   151. Loosli-Usteri: Die Angst des Kindes, Bern 1948

V   152. Lorenz, M.: Kindernöte — Elternsorgen, München 1969

V   153. Lory, P.: Die Leseschwäche, München/Basel '1966

154. Lückert, H.: Die Hilfsschule — für unser Kind?, Reihe: Bedrohte Jugend — Drohende Jugend, München/Basel, Heft 29 (Tabu)

A   155. Lückert, H. (Hrsg.): Handbuch der Erziehungsberatung, 2 Bde., München/Basel 1964

V   156. Maas, W.: Schwierige Kinder, Berlin 1964

V   157. Magdeburg, H.: Versager auf weiterführenden Schulen, München/Basel 1963

A   158. Meierhofer/Keller: Frustration im frühen Kindesalter, Bern 1966

V   159. Meinertz, F.: Heilpädagogik, Bad Heilbrunn 1962

160. Merian, D.: Über freches Verhalten im Kindesalter, Bern/Stuttgart 1956

161. Metzger, J.: Spielsachen, richtig kaufen und selber machen, Lahr 1962

V   162. Metzger, W.: Erziehung zur Reinlichkeit, München 1961, 2. Aufl.

163. Metzger, W.: Frühkindlicher Trotz, Basel 1963, 2. Aufl.

164. Meves, Ch.: Die Schulnöte unserer Kinder, Hamburg 1969

A   165. Mierke, K.: Konzentrationsschwäche und Konzentrationsfähigkeit, Bern/Stuttgart 1957

A   166. Mitscherlich, A.: Aggression und Anpassung in der Industriegesellschaft, Frankfurt/M. 1968

167. Mitscherlich, A./M.: Die Unfähigkeit zu trauern, München 1968

V   168. Möbus, G.: Die Macht der Eltern, Berlin 1954

169. Montessori, M.: Kinder sind anders, Stuttgart 1952

A   170. Moor, P.: Heilpädagogische Psychologie, Stuttgart/Bern, 1. Bd. 1951, 2. Bd. 1959

A   171. Moor, P.: Heilpädagogik, Stuttgart/Bern 1965

172. Moor, P.: Kinderfehler — Erzieherfehler, Bern/Stuttgart/Wien 1969

V   173. Muchow, H.: Flegeljahre, Ravensburg 1963

A   174. Müller, R.: Das erziehungsschwierige Schulkind, München 1962

V   175. Müller, U.: Der Rhythmus, Bern/Stuttgart 1966

176. Müller-Eckhard: Unser Kind will nicht essen, Reihe: Bedrohte Jugend — Drohende Jugend, München/Basel, Heft 33 (Tabu)

177. Müller-Eckhard: Das unverstandene Kind, Stuttgart 1962, 7. Aufl.

178. Müller-Eckhard: Erziehung ohne Zwang, Freiburg 1962

179. Müller-Eckhard: Schule und Schülerschicksal, Göttingen 1963, 4. Aufl.

V   180. Nass, G.: Weder Opfer noch Täter durch richtige Sexualerziehung, Wiesbaden 1967

A   181. Nass, G. (Hrsg.): Kinderkriminalität, Wiesbaden 1969

V   182. Netzer, H.: Erziehungslehre, Bad Heilbrunn 1958, 3. Aufl.

183. Ockel, G.: Sag Du es Deinem Kind, Wiesbaden o. J. (Tabu)

184. Ockel, G.: Sexualerziehung im Grundschulalter, Frankfurt/M. 1969

185. Oeter, F.: Familie im Umbruch, Gütersloh 1960

A   186. Oerter, R.: Moderne Entwicklungspsychologie, Donauwörth 1967

187. Petrowicz, B.: Auffällige Kinder, Bochum o. J. (Tabu)

V   188. Petzelt, A.: Kindheit, Jugend, Reifezeit, Freiburg/Br. 1962

189. Pfeffer, Ch.: Bewegung aller Erziehung Anfang, Zürich 1958

190. Pfeil, E.: Das Großstadtkind, Reihe: Bedrohte Jugend — Drohende Jugend, München/Basel, Heft 35 (Tabu)

V   191. Pfeil, E.: Erwerbstätige Mütter, Tübingen 1961

192. Plattner, E.: Gehorsam, Stuttgart 1960

193. Plattner, E.: Erziehungsnot in Elternhaus und Schule, Freiburg 1967 (Tabu)

194. Plattner, E.: Die ersten Lebensjahre, Stuttgart 1968, 3. Aufl. (Tabu)

V   195. Plessner/Bock/Grupe: Sport und Leibeserziehung, München 1967

196. Prohaska, L.: Kind und Jugendlicher in der Gemeinschaft, Wien 1957

A 197. Rambach, H.: Zur Ätiologie des kindlichen Kopf- und Körperwerfens, Jena 1967

V 198. Redl/Wineman: Kinder, die hassen, Freiburg/Br. 1969

A 199. Rehm, W.: Die psychoanalytische Erziehungslehre, München 1968

200. Remplein, H.: Die seelische Entwicklung des Menschen im Kindes- und Jugendalter, München/Basel 1962, 10. Aufl.

V 201. Revers, W. J.: Frustrierte Jugend, Fälle und Situationen, Salzburg 1969

V 202. Richter, H. E.: Eltern, Kind und Neurose, Hamburg 1969 (Tabu)

A 203. Roth, H.: Pädagogische Psychologie des Lehrens und Lernens, Berlin/Hannover/Darmstadt 1957

204. Rotthaus, E.: Erziehungsfibel, Krailling b. München 1961

V 205. Rösler-Geissler: Die fröhliche Sprechschule, Berlin 1955/1967

206. Schelsky, H.: Wandlungen in der deutschen Familie der Gegenwart, Stuttgart 1955

A 207. Schenk-Danziger, L. u. a.: Handbuch der Legasthenie im Kindesalter, Weinheim/Berlin 1968

A 208. Schiefele, H.: Motivation im Unterricht, München 1968, 3. Aufl.

209. Schneider, P.: Sorgenkinder in Haus und Schule, Luxemburg, 1. Bd. 1961, 2. Bd. 1968

A 210. Schottländer, F.: Die Mutter als Schicksal, Stuttgart 1948

V 211. Schraml, W. J.: Einführung in die Tiefenpsychologie für Pädagogen und Sozialpädagogen, Stuttgart 1969, 2. Aufl.

V 212. Schultz, J. H.: Übungsheft für das autogene Training (Konzentrative Selbstentspannung), Stuttgart 1959, 10. Aufl.

V 213. Schultz, J. H.: Das autogene Training, Stuttgart 1960

A 214. Schultz-Henke: Der gehemmte Mensch, Stuttgart 1947

A 215. Schwarz, I.: Lese- und Rechtschreibschwäche als heilpädagogische Aufgabe, Basel 1968

216. Seelmann, K.: Wie soll ich mein Kind aufklären?, Reihe: Bedrohte Jugend — Drohende Jugend, München/Basel, Heft 43 (Tabu)

217. Seelmann, K.: Kind, Sexualität und Erziehung, München 1955, 3. Aufl.

A 218. Sengling, W.: Das Problem der Überforderung im Kindes- und Jugendalter, Weinheim/Berlin 1967

V 219. Shaw, O. L.: Die Ungeliebten, Freiburg/Br. 1969

A 220. Siersleben, W. (Hrsg.): Lernen heute, Weinheim 1969

221. Simon, A./H.: Kindernöte — Erziehersorgen, München 1958

V 222. Simoneit, M.: Sorgenkinder in der Klasse, Berlin 1953

223. Simson-Wolff: Spiele dich frei!, Stuttgart (Korntal) o. J. (Tabu)

224. Spieler, J.: Kinder und Jugendliche richtig an die Hand nehmen, Reihe: Bedrohte Jugend — Drohende Jugend, München/Basel, Heft 1 (Tabu)

225. Spieler, J.: Deines Kindes Sprache, Reihe: Bedrohte Jugend — Drohende Jugend, München/Basel, Heft 4 (Tabu)

226. Spieler, J.: Wenn Kinder lügen, Reihe: Bedrohte Jugend — Drohende Jugend, München/Basel, Heft 10 (Tabu)

227. Spieler, J.: Aber er näßt, Reihe: Bedrohte Jugend — Drohende Jugend, München/Basel, Heft 13 (Tabu)

228. Spieler, J.: So lernen Kinder richtig sparen, Reihe: Bedrohte Jugend — Drohende Jugend, München/Basel, Heft 45 (Tabu)

A   229. Spitz, R. A.: Die Entstehung der ersten Objektbeziehung, Stuttgart 1956

V   230. Spitz, R. A.: Vom Säugling zum Kleinkind, Stuttgart 1967

231. Spock, B.: Pflege und Behandlung des Säuglings, Berlin (Tabu)

232. Spock, B.: Probleme der Kindheit und Jugend, Berlin (Tabu)

233. Spock, B.: Große Hand führt kleine Hand, Berlin 1963

234. Spock, B.: Sprechstunde für Eltern, Berlin 1964

235. Spock, B.: Krankheiten und Erste Hilfe, Berlin (Tabu)

236. Sprey, Th.: Beraten und Ratgeben in der Erziehung, Weinheim 1968

A   237. Stern, E.: Über Verhaltens- und Charakterstörungen bei Kindern und Jugendlichen, Zürich 1953

238. Stöhr, J. A.: Hört auf mit dem Erziehen, München 1969

A   239. Stutte/v. Bracken: Vernachlässigte Kinder, Marburg 1969

A   240. Tausch R./Tausch A.: Erziehungspsychologie, Göttingen 1963

241. Thilo, H. J.: Wenn Kinder sich zanken, Reihe: Bedrohte Jugend — Drohende Jugend, München/Basel, Heft 30 (Tabu)

242. Thomae/Tittmann: Naschkatzen und kleine Diebe, Reihe: Bedrohte Jugend — Drohende Jugend, München/Basel, Heft 31 (Tabu)

A   243. Thomae, H. (Hrsg.): Entwicklungspsychologie (Bd. 3, Hdb. d. Psychol.), Göttingen 1959

V   244. Tramer, M.: Schülernöte, Basel 1951, 2. Aufl.

245. Trier-Samuel: Das trotzende Kind, Bern 1969

A   246. Undeutsch, U.: Auslese für und durch die höhere Schule, Göttingen 1960

A   247. Vuyk, R.: Das Kind in der Zweikindfamilie, Bern 1959

V   248. Weber, E.: Das Freizeitproblem, München/Basel 1963

A   249. Wegner, H.: Die Rehabilitation der Schwachbegabten, München/Basel 1963

A   250. Weinert, F.: Pädagogische Psychologie, Köln/Berlin 1967, 2. Aufl.

V   251. Wickes, F. A.: Analyse der Kinderseele, Zürich 1969, 2. Aufl.

A   252. Widmer, K.: Schule und Schwererziehbarkeit, Zürich 1953

253. Wiedemann, F.: Wie Kinder besser lernen, Heidenheim 1954 (Tabu 1968)

254. Wieland: Wenn Kinder trotzen, Reihe: Bedrohte Jugend — Drohende Jugend, München/Basel, Heft 2 (Tabu)

A   255. Wiesenhütter, E.: Entwicklung, Reifung und Neurosen, Stuttgart 1958

V   256. Willmann-Institut (Hrsg.): Der Lernprozeß, Anthropologie, Psychologie, Biologie des Lernens, Freiburg/Br. 1969

257. Winnicott, D. W.: Kind, Familie und Umwelt, München 1969

V   258. Wittig, H. W.: Schule und Freizeit, Bad Harzburg 1964

A   259. Witzel, J.: Der Außenseiter im Sozialisierungsprozeß der Schule — Eine jugendkriminologische Studie, Stuttgart 1969

260. Wurzbacher, G.: Der Mensch als soziales und personales Wesen, Stuttgart 1963

A   261. Wygotski, L. S.: Denken und Sprechen, Berlin 1964

V   262. Zorell, E.: Erziehungslehre, Bad Heilbrunn 1953

A   263. Züblin, W.: Das schwierige Kind, Stuttgart 1969, 2. Aufl.

264. Zuckrigl, J.: Wenn Kinder stottern, Reihe: Bedrohte Jugend — Drohende Jugend, München/Basel, Heft 7 (Tabu)

265. Zuckrigl, J.: Linkshändige Kinder in Familie und Schule, Reihe: Bedrohte Jugend — Drohende Jugend, München/Basel, Heft 51 (Tabu)

266. Zulliger, H.: Heilende Kräfte im kindlichen Spiel, Stuttgart 1954, 3. Aufl.

267. Zulliger, H.: Umgang mit dem kindlichen Gewissen, Stuttgart 1960

268. Zulliger, H.: Horde, Bande, Gemeinschaft, Stuttgart 1961

269. Zulliger, H.: Helfen statt strafen, Stuttgart 1962

270. Zulliger, H.: Die Angst unserer Kinder, Frankfurt/M. 1969 (Tabu)

V   271. Zulliger, H.: Schwierige Kinder, Bern/Stuttgart 1963

V   272. Zweidler, H.: Milieueinflüsse und Schülerleistung, Zürich 1954

Register

Raum für eigene Notizen:

Die Verfasser sind dankbar für Anregungen und Kritik, für jeden Änderungs- und Erweiterungsvorschlag. Schreiben Sie uns bitte unter der Anschrift: verlag modernes lernen, Postfach 748, 4600 Dortmund.

Ernst J. Kiphard

Wie weit ist ein Kind entwickelt?

– Eine Anleitung zur Entwicklungsüberprüfung –

Das Buch „Wie weit ist ein Kind entwickelt?" ist in dieser erstmalig so umfassenden Form eine hervorragende Anleitung zur Entwicklungsüberprüfung von Kindern im Alter von 0–4 Jahren.
Mit dieser Überprüfung ist es möglich, Defizite und Rückstände aufzuspüren und so dem Kind frühzeitig (und damit vor allem rechtzeitig) eine Chance zu geben, Entwicklungsverzögerungen und -störungen aufzuhalten bzw. auszugleichen.
Den Altersangaben liegen Tausende von Einzeldaten aus wissenschaftlichen Untersuchungen zugrunde, die der Autor unter anderem während seiner Tätigkeit am Westfälischen Institut für Jugendpsychiatrie undHeilpädagogik zusammengetragen und durch eigene praktische Erfahrungen erhärtet hat.

120 Seiten, 1 Klapptafel,

Bestell-Nr. 1103, ISBN 3–8080–0012–0

 verlag modernes lernen - Dortmund